会计核算能力实训

李长青 戴 悦 主编

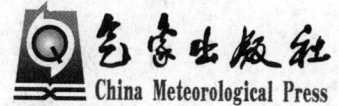

内容简介

《会计核算能力实训》采用工作任务分析技术构建工作项目,细分工作任务,以会计核算步骤为主线,先按会计凭证填制与审核、登记账簿、账务处理程序、财产清查、编制会计报表等工作项目构建实训内容,选取被模拟企业一个月所发生的具有针对性和实用性的经济业务作为实训资料的来源,通过合理地组织与整合,由浅入深,循序渐进,有利于会计实训者由点到面、由个别到整体地掌握会计核算的能力。

《会计核算能力实训》既可与中级会计学或中级财务会计等教学内容配套使用,也可单独作为会计核算能力实训教材或会计新系统的实训资料使用,既可作为高等院校财经类专业学生实践训练指导教材,也可以作为广大财务与会计工作者职场训练技能用书。

图书在版编目(CIP)数据

会计核算能力实训/李长青,戴悦主编. —北京:气象出版社,2015.9
ISBN 978-7-5029-6211-1

Ⅰ.①会… Ⅱ.①李… ②戴… Ⅲ.①会计学 Ⅳ.①F230

中国版本图书馆 CIP 数据核字(2015)第 218554 号

KUAIJI HESUAN NENGLI SHIXUN

会计核算能力实训

李长青 戴 悦 主编

出版发行:	气象出版社		
地 址:	北京市海淀区中关村南大街46号	邮政编码:	100081
总 编 室:	010-68407112	发 行 部:	010-68409198
网 址:	http://www.qxcbs.com	E-mail:	qxcbs@cma.gov.cn
责任编辑:	黄红丽	终 审:	谢炳源
封面设计:	易普锐创意	责任技编:	赵相宁
印 刷:	三河市鑫利来印装有限公司		
开 本:	787 mm×1092 mm 1/16	印 张:	24.75
字 数:	285 千字		
版 次:	2015年9月第1版	印 次:	2015年9月第1次印刷
定 价:	62.00元		

本书如存在文字不清、漏印以及缺页、倒页、脱页等,请与本社发行部联系调换

前　言

为了适应社会经济发展对会计与财务高级应用技能型专门人才的需要，培养学生专业实际操作技能和综合分析能力，编者根据多年从事会计与财务专业教学、实践经验，编写本教材。

本教材遵循财政部2006年颁布的《企业会计准则》的要求编写。教材资料来源于企业的实际经济业务，通过对企业真实财务会计核算资料的分析、筛选及补充，形成一整套完整的会计核算资料，本教材具有完整性、代表性和可操作性。同时对企业内部财务会计核算有关的制度、经济业务和会计核算内容，以文字、单据及流程图相配合等形式展现实训资料，有利于学生系统认知企业会计核算中的票据流转过程，掌握核算程序、核算方法。为了方便教学，本教材虚拟了一家企业，并以该企业2015年12月份的经济业务和11月份的有关账户记录作为实训资料，除了企业日常的经营活动即产、供、销主营业务及成本计算以外，还包括银行结算、贷款、股票（债券）发行、保险、捐赠、纳税、财产清查、固定资产购建与清理等业务。为了体现经济业务的完成性，教材力争做到体系完整，业务过程脉络清晰，数据勾稽关系准确。

本教材有利于学生系统掌握从会计凭证的填制、审核、记账、报告及分析的全部会计核算内容，有助于学生全面掌握企业的会计核算实务的技能。

会计实训是完成财务会计实践能力培养的有效途径之一，本教材将为有志于走上会计工作岗位的人们提供切实的帮助。

本实训教材由李长青、戴悦主编，李楠同志参加了部分资料的整理工作。

由于我们的水平和经验有限，书中难免存在错误、不当之处，敬请批评和指正。

编者

2015年5月

目　录

前言

第一章　会计核算能力实训导论 (1)
第一节　会计核算能力实训 (1)
第二节　会计核算能力实训内容 (2)
第三节　会计核算能力实训要求 (7)
第四节　会计核算能力实训程序 (8)
第五节　会计核算能力实训考核 (23)

第二章　企业核算基础资料 (26)
第一节　企业简介 (26)
第二节　会计核算规范 (27)
第三节　会计岗位设置及职责 (32)

第三章　企业基本数据 (34)
第一节　总分类账数据 (34)
第二节　明细分类账数据 (39)

第四章　经济业务 (48)
第一节　经济业务简介 (48)
第二节　经济业务原始凭证 (55)

参考文献 (379)

附录：人民币银行结算账户管理办法 (380)

第一章 会计核算能力实训导论

第一节 会计核算能力实训

一、会计核算能力

通过该课程的实训,使参与者能运用会计基本原理和基本方法,完成经济业务的会计处理,具备会计岗位素质要求的核算能力。

二、会计核算能力的内容

会计核算能力的内容如图1-1-1所示。

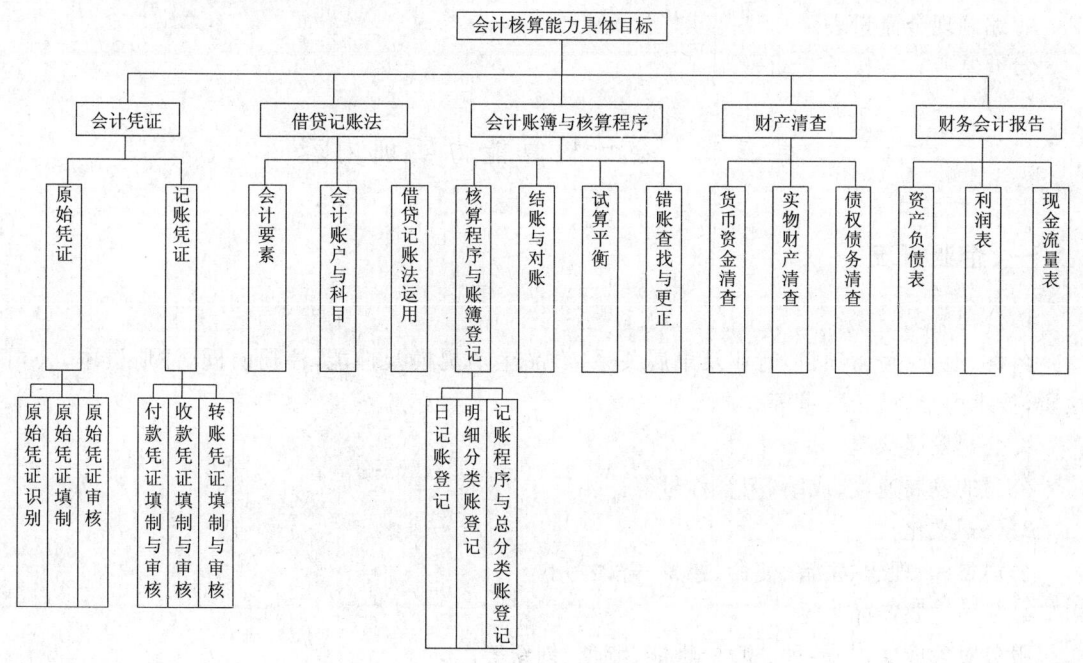

图1-1-1 会计核算能力的内容图

会计核算能力的内容描述为:
①运用原始凭证的相关知识,根据各种不同类型和格式的原始凭证判断其所反映的经济业务的内容。
②掌握原始凭证的填制要求,结合会计核算书写规范,完成原始凭证的填制。
③运用相关财经法规规范,审核已填制或取得的原始凭证。

④对经济业务按会计要素进行分类,判断经济业务对会计要素的影响。
⑤对经济业务按会计科目进行分类,识别会计账户(科目)的类型及应用规则。
⑥运用借贷记账法,编制会计分录。
⑦熟练完成制造业企业的经济业务会计处理工作。
⑧正确、规范地填制通用记账凭证,并进行审核。
⑨正确、规范地填制收、付、转记账凭证,并进行审核。
⑩正确、规范地设置及登记现金日记账和银行存款日记账。
⑪正确、规范地设置及登记总分类账和明细分类账。
⑫正确运用科目汇总表账务处理程序完成总分类账的登记。
⑬完成账簿对账和结账等会计处理。
⑭熟练编制试算平衡表。
⑮可以运用专门的方法与手段,查找错账和进行错账更正。
⑯采取正确的方法对库存现金、银行存款、实物资产、往来款项等财产进行清查,并完成财产清查结果的会计处理。
⑰编制资产负债表。
⑱编制利润表。
⑲编制现金流量表。
⑳编制所有者权益变动表。

第二节　会计核算能力实训内容

一、企业概况

1. 公司概况

名称、地址、经营项目,行业及隶属关系,产品生产规模及性能,注册时间,注册资本,公司性质,技术力量,员工数量等。

2. 公司发展状况

公司的发展速度、成绩、荣誉称号等。

3. 公司文化

公司目标、理念、宗旨、使命、愿景、寄语等。

4. 公司主要产品

服务对象或层次、品种、规格、性能、特色、创新等。

5. 销售业绩及网络

销售量、各地销售点等。

6. 售后服务

公司售后服务的承诺及其他事项。

二、企业会计工作组织

会计工作组织,是指如何安排、协调和管理好企业的会计工作,会计机构和会计人员是会计工作系统运行的必要条件,而会计法规是保证会计工作系统正常运行的必要的约束机制。

1. 会计工作组织的内容

①会计机构的设置。

②会计人员的配备。

③会计人员的职责权限。

④会计工作的规范。

⑤会计法规制度的制定。

⑥会计档案的保管。

⑦会计工作的电算化等。

2. 会计工作组织的原则

(1)会计工作组织的合规性

会计工作组织受到各种法规、制度的制约,例如《会计法》《总会计师条例》《会计基础工作规范》《会计专业职务试行条例》《会计档案管理办法》、《会计电算化管理办法》等。

(2)会计工作组织的实用性

结合会计主体生产经营管理的特点,根据会计制度的规定,对单位的会计机构设置和会计人员配备等做出切合实际的安排。

(3)会计工作组织的效率与质量

在保证会计工作质量的前提下,讲求工作效率,节约工作时间和费用。

3. 会计工作的组织形式

由于企业会计工作的组织形式不同,会计机构的具体工作范围也有所不同。会计工作的组织形式有独立核算和非独立核算、集中核算和非集中核算、专业核算和群众核算几种组织形式。

(1)独立核算和非独立核算

独立核算是指对本单位的业务经营过程及其结果,进行全面的、系统的会计核算。实行独立核算的单位称为独立核算单位,它的特点是具有一定的经营资金,在银行单独开户,独立经营、核算盈亏,具有完整的账簿系统,定期编制报表。独立核算单位应单独设置会计机构,配备必要的会计人员,如果会计业务不多,也可只设专职会计人员。

非独立核算又称报账制。实行非独立核算的单位称为报账单位。它是由上级拨给一定的备用金和经营物资,平时进行原始凭证的填制和整理,以及备用金账和实物账的登记,定期将收入、支出向上级报销,由上级汇总,它本身不独立计算盈亏,也不编制报表。

(2)集中核算与非集中核算

实行独立核算的单位,其记账工作的组织形式可以分为集中核算和非集中核算两种。

集中核算就是将企业的主要会计工作都集中在企业会计机构内进行。企业内部的各部门、各单位一般不进行单独核算,只是对所发生的经济业务进行原始记录,办理原始凭证的取得、填制、审核和汇总工作,并定期将这些资料报送企业会计部门进行总分类核算和明细分类核算。实行集中核算,可以减少核算层次,精简会计人员,但是企业各部门和各单位不便于及时利用核算资料进行日常的考核和分析。

非集中核算又称为分散核算。就是企业的内部单位要对本身所发生的经济业务进行比较全面的会计核算。例如在制造业里,车间设置成本明细账,登记本车间发生的生产成本并计算出所完成产品的制造成本,厂部会计部门只根据车间报送的资料进行产品成本的总分类核算。实行非集中核算,使企业内部各部门、各单位能够及时了解本部门、本单位的经济活动情况,有利于及时分析、解决问题;但这种组织形式会增加核算手续和核算层次。

会计核算过程如图1-2-1所示。

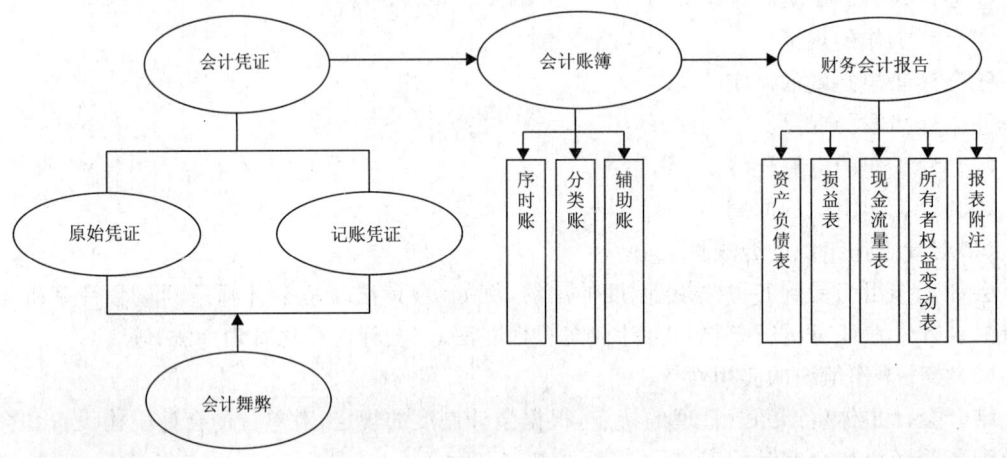

图1-2-1 会计核算过程图

三、会计凭证处理

1. 原始凭证的相关处理
2. 记账凭证的相关处理
3. 科目汇总表的编制

四、账簿设置与登记(图1-2-2)

1. 序时账的设置与登记的相关处理
2. 明细分类账的设置与登记的相关处理
3. 总分类账的设置与登记的相关处理

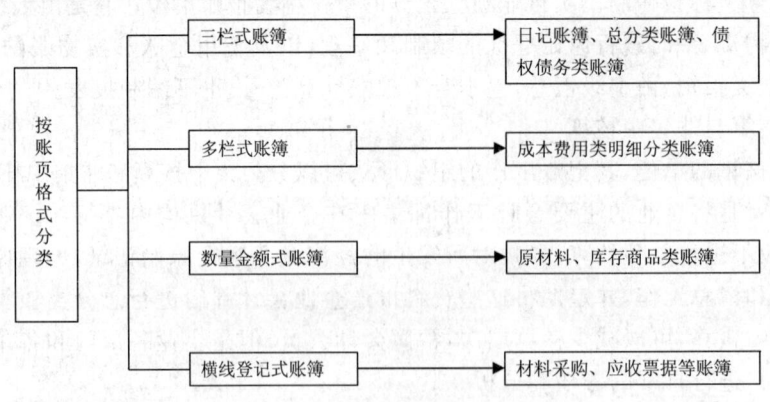

图1-2-2 账簿设置与登记图

五、成本核算

1. 成本计算对象
2. 成本计算方法
3. 成本项目设置
4. 成本计算程序

　　成本计算程序如图 1-2-3 所示。

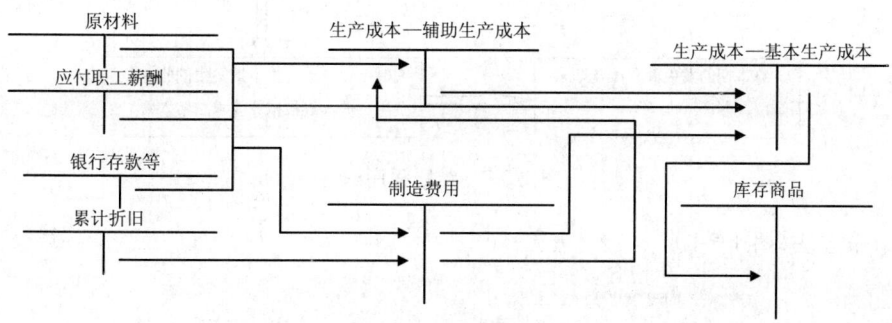

图 1-2-3　成本计算图

5. 成本计算规范
6. 成本计算会计处理

六、纳税申报与缴纳

1. 纳税申报（如图 1-2-4 所示）
2. 税款缴纳的会计处理

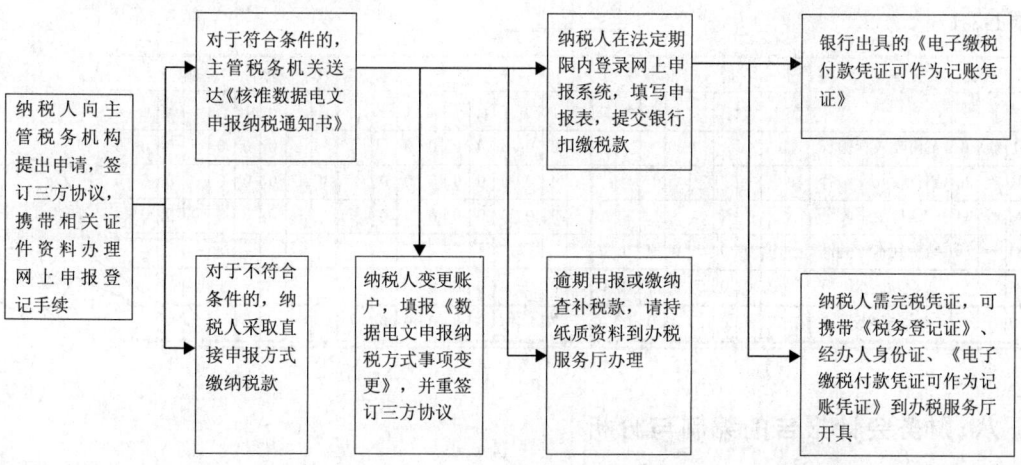

图 1-2-4　纳税网上申报程序图

七、期末对账和结账

1. 对账过程与方法
2. 结账过程与方法

(1)结账程序(图 1-2-5)

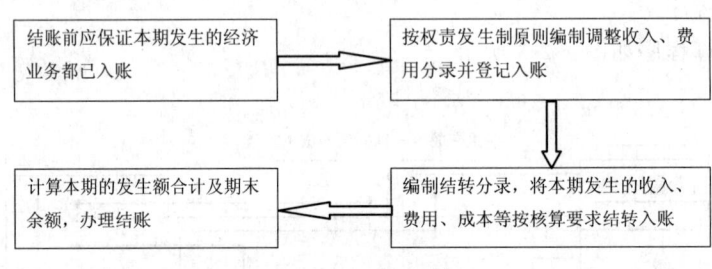

图 1-2-5　结账程序图

(2)结账方法(图 1-2-6)

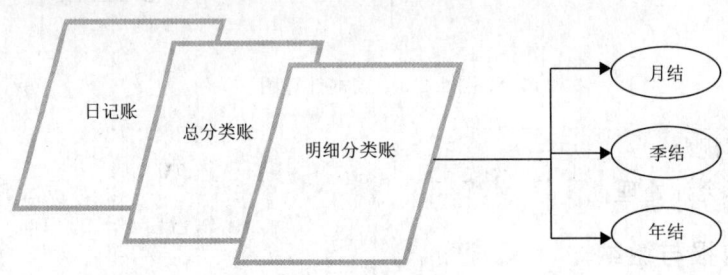

图 1-2-6　结账方法图

例如,主营业务收入明细账年结方法,表 1-2-1 所示。

表1-2-1　　　　　　　　　主营业务收入

15年		凭证		摘要	借方								贷方								借或贷	余额								
月	日	字	号		百	十	万	千	百	十	元	角	分	百	十	万	千	百	十	元	角	分		百	十	万	千	百	十	元	角	分
12	1	收	6	销售收入存银行												2	0	0	0	0	0	0				2	0	0	0	0	0	0
	10	收	30	销售收入存银行												4	0	0	0	0	0	0				6	0	0	0	0	0	0
	23	收	34	销售款未收												3	0	0	0	0	0	0				9	0	0	0	0	0	0
	31	转	78	结转到本年利润			9	0	0	0	0	0	0																		平	
	31			本月合计			9	0	0	0	0	0	0			9	0	0	0	0	0	0									平	
	31			本年合计	7	7	9	0	0	0	0	0	0	7	7	9	0	0	0	0	0	0									平	

(在"本年合计"栏下画双红线表示结账)

八、财务会计报告的编制与分析

1. 财务会计报告的种类及构成
2. 财务会计报告的编制
3. 财务会计报告的分析

九、撰写实训报告

1. 模拟实训单位的概况
2. 采用的会计政策
3. 经济业务处理过程
4. 实训结果等

十、成果整理与提交

实训结束时,上交装订好的会计凭证(图1-2-7)、账簿、财务会计报告、有关表格、实训报告等材料。可以采用答辩方式检验实践教学效果及实训参与者成绩的评定。

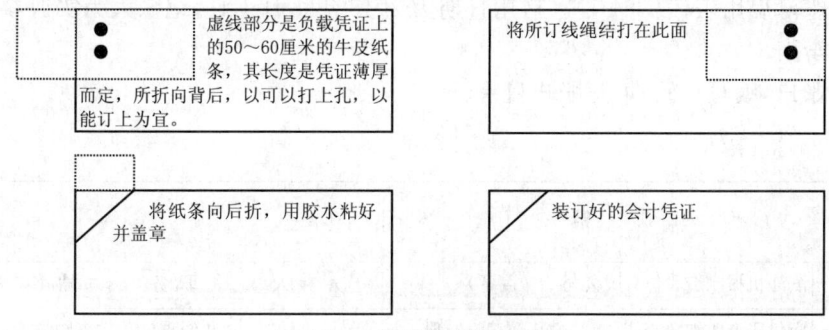

图 1-2-7　会计凭证装订图示

第三节　会计核算能力实训要求

一、实践目的

企业会计实践是在中级会计学课程教学任务结束后进行的一次专业实践活动,是实训参与者运用已掌握的专业理论知识,在指导教师的指导下,独立进行会计模拟实践活动,使实训参与者经受专业实际操作技能的训练,从而培养和提高实训参与者应用理论知识解决实际问题的能力。

独立完成原始凭证的审核和记账凭证的填制、账簿的设计与登记、成本计算、纳税申报与缴纳到财务会计报告的编制等会计核算模拟操作以及财务会计报告的分析,最后完成专业实践报告。

二、实训任务

①根据所提供的实训资料在教师的指导下,独立完成会计工作的各环节,最后完成专业实训报告的写作任务。
②实训参与者应根据会计基础工作规范、企业会计准则、财经法规的要求进行会计处理。
③在实训过程中,实训参与者每天应撰写实训日记。
④在条件允许的情况下,进行手工实训,有条件的可以也可以上机实训。
⑤指导教师介绍实训的目的、任务与要求,实训资料的基本情况的说明,实训进度的检查等。

第四节　会计核算能力实训程序

一、启用账簿

1. 启用序时账及明细分类账

启用库存现金、银行存款日记账和各种明细分类账。

登记日记账明细分类账的月初余额。

提示：无月初余额的账户，只登记账户名称。

2. 启用总分类账

①填写账簿启用表（表1-4-1）。启用日期为2015年1月1日，记账人为实训参与者本人，会计主管为李南。

②开设账户，编写页码，填写账户目录。

表1-4-1

账　簿　启　用　表										
单位名称	滨江机械制造股份有限公司　（盖章）				负责人		职务		姓名		贴印花处
账簿名称	应付账款明细分类账　账簿第3册				单位领导		总经理		李原灏		
账簿号码	第3号 启用日期 2015 年 1 月 1 日				会计主管		财务总监		李南		
账簿页数	本账簿共 21 页				主办会计		会计		王铭		
经　管　本　账　簿　人　员　一　览　表											
记账人员			接管日期			移交日期			监交人员		备注	
职务	姓名	盖章	年	月	日	年	月	日	职务	姓名	
会计	王铭	王铭	2015	1	1						

二、审核原始凭证

1. 原始凭证的真实性审核

真实性是审核凭证所反映的内容是否符合所发生的实际情况，数字、文字有无伪造、涂改、重复使用和大头小尾、各联之间数字不符等情况。特别要注意的是：

①内容记载是否清晰，有无掩盖事情真相的现象。

②凭证抬头不是本单位。

③数量、单价与金额是否相符。

④认真核对笔迹，有无模仿领导笔迹签字冒领现象。

⑤有无涂改,有无添加内容和金额。
⑥有无移花接木的凭证。

2. 原始凭证的合法性审核

合法性是审核经济业务是否符合国家有关政策、法规、制度的规定,是否有违法乱纪等行为。特别应注意的是:

①审核凭证内容是否符合国家的方针、政策、法令制度和计划。
②审核凭证本身是否具有"合法性"。

3. 审核原始凭证的合理性

原始凭证所记录经济业务是否符合企业生产经营活动的需要、是否符合有关的计划和预算等。

4. 原始凭证的完整性审核

审核原始凭证各个项目是否填写齐全,数字是否正确;名称、商品规格、计量单位、数量、单价、金额和填制日期的填写是否清晰,计算是否正确。对要求统一使用的发票,应检查是否存在伪造、挪用或用作废的发票代替等现象,凭证中应有的印章、签名是否齐全、审批手续是否健全等。特别应注意的是:

①外来的发票、收据等是否用复写纸套写、是否是"报销"联,不属此例的一般不予受理,对于剪裁发票要认真核对剪裁金额是否与大小写金额一致。
②购买商品、实物的各种原始凭证,必须附有保管人的验单或其他领用者签名才能受理。
③对外支付款项的凭证应附有收款人的收款手续方能转账注销。
④自制的原始凭证附有原始单据的,要审核金额是否相符;无原始单据的是否有部门负责人的批准、签章。

5. 原始凭证的正确性审核

数字是否清晰、文字是否工整、书写是否规范、凭证联次是否正确、有无刮擦、涂改和挖补等。

三、填制与审核记账凭证

本实训要求实训参与者按收、付、转三类编制记账凭证。

1. 填制记账凭证

会计人员填制记账凭证要严格按照规定的格式和内容(表1-4-2、1-4-3、1-4-4、1-4-5)进行,必须做到记录真实、内容完整、填制及时、书写清楚。填制记账凭证必须符合下列要求:

①"摘要"栏是对经济业务内容的简要说明,要求文字说明要简洁、概括,以满足登记账簿的要求。
②应当根据经济业务的内容,按照会计制度的规定,确定应借、应贷的科目。科目使用必须正确,不得任意改变、简化会计科目的名称,有关的二级或明细科目要填写齐全。
③记账凭证中,应借、应贷账户必须保持清晰的对应关系。
④一张记账凭证填制完毕,应按所使用的记账方法,加计合计数,以检查对应账户的平衡关系。
⑤记账凭证必须连续编号,以便考查且避免凭证散失。
⑥每张记账凭证都要注明附件张数,以便于日后查对。

表1-4-2

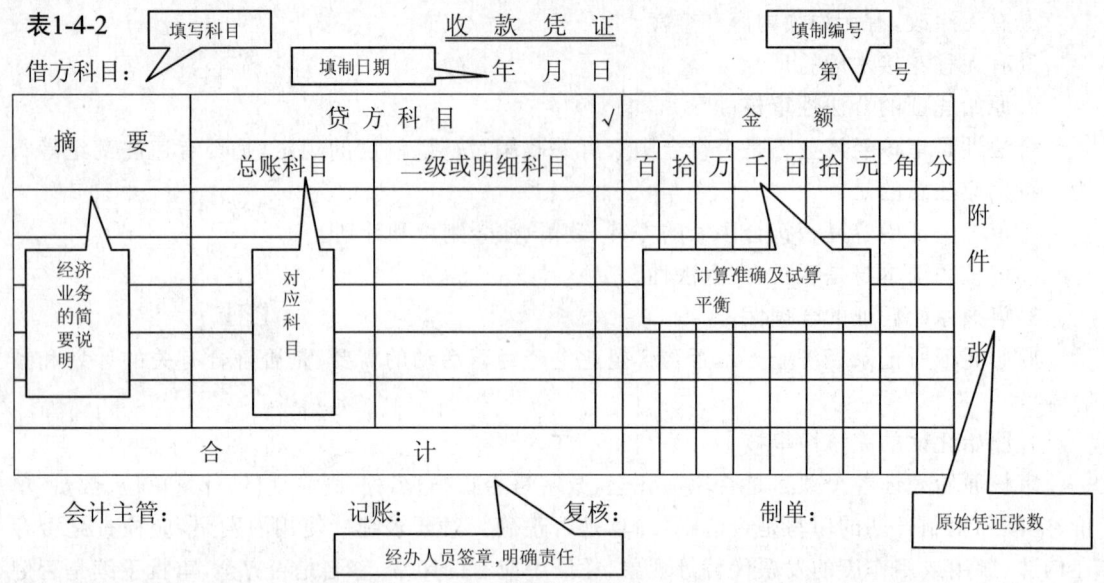

表1-4-3 付款凭证

贷方科目：银行存款　　2015年12月22日　　总号：13　分号：1

摘要	借方科目		√	金额								
	总账科目	二级或明细科目		百	拾	万	千	百	拾	元	角	分
购置钢角钢 37	原材料	角钢				1	8	0	0	0	0	0
	应交税费	应交增值税（进项税额）					3	0	6	0	0	0
合　　　　　计				¥	2	1	0	6	0	0	0	

会计主管：　　记账：　　复核：阳丽　　制单：王铭　　附件 2 张

表1-4-4 收款凭证

借方科目：银行存款　　2015年12月22日　　总号：135　分号：23

摘要	贷方科目		√	金额								
	总账科目	二级或明细科目		百	拾	万	千	百	拾	元	角	分
产品销售	主营业务收入	甲产品			2	0	0	0	0	0	0	0
	应交税费	应交增值税（进项税额）					3	4	0	0	0	0
合　　　　　计				¥	2	3	4	0	0	0	0	

会计主管：　　记账：　　复核：阳丽　　制单：王铭　　附件 1 张

表1-4-5 转账凭证 总号:178 分号:56

2015年12月12日

摘 要	总账科目	明细科目	√	借方金额 百十万千百十元角分	贷方金额 百十万千百十元角分	附件1张
计提消费税	营业税金及附加	消费税		2 2 0 0 0 0 0		
	应交税费	应交消费税			2 2 0 0 0 0 0	
合		计		¥2 2 0 0 0 0 0	¥2 2 0 0 0 0 0	

会计主管:　　　记账:　　　复核: 李南　　　制单: 王铭

2.审核记账凭证

所有填制好的记账凭证,都必须经过其他会计人员认真审核。在审核记账凭证的过程中,如发现记账凭证填制有误,应按照规定的方法及时加以更正。只有经过审核无误后的记账凭证,才能作为登记账簿的依据。记账凭证的审核主要包括以下内容(表1-4-6):

①记账凭证是否附有原始凭证,记账凭证的经济内容是否与所附原始凭证的内容相同。

②应借应贷的会计科目对应关系是否清晰、金额是否正确。

③记账凭证中项目是否填制完整,摘要是否清楚,有关人员的签章是否齐全。

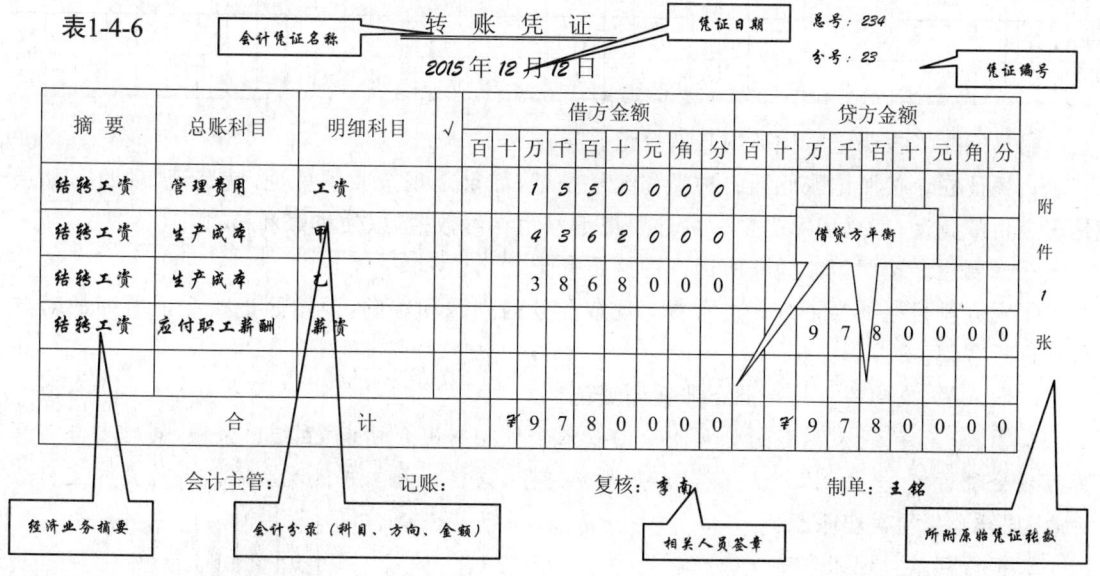

表1-4-6

四、登记日记账

1. 现金日记账

现金日记账是用来记录企业库存现金每天收到、支出和结存情况的账簿。由出纳人员负责登记,按时间先后顺序逐日逐笔进行登记。也就是根据现金收款凭证和与现金有关的银行存款付款凭证(从银行提取现金的业务)登记现金收入;根据现金付款凭证登记现金支出;并根据"上日余额+本日收入-本日支出=本日余额"的公式,逐日结出现金余额,并每天与库存现金实存数进行核对,以检查每日现金收付是否正确无误。现金日记账的登记方法如下(表1-4-7):

表1-4-7   现金日记账   第1页

15年		凭证		摘要	借方								贷方								余额								
月	日	字	号		百	十	万	千	百	十	元	角	分	百	十	万	千	百	十	元	角	分	百	十	万	千	百	十	元	角	分
12	1			期初余额																						1	4	0	0	0	0
	2	收	1	销售收现				6	0	0	0	0													1	4	6	0	0	0	0
		付	2	预借差旅费													6	0	0	0	0					8	6	0	0	0	0
		付	10	支付销售运费														2	0	0	0	0				8	4	0	0	0	0
		付	22	购买打印纸张														2	4	0	0					8	1	6	0	0	0
12	2			本日小计				6	0	0	0	0					8	6	2	4	0	0				8	1	6	0	0	0
				本月合计			2	6	0	0	0	0				3	6	0	0	0	0					4	6	0	0	0

①日期栏。按照记账凭证的日期登记。

②凭证栏。按照记账凭证的种类和编号登记,如果是现金收款凭证,就登记"现收",如果是现金付款凭证,就登记"现付"。另外要把编号写在号数栏,以便查账和核对。

③摘要栏。按照记账凭证所记录的摘要登记。

④对方科目栏。为了方便查看每笔现金业务的来源和去向,要按照记账凭证所列的对方科目进行登记。

⑤收入栏、支出栏。均按照记账凭证登记。

提示:每日终了,应该分别计算现金的收入合计和支出合计,然后结出余额,同时要与实际库存现金进行核对,做到"日清月结"。到月末终了,同样计算本月的现金收入合计数和支出合计数,同样也需要结出余额。

2. 银行存款日记账

银行存款日记账是用来计算银行存款每天的收入、支出和结余情况的账簿。银行存款日记账应该按照企业在银行的币种分别设置,每个银行账户设置一本日记账。由出纳员负责登记,按时间先后顺序逐日逐笔进行登记。也就是根据银行存款收款凭证和有关的现金付款凭证(库存现金存入银行的业务)登记银行存款的收入栏,根据银行存款付款凭证登记其支出栏,每日结出存款余额(表1-4-8)。

表1-4-8　　　　　　　　　银行存款日记账　　　　　　　　　　　　　　第1页

15年		凭证		摘　要	对方科目	借方 百十万千百十元角分	贷方 百十万千百十元角分	借或贷	余　额 百十万千百十元角分
月	日	字	号						
12	1			期初金额					2 1 5 6 0 0 0 0
	1	收	1	销售收入	主营业务收入及税款	2 3 4 0 0 0 0 0			2 3 9 0 0 0 0 0
	3	付	1	偿还欠款	应付账款(大地公司)		2 3 4 0 0 0 0 0		2 1 5 6 0 0 0 0
	5	付	3	支付材料款	原材料及税款		1 1 7 0 0 0 0 0		2 0 3 9 0 0 0 0
	7	付	21	支付生产设备款	固定资产及税款		2 3 4 0 0 0 0		2 0 1 5 6 0 0 0
				本页合计	过次页	1 2 2 8 9 0 0 0 0	2 3 6 9 0 0 0 0		1 0 1 5 9 0 0 0 0

银行存款日记账的格式与现金日记账相同,通常采用三栏式。

提示:银行存款日记账的登记方法和现金日记账的方法基本相同。每日终了,应当计算出银行存款收入合计和支出合计,并结出余额,定期要与开户银行打印出来的对账单进行核对。月终,同样要进行月底结账。

3.转账日记账

转账日记账一般不会用到,它是根据转账凭证按时间的顺序进行登记的一种账簿。

4.普通日记账

普通日记账是用来按照时间的先后顺序登记全部经济业务的账簿,又称为分录簿(表1-4-9)。一般只设借方和贷方两个金额栏目,适用于规模较小,经济业务不多的企业,使用普通日记账程序简便,也可以满足业务需要。

提示:如果企业规模较大,业务量较多且较复杂,就不宜设置普通日记账。编制普通日记账时,可根据经济业务直接进行登记,然后再将普通日记账记入分类账。因此,设普通日记账一般可不再做记账凭证。

五、登记明细分类账

明细分类账是按照明细科目开设的用来分类登记某一类经济业务,提供明细核算资料的分类账户。它所提供的有关经济活动的详细资料,是对总分类账所提总括核算资料的必要补充,同时也是编制会计报表的依据。

明细分类账的格式应根据各单位经营业务的特点和管理需要来确定,常用的格式主要有:

1.三栏式明细分类账

三栏式明细分类账的账页格式同总分类账的格式基本相同,它只设借方、贷方和余额三个

表1-4-9　　　　　　　　　　　　普通日记账　　　　　　　　　　　　　　第1页

15年 月/日	凭证 字/号	会计科目	摘要	借方金额	贷方金额	过账
12/1	收/1	银行存款	销售A产品	2 3 4 0 0 0 0 0		
		应交税费—应交增值税（销项税额）	增值税		2 0 0 0 0 0 0 0	
		主营业务收入	销售		3 4 0 0 0 0 0	
1	转/1	原材料	购材料入库款未付	5 0 0 0 0 0 0		
		应交税费—应交增值税（进项税额）	增值税	8 5 0 0 0 0		
		应付账款	兴业集团		5 8 5 0 0 0 0	
1	付/1	短期借款—工商行	偿还短期借款	1 0 0 0 0 0 0 0		
		银行存款—工商行	偿还短期借款		1 0 0 0 0 0 0 0	

金额栏（表1-4-10）。其适用于应收账款、应付账款等只需进行金额核算的债权债务、有所者权益类等明细分类账。

表1-4-10　　　　　　　　　　　　明　细　分　类　账　　　　　　　　　　　第1页

明细科目：滨江集团公司　　　　　　　　　　　　　　　　　　　　　总账科目：应收账款

15年 月/日	凭证 号数	摘要	借方	贷方	借或贷	余额
12/1		期初余额			借	1 1 2 2 0 0 0 0
3	收2	收回货款		1 2 0 0 0 0 0		1 0 0 2 0 0 0 0
5	转12	销售款未收	2 0 0 0 0 0 0			1 2 0 2 0 0 0 0

2.数量金额式明细分类账

　　数量金额式明细分类账的账页，其基本结构为收入、发出和结存三栏，在这些栏内再分别设有数量、单价、金额等项目，以分别登记实物的数量和金额（表1-4-11、1-4-12）。这种格式的明细分类账适用于既需进行金额明细核算，又要进行数量明细核算的财产物资项目。例如原材料、库存商品等账户的明细核算。它能提供各种财产物资收入、发出、结存等的数量和金额资料，便于满足开展业务和加强管理的需要。

表1-4-11　　　　名称及规格　　　　库存商品　明细分类账　　　　计量单位：件　第 1 页

15年		凭证号数	摘要	收入（借方）			发出（贷方）			借或贷	结存（金额）		
月	日			数量	单价	金额(百十万千百十元角分)	数量	单价	金额(千百十万千百十元角分)		数量	单价	金额(千百十万千百十元角分)
12	1		期初余额	2000	1000	2 0 0 0 0 0 0 0 0				借	2000	1000	2 0 0 0 0 0 0 0 0
	6	收1	销售产品				1000	1000	1 0 0 0 0 0 0 0 0	借	1000	1000	1 0 0 0 0 0 0 0 0
	27	转24	产品入库	300	900	2 7 0 0 0 0 0 0				借	1300	976.92	1 2 7 0 0 0 0 0 0

表1-4-12　　　　名称及规格　　　　原材料—甲材料　明细分类账　　　　计量单位：千克　第 1 页

15年		凭证号数	摘要	收入（借方）			发出（贷方）			借或贷	结存（金额）		
月	日			数量	单价	金额(百十万千百十元角分)	数量	单价	金额(千百十万千百十元角分)		数量	单价	金额(千百十万千百十元角分)
12	1		期初余额	1000	600	6 0 0 0 0 0 0 0					1000	600	6 0 0 0 0 0 0 0
	6	转2	购入材料入库	2000	650	1 3 0 0 0 0 0 0 0					3000	633.34	1 9 0 0 0 0 0 0 0
	9	转23	生产领用材料				1000	633.34	6 3 3 3 4 0 0 0		2000	633.34	1 2 6 6 6 6 0 0 0

3.多栏式明细分类账

多栏式明细分类账的格式视管理需要而呈多种多样，它在一张账页上，按照明细科目分设若干专栏，集中反映有关明细项目的核算资料（表1-4-13、1-4-14）。这种格式的明细分类账适用于费用成本、收入成果类的明细核算。例如生产成本明细分类账，它只设一栏借方，下按成本设置专栏，贷方发生额用红字在有关专栏内登记（表1-4-13）。

表1-4-13　　　　产品名称及规格　　　　生产成本——A产品明细分类账　　　　本账第 12 页　本户第 1 页

15年		凭证号数	摘要	借方（成本项目）				合计	借方余额
月	日			直接材料	燃料动力	直接人工	制造费用		
12	1		期初余额	5 0 0 0 0 0 0	8 0 0 0 0 0	5 0 0 0 0 0 0	1 2 0 0 0 0 0		1 2 0 0 0 0 0 0
	31	转98	领用材料	9 0 0 0 0 0 0					2 1 0 0 0 0 0 0
	31	转99	计算工资			6 0 0 0 0 0			2 7 0 0 0 0 0 0
	31	付23	支付电费		1 2 0 0 0 0 0				2 8 2 0 0 0 0 0
	31	转100	分配制造费用				3 4 0 0 0 0 0		3 1 6 0 0 0 0 0
	31		合计	1 4 0 0 0 0 0 0	2 0 0 0 0 0 0	1 1 0 0 0 0 0 0	4 6 0 0 0 0 0		3 1 6 0 0 0 0 0
	31	转101	产品入库						3 1 6 0 0 0 0 0

4.横线登记法明细分类账

横线登记法明细分类账是在账页的同一行内，逐笔逐项登记每笔经济业务的借方和与其相对应的贷方。其适用于材料采购业务的付款和收料、备用金业务的支出和报销收回等情况。

表1-4-14　　　　　　　　　应交税费—应交增值税　明细分类账　　　　本账第 123 页
　　　　　　　　　　　　　　　　　　　　　　　　　　　　　　　　　本户第 1 页

15年		摘要	借方			贷方				余额
月	日		进项税额	已交税金	借方合计	销项税额	出口退税	进项税额出专	贷方合计	
12	1	期初余额	1000000		1000000	1300000		400000	1340000	1240000
	3	购入材料	3400000		4400000					9000000
	7	销售产品				5100000				14100000
	8	上缴税款		9000000						5100000

六、登记总分类账

总分类账是按每一个总分类科目开设账页，进行分类登记的账簿，它能总括地反映各会计要素具体内容的增减变动和变动结果，编制会计报表就是以这些分类账所提供的资料为依据的。它一般采用三栏式账页格式。

总分类账的登记方法很多，可以根据各种记账凭证逐笔登记也可以先把各种记账凭证汇总编制成科目汇总表或汇总记账凭证，再据以登记总分类账。

1. 编制科目汇总表

科目汇总表的编制是科目汇总表核算程序的一项重要工作，它是根据一定时期内的全部记账凭证，按科目作为归类标志进行编制的（表1-4-15）。

表1-4-15　　　　　　　　　　　科目汇总表
　　　　　　　　　　　2015 年 12 月 1 日至 2015 年 12 月 10 日

科目代码	会计科目	借方金额	贷方金额	过账
1001	库存现金	380000	290000	
1002	银行存款	8900000	7800000	
	应收账款	900000	100000	
	原材料	2300000	2000000	
	短期借款	500000	900000	
	应付账款	700000	800000	
	应交税费	460000		
	股本		8000000	
	资本公积		6000000	

(1)编制过程和方法

首先,将汇总期内各项经济业务所涉及的会计科目填制在"会计科目"栏。为了便于登记总分类账,会计科目的排列顺序应与总分类账上的会计科目的顺序一致;

然后,根据汇总期内的全部记账凭证,按会计科目分别加总借方发生额和贷方发生额,并将其填列在相应会计科目行的"借方金额"和"贷方金额"栏;

最后,将汇总完毕的所有会计科目的借方发生额和贷方发生额汇总,进行发生额的试算平衡。

科目汇总表编制的时间,应根据经济业务量的多少而定,本实训采用每10天编制一次科目汇总表。

(2)注意事项

①收款凭证至少应填列一个贷方科目,每一张付款凭证至少应填列一个借方科目;转账凭证,只应填列一个借方科目和一个贷方科目,一式两联,一联作为借方科目的汇总,一联作为贷方科目的汇总。

②为了便于登记总分类账,科目汇总表上的科目排列应按总分类账上科目排列的顺序来定。

③科目汇总表汇总的时间不宜过长,业务量多的单位可每天汇总一次,一般间隔期为5至10天,以便对发生额进行试算平衡,及时了解资金运动情况。

(3)账务处理程序

①依据原始凭证或原始凭证汇总表填制收款凭证、付款凭证、转账凭证;

②依据收款凭证、付款凭证逐笔登记现金日记账、银行存款日记账;

③依据原始凭证、原始凭证汇总表或记账凭证逐笔登记各种明细分类账;

④依据记账凭证定期编制科目汇总表;

⑤依据科目汇总表登记总分类账;

⑥月末,将现金日记账、银行存款日记账余额以及各种明细分类账户的余额合计数,分别与总分类账户中有关账户的余额进行核对;

⑦月末,根据总分类账户和有关明细分类账户的余额编制会计报表。

2.根据凭证汇总表登记总分类账(表1-4-16)

①每10天登记一次总分类账。

②每10天结记一次账户余额。

七、对账

①编制总分类账余额试算平衡表。

②各种日记账月末余额分别与各自的总分类账月末余额核对。

③分别汇总各种明细分类账月末余额合计数,与各自的总分类账月末余额核对。

八、结账

结账,是指把一定时期内应记入账簿的经济业务全部登记入账后,计算记录本期发生额及期末余额,并将余额结转下期或新的账簿。会计人员应按照规定,对现金、银行存款日记账按日结账,对其他账户按月、季、年结账。

表1-4-16　　　　　　　　　　　银行存款总分类账　　　　　　　　　　　第1页

15年		凭证		摘要	借方	贷方	余额
月	日	字	号		千百十万千百十元角分	千百十万千百十元角分	千百十万千百十元角分
11	10			承前页			2 1 5 6 0 0 0 0 0
11	20	汇	2	11—20日发生额	1 2 3 4 0 0 0 0 0	8 0 0 0 0 0 0	2 5 9 0 0 0 0 0 0
	30	汇	22	21—30日发生额	1 4 9 0 0 0 0 0	1 5 2 4 0 0 0 0 0	2 5 5 6 0 0 0 0 0
12	10	汇	3	1—10日发生额	3 7 0 0 0 0 0 0 0	3 1 1 7 0 0 0 0 0	3 1 3 9 0 0 0 0 0
	20	汇	10	11—20日发生额	2 9 0 0 0 0 0 0 0	3 0 0 0 0 0 0 0 0	3 0 3 9 0 0 0 0 0
	30	汇	34	21—30日发生额	1 2 0 0 0 0 0 0 0	9 0 0 0 0 0 0 0	3 3 3 9 0 0 0 0 0
				本年合计	1 0 5 2 4 0 0 0 0 0	9 3 4 1 0 0 0 0 0	3 3 3 9 0 0 0 0 0
				结转下年			

以下空白作废

1.结账程序

①结账前,必须将本期内所发生的各项经济业务全部登记入账。

②结账时,应当结出每个账户的期末余额。需要结出当月发生额的,应当在摘要栏内注明"本月合计"字样,并在下面通栏划单红线。需要结出本年累计发生额的,应当在摘要栏内注明"本年累计"字样,并在下面通栏划双红线;12月末的"本年累计"就是全年累计发生额,全年累计发生额下应当通栏划双红线,年度终了结账时,所有总分类账账户都应当结出全年发生额和年末余额。

③年度终了,要把各账户的余额结转到下一会计年度,并在摘要栏注明"结转下年"字样,在下一会计年度新建有关会计账簿的第一余额栏内填写上年结转的余额,并在摘要栏注明"上年结转"字样。

2.注意事项

(1)结账时应当根据不同的账户记录,分别采用不同的方法

①对不需要按月结计本期发生额的账户,如各项应收款明细分类账和各项财产物资明细分类账等,每次记账以后,都要随时结出余额,每月最后一笔余额即为月末余额。也就是说,月末余额就是本月最后一笔经济业务记录的同一行内的余额。月末结账时,只需要在最后一笔经济业务记录之下划一单红线,不需要再结计一次余额。

②现金、银行存款日记账和需要按月结计发生额的收入、费用等明细分类账。每月结账时,要在最后一笔经济业务记录下面划一单红线,结出本月发生额和余额,在摘要栏内注明"本月合计"字样,在下面再划一条单红线。

③需要结计本年累计发生额的某些明细分类账户,如主营业务收入、成本明细分类账等,每月结账时,应在"本月合计"行下结计自年初起至本月末止的累计发生额,登记在月份发生额下面,在摘要栏内注明"本年累计"字样,并在下面再划一单红线。12月末的"本年累计"就是

全年累计发生额,全年累计发生额下划双红线。

④总分类账账户平时只需结计月末余额。年终结账时,为了反映全年各项资产、负债及所有者权益增减变动的全貌,便于核对账目,要将所有总分类账账户结计全年发生额和年末余额,在摘要栏内注明"本年合计"字样,并在合计数下划一双红线。采用棋盘式总分类账和科目汇总表代替总分类账的单位,年终结账,应当汇编一张全年合计的科目汇总表和棋盘式总分类账。

⑤需要结计本月发生额的某些账户,如果本月只发生一笔经济业务,由于这笔记录的金额就是本月发生额,结账时,只要在此行记录下划一单红线,表示与下月的发生额分开就可以了,不需另结出"本月合计"数。

(2)结账如何划线

结账划线的目的,是为了突出本月合计数及月末余额,表示本会计期间的会计记录已经截止或结束,并将本期与下期的记录明显分开。根据《会计基础工作规范》规定,月结划单线,年结划双线。划线时,应划红线;划线应划通栏线,不应只在本账页中的金额部分划线。

(3)账户余额的填写方法

每月结账时,应将月末余额写在本月最后一笔经济业务记录的同一行内。但在现金日记账、银行存款日记账和其他需要按月结计发生额的账户,例如各种成本、费用、收入的明细分类账等,每月结账时,还应将月末余额与本月发生额写在同一行内,在摘要栏注明"本月合计"字样。这样做,账户记录中的月初余额加减本期发生额等于月末余额,便于账户记录的稽核。需要结计本年累计发生额的某些明细分类账户,每月结账时,"本月合计"行已有余额的,"本年累计"行就不必再写余额了。

(4)能否用红字结账

账簿记录中使用的红字,具有特定的含义,它表示蓝字金额的减少或负数余额。因此,结账时,如果出现负数余额,可以用红字在余额栏登记,但如果余额栏前印有余额的方向(如借或贷),则应用蓝黑墨水书写,而不得使用红色墨水。

年度终了,要把各账户的余额结转到下一会计年度,并在摘要栏注明"结转下年"字样;在下一会计年度新建有关会计账簿的第一余额栏内填写上年结转的余额,并在摘要栏注明"上年结转"字样。

年度终了结账时,有余额的账户的余额,直接记入新账余额栏内即可,不需要编制记账凭证,也不必将余额再记入本年账户的借方或贷方,使本年有余额的账户的余额变为零。因为,既然年末是有余额的账户,余额就应当如实地在账户中加以反映,这样更显得清晰、明了。否则,就混淆了有余额的账户和无余额的账户的区别。

对于新的会计年度建账问题,一般说来,总分类账、日记账和多数明细分类账应每年更换一次。但有些财产物资明细分类账和债权债务明细分类账,由于材料品种、规格和往来单位较多,更换新账,重抄一遍工作量较大,因此,可以跨年度使用,不必每年更换一次。各种备查簿也可以连续使用。

2. 结账时点

(1)月结

月末结账是为了总结一个月的经济活动的财务收支状况,据以编制财务会计报告,而对各种账簿的本期发生额和期末余额进行的计算总结。就是结算各种账簿记录,它是在将一定时期内所发生的经济业务全部登记入账的基础上,将各种账簿的记录结算出本期发生额和期末余额的过程。

应在该月最后一笔经济业务下面划一条通栏单红线,在红线下"摘要"栏内注明"本月合计""本月发生额及余额"字样,在"借方"栏、"贷方"栏或"余额"栏分别填入本月合计数和月末余额,同时在"借或贷"栏内注明借贷方向。然后,在这一行下面再划一条通栏红线,以便与下月发生额划清。

(2)季结

通常在每季度的最后一个月月结的下一行,在"摘要"栏内注明"本季合计"或"本季度发生额及余额",同时结出借、贷方发生总额及季末余额。然后,在这一行下面划一条通栏单红线,表示季结的完成。

(3)年终结账

在第四季度季结的下一行,在"摘要"栏注明"本年合计"或"本年发生额及余额",同时结出借、贷方发生额及期末余额。然后,在这一行下面划上通栏双红线,以示封账(表1-4-17)。

表1-4-17　　　　　主营业务收入——A 产品　明细分类账　　　　　　第1页

15年		凭证		摘要	借方									贷方									借或贷	余额								
月	日	字	号		百	十	万	千	百	十	元	角	分	百	十	万	千	百	十	元	角	分		百	十	万	千	百	十	元	角	分
				承前页		1	0	0	0	0	0	0	0			7	0	0	0	0	0	0	贷			6	0	0	0	0	0	0
11	20	收	24	销售收款存银行												3	0	0	0	0	0	0				9	0	0	0	0	0	0
	25	收	49	销售款未收												2	0	0	0	0	0	0			1	1	0	0	0	0	0	0
	29	收	56	销售材料收款存银行												6	0	0	0	0	0	0			1	1	6	0	0	0	0	0
	30	付	10	销售退回			2	0	0	0	0	0	0												1	1	4	0	0	0	0	0
	30	转	78	结转到本年利润		1	1	4	0	0	0	0	0																			平
	30			本月合计		1	2	6	0	0	0	0	0		1	2	6	0	0	0	0	0										平
	30			本年合计		6	8	9	0	0	0	0	0																			平
12	1	收	6	销售收入存银行												2	0	0	0	0	0	0				2	0	0	0	0	0	0
	10	收	30	销售收入存银行												4	0	0	0	0	0	0				6	0	0	0	0	0	0
	23	收	34	销售款未收												3	0	0	0	0	0	0				9	0	0	0	0	0	0
	31	转	78	结转到本年利润			9	0	0	0	0	0	0																			平
	31			本月合计			9	0	0	0	0	0	0			9	0	0	0	0	0	0										平
	31			本年合计		7	7	9	0	0	0	0	0		7	7	9	0	0	0	0	0										平
															以下空白作废																	

九、制会计报表

(1)编制企业 2015 年 12 月 31 日资产负债表

(2)编制企业 2015 年 12 月份损益表

根据"本年利润"明细分类账编制损益表。损益表内项目的填列方法是：

①本月数栏，填列"本年利润"明细分类账相关专栏的本月发生额。

②本月数其余栏，根据表中已列项目计算填列。

③本年累计数栏，反映自年初至本月末的合计数，填列上月损益表本年累计数（在损益表下面）与编表当月数的合计数。

④损益表中本年累计数栏各项数字，应与"本年利润"明细分类账和"本年累计数"核对。

(3)编制其他相关会计报表

十、整理会计档案

会计档案的整理，是指按照一定的方法和程序，将零散和需要进一步条理化的会计资料，通过分类、组合、立卷、排列和编目，组成有序体系的过程。一般采用年度——形式(名称)——保管期限分类组卷，即把一个单位形成的会计档案先按年度分开，然后再按名称分类，在每一类中按保管期限顺序排列，一年或若干年编一个流水序号。

1. 报表的整理

(1)组卷、装订

年度报表，独立组卷。在整理报表时，对报表进行分析和说明的文字，是会计报表的重要组成部分，如财务情况说明、财务报告等，审批报告、批复等要与报表一同组卷归档，并放在被说明报表前。

组好的案卷要除去卷内文件的金属物，编页号、填写封面、卷内目录、备考表，采用三孔一线方式装订。

(2)编号、编目

①编号，指报表在整理过程中排列的序号，即案卷号。报表按年度统一编案卷顺序号，即年度流水号。

一般各单位每年形成的年报表较少，可以将本单位若干年的报表放在一起编一个案卷流水号，这个流水顺序号最大不能超过四位数。

②填写封面、卷内目录。

③卷内目录。

④目录号，是指档案案卷目录按一定顺序编制的代号，通常由大类代号＋顺序号。

当案卷顺序号——截止(即断开)，就形成一本档案目录，并给该本目录一个固定顺序号，即目录号。

2. 账簿的整理

账簿在形成时一般都有固定的格式和明确的分类可在年终结账后整理立卷。

(1)组卷

按形成的账簿，一册一卷，每本账簿在原封面右上角贴会计档案"小标签"，并按标签上内容填写。

如果账簿原封面太大,不能装入会计档案硬盒时,必须将原封面拆掉,另换上质量较好的合规格的软封面,再贴上"小标签",并填写上各项内容。整理要求:

①对订本式账簿,为了保持原貌,不用拆去空页,按已有填写内容的页面编顺序号,或在使用前已编上连续页号,可直接利用原有页号。

②对活页式、卡片式账簿,在年终结账后,应拆除硬封面,抽出空页,将已记账的账页依次编好页码,另加封面、封底,装订成册。有的活页账页数较少,可将科目内容相通的账页按类别排列编号,合并装订为一册。

③实行电算化的单位,按《会计档案管理办法》第十二条,应当保存打印的纸质会计档案。

④对跨年度使用的账簿,应不超过五年,并放在终止年度。

⑤排列要求:历年账簿的排列顺序应尽量一致,可采用按使用顺序或按保管期限顺序排列。

(2)编号

账簿类内不再分属类,也不再分开各种保管期限,所有各种账簿案卷统一由若干年编案卷顺序号。即历年编一个序号,这个顺序号最大不超过四位数。

(3)填写案卷目录

账簿案卷目录直接利用"会计档案案卷目录"。

(4)编目录号

3.装硬盒

报表、账簿、工资表、其他类统一用会计档案硬盒,每一类按案卷号顺序装满一盒再装第二盒。不同类的案卷不能混装在一盒。硬盒正面填写起止年度,背脊上方加注类别、年度;下方用红色加注档号。

4.凭证的整理

(1)组卷

凭证一本为一卷。必须使用国家统一标准的"会计档案凭证软封面"来装订,封面要按项目填写。

①封面填写

名称:单位全称;时间:本卷凭证的起止日期;卷数:该卷是本月的第几卷;记账凭单张数:是凭证单的张数;主管、经办人签字;档号:用红色加注上。

如果不是采用标准的封面,应在原封面右下方补盖档号。

②对于数量过多的原始凭证,可以单独装订保管,在封面上注明记账凭证日期、编号,同时记账凭证上注明"附件另订"和原始凭证名称、编号。

③对于一些保管价值明显不同的凭证,如记载本单位重大生产经营活动、外事、对私改造或工资名册等,应抽出单独装订,但要在原记账凭证上注明抽出凭证的名称、数量、去向,并由立卷人签名盖章。

抽出的原始凭证组卷可接年度,形成日期排列装订,编号可以同本年其他凭证一起编序号,但必须在目录上注明保管期限,同时要在相互的案卷上注明档号,以便备查。

④独立抽出的单据,按记账凭证的大小折叠整齐,按时间顺序编写页号,加上封面装订成册。

(2)编号

编制案卷号时可视本单位每年凭证数量的多少,每年编一流水号或若干年编一个流水号,但案卷号不能超过四位数。

(3)填写目录

会计凭证只需填写案卷目录。

(4)硬盒

按案卷顺序号入盒。

5.编制档案目录

(1)报表、工资表目录

由案卷目录和卷内目录合订组成,档案卷号——截止,就形成一本档案目录,并给该目录一个固定的编号,也就是目录号。

(2)账簿、凭证

由案卷目录组成。

对按年编案卷号的凭证,可以几年的目录合为一本,年之间用纸隔开,在目录封面注明目录号。

(3)目录封面填写

6.会计档案的鉴定与销毁

会计档案在保管期限已满后,应由档案部门提出意见,与鉴定小组共同鉴定。

(1)组成鉴定小组

由分管领导及有关人员组成。制定鉴定方案,如规定初步鉴定、复查、审定等手续。

复查:对已到保管期限的会计档案,要妥善处理,对其中未结清的债权债务和涉及其他未了结事项的原始凭证以及对处理遗留问题还起作用的证据材料,单独抽出立卷,适当延长保管期限,同时在会计档案销毁清册和目录中注明。

(2)处理方法

参照《会计档案管理办法》第十条之规定处理。

(3)编制销毁审批表

第五节 会计核算能力实训考核

一、会计核算能力实训内容

《会计核算能力实训》是会计学、财务管理专业的一门核心专业技术课程,也是实训参与者在学完《初级会计学》、《中级会计学》等专业课程后开设的一门综合性实践课程,是会计学、财务管理专业人才培养过程中重要的教学环节。本课程的目的是让实训参与者通过运用手工操作,对模拟会计资料进行分岗位综合实训,按照会计基本工作过程,完成填制、审核原始凭证和记账凭证,登记账簿、成本计算、财产清查、编制会计报表、会计档案整理与归档、纳税申报等典型工作任务,使实训参与者体验会计与财务工作、培养执业责任意识,提高职业道德素质、形成工作能力,成为理论与实际相结合的会计学、财务管理专业高级应用型人才。

二、建议使用教材

使用教材:气象出版社出版的《会计核算能力实训》教材。

三、课程适用专业

会计学、财务管理等专业。

四、课程考核的形式与方法

1. 考核标准与内容

建立了以体现执业能力为核心的课程考核标准,按照手工操作与评价的标准,按照会计基本工作过程,将典型工作任务的知识点与技能要求结合并进行综合考核。在考核中,坚持核算能力本位的原则,着重考核实训参与者的会计核算能力、继续学习能力、沟通协作能力、解决问题能力、组织协调能力、创新应变能力等。其次,考核实训参与者的工作态度与纪律性。相关内容如表 1-5-1 所示。

表 1-5-1 会计核算能力实训课程考核标准表

考核模块	考核标准		
	知识	技能	态度
手工操作	会计凭证操作	对典型经济业务能熟悉地进行确认、计量;熟练掌握原始凭证、记账凭证的填制和审核方法	具有爱岗敬业的精神;良好的职业道德和认真、严谨细致的工作作风;分工协作意识和严密的组织纪律性;较强的应变和创新能力
	会计账簿操作	熟练掌握各种账簿的期初建账和登记方法;熟练掌握期末对账、结账的方法	
	会计报表操作	熟练掌握资产负债表、利润表和现金流量表的编制方法	
	会计档案整理装订	掌握会计凭证、账簿、报表的装订、保管要求和技术	
财务评价	财务评价	财务分析报告运用所学的财务分析原理、方法和技巧对企业的财务状况和经营成果进行分析、判断与评价	

2. 考核方法

《会计核算能力实训》课程按百分制进行考核,根据课程的特点,在课程总成绩评定中,过程考核占 30%,结果考核占 70%。

(1)过程考核

考核内容包括任务完成情况、工作质量、组内成员协调情况、工作态度与纪律性、会计工作能力等方面。

(2)结果考核

主要考核实训参与者提交的手工和电算操作的会计资料及实训报告和财务分析报告。

①会计档案资料。实训结束后,要求每个小组提交手工的实训资料,包括会计凭证、会计账簿、会计报表。

②实训报告。内容包括实训项目描述、主要任务、业务流程、岗位职责、每天的实训记录以及实训总结等。

③财务分析报告。根据编制的会计报表数据,正确进行财务状况和经营成果分析和评价。

过程考核采取指导教师、现场专家、实训参与者考核评价相结合,即先由实训参与者自评打分,再由小组考核,最后由教师或现场专家考核,将三个成绩进行算术平均得出过程考核总分,占综合成绩的30%。结果考核由教师或现场专家评定,占综合成绩的70%。《会计核算能力实训》成绩评定表如表1-5-2所示。

表 1-5-2 《会计核算能力实训》成绩评定表

姓名		班级		小组		总成绩	

一、过程考核

项目	权重	自评	组内考核	教师(或论文答辩)考核	平均得分
任务完成情况	30				
完成质量	20				
会计工作能力	20				
组织协调能力	20				
工作态度与纪律性	10				
小计	100				

二、结果考核

知识模块	考核内容	权重	教师(或现场专家)考核	平均得分
手工操作	填制与审核会计凭证操作	40		
	设置与登记会计账簿操作	15		
	编制与报出会计报表操作	20		
	纳税申报与缴纳	5		
	会计档案整理装订	5		
	小计	85		
财务分析	财务分析报告	10		
实训成果	实训报告	5		
合计		100		

三、综合成绩

过程考核(30%)	结果考核(70%)	综合成绩

实训参与者签名: 教师签章:

五、课程考核目标

按照会计学、财务管理专业人才培养目标、会计职业应具备的核算能力要求,通过考核,检查实训参与者是否比较系统地掌握了企业会计的基本理论、会计核算的基本方法及操作技能,考查实训参与者是否具备了一定的从事会计核算和会计事务管理工作的综合职业能力及创新能力。

第二章　企业核算基础资料

第一节　企业简介

一、公司基本情况

公司名称:滨江机械制造股份有限公司
公司性质:股份公司
地址:滨江市滨江区滨江路219号
开户银行:中国工商银行滨江分行滨江支行,账号:0770180184000l8018
开户银行地址:滨江市滨江区北京西路79号
纳税登记号:320100230009700
电话:0221－89763467
营业执照:01020345
经营范围:日用消费品
法人代表:李原灏
主管部门:滨江市国有资产管理局

滨江机械制造股份有限公司是由国有资产管理局、中国安生钢铁股份有限公司、江苏太平设备制造股份有限公司、中国平安化工股份有限公司、临江药业股份有限公司、江苏苏园纺织股份有限公司共6家公司共同发起设立。注册资本1亿元人民币,其中,国有资产管理局占50％股份,江苏太平设备制造股份有限公司占20％股份,中国平安化工股份有限公司、中国安生钢铁股份有限公司各占10％股份。临江药业股份有限公司、江苏苏园纺织股份有限公司各占5％股份。

公司设有两个基本生产车间和一个辅助生产车间。其中一车间生产W01与W02半产品;二车间生产W03与W04最终产品;辅助生产车间主要为基本生产车间设备修理等服务。

二、公司机构设置及负责人

公司机构设置及负责人如图2-1-1所示。

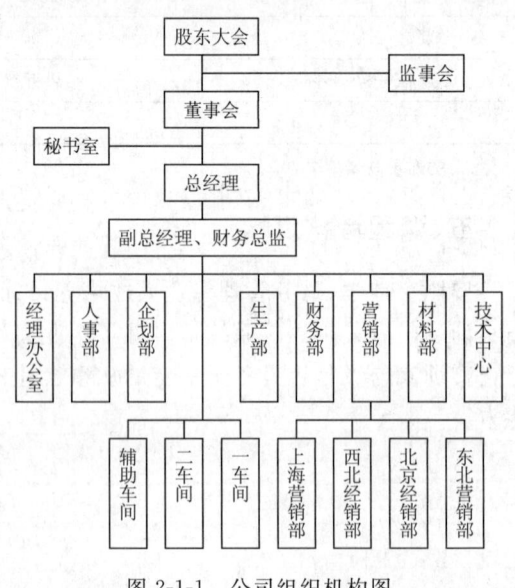

图2-1-1　公司组织机构图

第二节　会计核算规范

一、公司会计制度

本公司遵循于2007年1月开始执行的财政部发布的《企业会计准则》。

（一）流动资产

1.货币资金

货币资金是指公司所拥有或控制的现金、银行存款和其他货币资金。公司在实施货币资金管理中,应当强化对以下关键方面或者关键环节的风险控制,并采取相应的控制措施。

（1）货币资金控制措施

①职责分工、权限范围和审批程序应当明确,机构设置和人员配备应当科学合理；

②现金、银行存款的管理应当符合法律要求,银行账户的开立、审批、核对、清理应当严格有效,现金盘点和银行对账单的核对应当按规定严格执行；

③与货币资金有关的票据的购买、保管、使用、销毁等应当有完整的记录,银行预留印鉴和有关印章的管理应当严格有效。

（2）公司办理货币资金支付的程序

①支付申请。公司有关部门或个人用款时,应当填写"资金支付申请审批表",注明款项的用途、金额、预算、限额、支付方式等内容,并附有效经济合同、原始单据或相关证明。

②支付审批。申请审批程序为:经办人→经办人所在部门经理→财务部会计、经理两层审核→分管经办人所在部门的副总经理→财务总监→总经理。各层审批人根据其职责、权限和相应程序对支付申请进行审批。对不符合规定的货币资金支付申请,审批人应当拒绝批准,性质或金额重大的,还应及时报告有关部门。如所办理业务的金额或性质需要上董事会或股东会批准的,则应当通过董事会或股东会的审议后,才能按上面程序办理货币资金支付申请。日常管理费用的报销审批也按上面程序办理。

③支付复核。会计应当对批准后的货币资金支付申请进行复核,复核货币资金支付申请的批准范围、权限、程序是否正确,手续及相关单证是否齐备,金额计算是否准确,支付方式、支付企业是否妥当等。复核无误后,交由出纳人员等相关负责人员办理支付手续。

④办理支付。出纳人员应当根据复核无误的支付申请,按规定办理货币资金支付手续,及时登记现金和银行存款日记账。

（3）现金的管理控制

现金是指公司财务部门为了支付日常零星款项而掌握的现款,主要包括公司的库存现金和备用金。

①现金使用范围。职工工资,各种工资性津贴,个人劳务报酬,各项奖金,各种劳保、福利费用,出差人员随身携带的差旅费,银行结算起点以下的零星支出等可以使用现金。公司在办理有关现金收付业务时,必须遵守以下规定：

第一,公司现金收入应于当日送存银行。当日送存确有困难时,应报告财务总监,采取防范措施,妥善保管,次日送存银行；

第二,公司支付现金,可以从库存现金限额中支付或者从开户银行提取,不得从公司的现

金收入中直接支付(即坐支);

第三,公司从开户银行提取现金,应当写明用途,提取金额在人民币伍万元及以下由财务经理审批签字;提取金额在人民币伍万元以上由财务总监审批签字;经开户银行核准后予以提取现金。

第四,公司应根据实际情况确定每日库存现金限额,不得超限额保存现金,超限额部分应于当日存入银行。

②日常现金收支的管理。

第一,公司由出纳人员负责办理现金收付和保管工作,实行钱账分管。即出纳人员应根据会计人员编制的,审批手续和原始凭证完整的现金收付凭证办理现金收付,并负责登记现金日记账,但不得兼管稽核,会计档案保管,以及收入、费用、债权、债务等账目的登记工作。同样,会计人员也不得兼管出纳工作。做到每一笔现金收支业务都由两个以上的人员分工负责,相互制约。

第二,现金出纳,必须严格遵守有关业务手续制度,即收支现金必须有凭有据,符合财经纪律和财务制度规定;收支现金,收支双方必须当面点清细数,并进行复核,以防差错;收支现金后,必须在现金收支凭证上加盖"现金收讫"或"现金付讫"戳记和出纳人员、当事人的签字或盖章,以防重收重付。每日终了,应结出库存现金余额,进行账实核对,不准以"白条"抵库,发现现金余缺应及时列账,并向上面领导逐级报告,查明原因处理。

(4)银行存款的管理控制

银行存款是指公司存入银行的货币资金。公司收入的一切款项,除国家另有规定以外,都必须当日送存银行;公司一切支出,除规定可以用现金支付外,都必须通过银行办理转账结算。公司开立银行账户必须经财务经理、财务总监和公司总经理逐级审批。不使用的银行账户经审批后,应及时清理销户。严格遵守银行结算纪律,不准出租出借银行账户。公司应当定期检查、清理银行账户的开立及使用情况,发现未经审批擅自开立银行账户或者不按规定及时清理、撤销银行账户等问题,应当及时处理并追究有关责任人的责任。办理银行存款收支业务时,必须遵守下列规定:

①公司财务部对各种支票和付款凭证,必须认真保管,使用时要按编号顺序登记。支票如有遗失,必须及时向开户行办理挂失手续,报法院登报声明;并对责任人视情节及损失额度给予相应处罚。

②签发支票必须盖有公司财务专用章和有关负责人印鉴方为有效,财务专用章和有关负责人名章应分别指定专人保管,不得由一人统一保管使用。印鉴保管人临时外出,由财务总监指定人员临时代管。

③保管人必须亲自在银行结算凭证等单据、文件上面加盖银行印鉴,不允许由其他人代替。一般情况下,不要携带银行印鉴外出使用;如确实需要,应事先取得本公司财务总监批准,印鉴保管人必须亲自携带各自的印鉴外出使用。印鉴保管人应建立财务印鉴使用登记簿,记录临时代管和外出使用的情况。

④公司发生结算业务,可以根据情况,按照中国人民银行颁发的《中国人民银行结算办法》的规定采用适用业务需要的结算方式办理银行结算业务。公司应当严格遵守银行结算纪律,不得签发没有资金保证的票据或远期支票,套取银行信用;不得签发、取得和转让没有真实交易和债权债务的票据;

⑤出纳应根据会计人员编制的,审批手续和原始凭证完整的银行存款收付款凭证,签发银行

结算单据。银行印鉴保管人应对签发的银行结算单据进行复核,复核金额与银行收付款凭证是否相符,审批手续是否完整等内容,然后再加盖银行印鉴。银行印鉴保管人对结算业务承担复核责任。特殊情况(如审批人不在公司)需经与审批人通过手机发送信息进行确认,事后补签。

⑥不允许开具空白银行支付凭证;如确实需要,经财务总监批准后,应注明收款单位名称和支付限额。签发的银行支付单据,应将日期、收款人、金额(大小写)、用途等填写完整。

⑦银行结算业务完成后应序时逐笔登记银行存款日记账,不准多笔汇总登记,也不准以收支差额记账,会计人员应按月与银行对账单核对未达账项,并编制未达账项调节表,交会计主管复核确认。确定银行存款账面余额与银行对账单余额是否调节相符。如调节不符,应当查明原因,及时处理。公司应当加强对银行对账单的稽核和管理。出纳人员不得同时从事银行对账单的获取、银行存款余额调节表的编制等工作。

⑧公司如需要实行网上交易、电子支付等方式办理货币资金支付业务,应当与承办银行签订网上银行操作协议,明确双方在资金安全方面的责任与义务、交易范围等。操作人员应当根据操作授权和密码进行规范操作。使用网上交易、电子支付方式的企业办理货币资金支付业务,不应因支付方式的改变而随意简化、变更支付货币资金所必需的授权批准程序。公司在严格实行网上交易、电子支付操作人员不相容岗位相互分离控制的同时,应当配备专人加强对交易和支付行为的审核。

(5)其他货币资金的管理

其他货币奖金,是公司除现金、银行存款以外的其他各种货币资金。包括外埠存款、银行汇票存款、银行本票存款、在途货币资金等。其他货币资金应按照会计制度规定的内容核算,不能使用其他会计科目代替。公司主管该项业务的会计应及时清理其他货币资金账户。

2. 会计核算以人民币为记账本位币

3. 交易性金融资产按公允价值计量

4. 坏账损失核算

对坏账损失采用备抵法核算。年末按账龄分析法对应收账款和其他应收款计提坏账准备,计提标准如表2-2-1。

表 2-2-1　　　　　　　　坏账损失比率表

6个月以内	6至12个月	12至24个月	24至36个月	36个月以上
2%	5%	10%	30%	100%

5. 原材料核算

日常收发核算按实际成本计价核算。材料发出按先进先出法确定单价。周转材料按实际成本计价核算发出。按全月一次加权平均法计算,包装材料采用一次转销法、低值易耗品采用"五五"摊销法核算。每年12月末对材料进行清查,根据盘点结果编制盘盈盘亏报告单,报经分管经理审批后按规定处理。

6. 产成品收发核算

按实际成本计价核算。本月入库产成品的实际成本于月终根据生产成本计算表一次结转;本月发出产成品的成本按全月一次加权平均法计算;发出产成品的实际成本于月终根据产品销售成本计算表一次结转。

7. 存货期末计量

于资产负债表日,按照存货成本与可变现净值孰低计量,并按单个存货项目计提存货跌价准备。

(二)非流动资产部分

1. 持有至到期投资

持有至到期投资应当按取得时的公允价值和相关交易费用之和作为初始确认金额。如果支付的价款中包含已到付息期但尚未领取的债券利息,单独确认为应收项目。在持有期间应当按照摊余成本和实际利率计算确认利息收入,计入投资收益。持有到期投资以摊余成本后续计量,其发生减值时,应当将该金融资产的账面价值减计至预计未来现金流量,减计的金额确认为资产减值损失,计入当期损益。

2. 可供出售金融资产

可供出售金融资产应当按取得时的公允价值和相关交易费用之和作为初始确认金额。如果支付的价款中包含已到付息期但尚未领取的债券利息或已宣告但尚未发放的现金股利,单独确认为应收项目。在持有期间取得的现金股利或债券利息,应当计入当期损益。资产负债表日,可供出售金融资产应当以公允价值计量,且公允价值变动计入资本公积。可供出售金融资产发生减值的,在确认减值损失时,应当将原直接计入所有者权益中的因公允价值下降形成的累计损失予以转出,计入当期损益。

3. 对外长期股权投资核算

公司对其他单位的投资占该单位有表决权资本总额20%或20%以上50%以下,或虽投资总额不足20%但有重大影响,应采用权益法核算;投资额占被投资企业有表决权资本50%以上的采用成本法核算,并编制合并会计报表;公司对其他单位的投资占该单位有表决权资本总额的20%以下,或对其他单位的投资虽占该单位有表决权资本总额的20%以上,但不具有重大影响的采用成本法核算。

4. 固定资产核算

固定资产是指为生产商品、提供劳务、对外出租或经营管理而持有的,使用寿命超过一个会计年度的有形资产。

①生产经营用固定资产标准:单位价值1 500元以上、使用年限一年以上;非生产经营用固定资产标准:单位价值1 000元以上、使用两年以上。

②固定资产按年限法分类计提折旧,各类固定资产预计使用年限如表2-2-2。

表 2-2-2　　　　　　　固定资产使用年限表　　　　　　单位:年

房屋及建筑物	机器设备	管理设备	运输工具	其他
50	6	8	7	3

③增加固定资产必须填制验收单,并办理有关手续。

④清理固定资产应由行政管理部门提出报告,经技术部门鉴定后,报经分管经理审批后处理。

⑤财产保险费率为固定资产原价(扣除车辆原价)的3.7%。

⑥每年12月初对固定资产进行清查,根据盘点结果编制盘盈盘亏报告单,报经分管经理审批后按规定处理。

⑦融资租入固定资产视同自有固定资产核算。

5. 无形资产及长期待摊费用摊销

①无形资产有法定年限按法定有效年限分月平均摊销。场地使用权自取得使用权当月起按取得使用权年限分月摊销。

②长期待摊费用视不同项目分期摊销。办公房屋装修费用自竣工验收次月起按三年分月摊销,计入管理费用;出租房屋装修费用自竣工验收次月起按五年分月摊销,计入主营业务成本;固定资产大修理费按大修理间隔期限平均摊销,根据固定资产用途计入有关费用成本。

(三)产品成本核算

1. 成本计算方法

本公司成本计算方法采用品种法,以 W01 和 W02、W03 与 W04 产品作为产品成本计算对象,其发生的共同费用,如固定资产折旧、车间管理人员薪酬、车间一般材料消耗等,先通过"制造费用"账户核算,月终按生产产品工人工资比例进行分配计入各产品成本。

2. 间接费用归集与分配

辅助车间不设置"制造费用"账户,各辅助生产车间为提供劳务发生的各项间接费用,直接记入"生产成本——辅助生产成本"账户。辅助生产车间为提供劳务发生的费用直接分配计入辅助生产以外的各个受益单位的制造费用账户。

3. 计算精度

各项费用分配率精确至 0.000 1,尾数由最后的项目承担。

4. 成本项目

①直接材料。直接材料包括企业生产产品或提供劳务过程中实际消耗的原材料及主要材料、辅助材料、备品配件、燃料以及其他直接材料;

②直接人工。直接人工包括公司直接从事生产产品或提供劳务的生产工人工资以及其他各种形式的职工薪酬;

③制造费用。制造费用包括企业为生产产品和提供劳务而发生的各项间接成本,包括生产车间管理人员的工资等职工薪酬、折旧费、办公费、水电费、机物料消耗、劳动保护费、季节性和修理期间的停工损失等。

(四)税费

1. 增值税

①本公司为增值税一般纳税人。增值税税率为 17%。

②外购存货所支付的运输费用,根据运费结算单据所列运费金额,按 11% 的扣除率计算其进项税额。

2. 城市维护建设税

①计税金额。应交增值税、消费税和营业税之和。

②城市维护建设税税率为 7%。

3. 教育费附加

①计费金额。应交增值税、消费税和营业税之和。

②征收率。教育费附加 3%、地方教育费附加 2%。

4. 企业所得税

所得税税率为 25%。

5. 社会保险费

①缴费基数。企业缴纳部分为经审核的企业上年度的工资总额或省政府规定的全省年平均工资。个人缴纳部分为个人工资总额。

②费率。养老保险单位缴20%，个人缴8%；医疗保险，单位缴8%，个人缴2%；失业保险，单位2%，个人1%。而工伤和生育保险各在1%左右，完全由企业承担，个人不需缴纳。住房公积金企业和职工各缴纳12%；工会经费2%、教育经费1.5%。

（五）利润分配

①按制度规定弥补以前年度亏损；

②法定公积金10%；

③支付股利。

由公司董事会拟订利润分配方案交股东大会审议批准后向外公布。

（六）其他

①公司所使用的记账凭证分为收款凭证、付款凭证和转账凭证；

②公司采用的会计核算形式为科目汇总表会计核算形式（图2-2-1）。

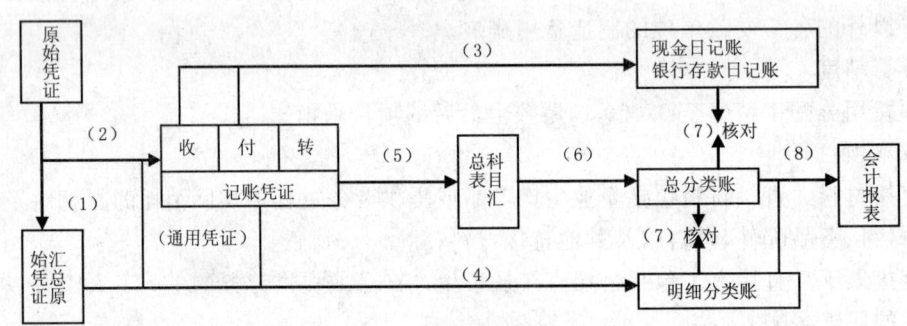

图 2-2-1　科目汇总表核算程序示意图

第三节　会计岗位设置及职责

一、财务部内部分工

股份公司设立有独立的财务工作机构，建立了独立的会计核算体系，并制定了一系列财务会计制度；公司独立在银行开户，独立纳税。公司根据公司《章程》和公司有关规定独立做出财务决策。

1. 财务决策程序与规则

年度预、决算。总经理组织有关部门研究公司年度财务预、决算方案，并提出报告，供董事会讨论；董事会批准后由总经理组织实施。

银行贷款。总经理提出年度贷款额度、来源、用途后，供董事会讨论形成决议；境外贷款均需由公司董事长批准。

重大财务支出。使用部门提出报告或申请，经总经理审阅后报董事长或主管财务的执行董事审批；超出董事长或主管财务的执行董事授权额度或非预算、计划内的财务支出事项，由董事会批准；由总经理组织财务总监与有关部门负责实施。

2. 公司财务部分工

公司财务部共有财务人员3名,财务负责人:李南,出纳:阳丽,成本核算:王铭。具体分工如下。

(1) 李南

① 财务部经理。全面负责本公司财务工作,制订公司内部财务制度并督促贯彻执行;根据总经理下达的各项经济指标及公司经营计划组织编制财务计划,并负责实施;协调与其他部门的关系,为其他部门提供所需资料,发挥财务管理的监督作用;审查复核会计凭证、会计报表及有关会计资料;进行财务分析,参与企业经营决策。

② 预算编制。编制财务收支计划及资金预算表,对资金的运用进行事前控制和安排;负责办理各类借款手续,及时筹措经营所需资金;定期完成资金运行分析。

编制费用计划并分解落实;审核各类费用开支,监督费用计划的实施;进行费用明细核算,及时将费用开支情况反馈给有关部门,分析节约或超支原因。

③ 总分类账登记及报表编制。登记总分类账;与有关明细分类账、日记账核对。编制对外报送的会计报表;组织编写报表附注说明;进行会计报表分析。

(2) 阳丽

① 出纳。按照现金管理制度和银行结算制度,办理货币资金的收、付业务;及时登记现金日记账、银行存款日记账和现金流量表台账;做好与银行对账单的核对工作,编制银行存款余额调节表;保管库存现金、有价证券、空白银行结算凭证及发票收据等。

② 进行固定资产购建、折旧、清理及清查业务的核算。

③ 销售及利润核算。根据销售合同进行销售产品核算,按制度规定确认收入;设置必要的销售台账,负责与营销部门联系核对;结算损益并进行利润分配的核算。

按公司法和会计制度规定反映股东权益各项目的增减变动。

④ 工资核算。进行工资结算及应付职工薪酬的计提和分配,以及各项基金等业务的核算。

(3) 王铭

① 成本核算。根据公司生产产品测算目标成本;审核各项目和各环节的成本核算资料,深入现场第一线掌握生产的实际情况;计算产品成本,按期结转营业成本,定期反馈成本信息并进行成本分析。材料采购、入库、领用、清查业务的核算。

② 结算及税务处理。进行各种应收、应付、预收、预付款项的明细核算;定期核对债权债务。

按规定计算各种税金,按时办理纳税申报和税款缴纳;建立销售产品的营业税征收台账,以利于税务机关核实征收营业税款。

第三章　企业基本数据

第一节　总分类账数据

2014年12月31日总分类账账户余额,如表3-1-1所示。2015年1月1日—11月30日资产、负债、所有者权类总分类账账户发生额及余额,如表3-1-2所示。2015年12月1日资产、负债、所有者权类总分类账账户余额,如表3-1-3所示。2015年1月1日—11月30日损益类总分类账账户发生额及余额,如表3-1-4所示。

表 3-1-1　　　　　　　　　　总分类账账户余额表　　　　　　　　　　单位:元

总分类账户	借方余额	贷方余额
库存现金	20 000.00	
银行存款	3 863 770.00	
其他货币资金	950 000.00	
交易性金融资产	282 340.00	
应收票据	170 000.00	
应收账款	1 605 000.00	
预付账款	860 000.00	
其他应收款	34 000.00	
在途物资	550 000.00	
周转材料	267 890.00	
原材料	2 620 000.00	
库存商品	5 709 000.00	
生产成本	140 000.00	
研发支出	300 000.00	
可供出售金融资产	1 208 000.00	
长期股权投资	4 600 000.00	
持有至到期投资	7 067 770.00	
固定资产	66 000 000.00	
未确认的融资费用	195 058.80	
在建工程	24 000 000.00	
无形资产	4 400 000.00	
投资性房地产	4 000 000.00	
合计	128 842 828.80	
累计折旧		2 248 143.80

续表

总分类账户	借方余额	贷方余额
坏账准备		32 100.00
投资性房地产累计折旧		100 000.00
固定资产减值准备		100 000.00
累计摊销		287 000.00
持有至到期投资(利息调整)		229 220.00
可供出售金融资产(利息调整)		10 000.00
短期借款		570 000.00
应付票据		200 000.00
应付账款		699 000.00
预收账款		40 000.00
其他应付款		101 000.00
应付职工薪酬		46 700.00
应交税费		
长期借款		1 000 000.00
应付利息		
长期应付款		1 800 000.00
应付债券		19 172 766.30
股本		100 000 000.00
资本公积		356 898.70
盈余公积		1 350 000.00
利润分配——未分配利润		500 000.00
合计		128 842 828.80

表 3-1-2　　　资产、负债、所有者权类总分类账账户情况表　　　单位:元

总分类账户	年初借方余额	年初贷方余额	(1.1—11.30)借方发生额	(1.1—11.30)贷方发生额	11月末借方余额	11月末贷方余额
库存现金	20 000.00		64 900.00	54 900.00	30 000.00	
银行存款	3 863 770.00		4 578 900.00	2 499 340.00	5 943 330.00	
其他货币资金	950 000.00		560 000.00	160 000.00	1 350 000.00	
交易性金融资产	282 340.00		450 000.00	247 300.00	485 040.00	
应收票据	170 000.00		2 108 000.00	1 108 000.00	1 170 000.00	
应收账款	1 605 000.00		7 800 000.00	3 800 000.00	5 605 000.00	
预付账款	860 000.00		500 000.00	300 000.00	1 060 000.00	
其他应收款	34 000.00		27 000.00	17 000.00	44 000.00	
在途物资	550 000.00		350 000.00	750 000.00	150 000.00	
周转材料	267 890.00		340 000.00	440 000.00	167 890.00	

续表

总分类账户	年初借方余额	年初贷方余额	(1.1—11.30)借方发生额	(1.1—11.30)贷方发生额	11月末借方余额	11月末贷方余额
原材料	2 620 000.00		26 800 000.00	20 800 000.00	8 620 000.00	
库存商品	5 709 000.00		56 980 000.00	54 980 000.00	7 709 000.00	
生产成本	140 000.00		9 400 000.00	9 260 000.00	280 000.00	
研发支出	300 000.00		200 000.00	100 000.00	400 000.00	
可供出售金融资产	1 208 000.00		1 600 000.00	400 000.00	2 408 000.00	
长期股权投资	4 600 000.00		2 110 000.00		6 710 000.00	
持有至到期投资	7 067 770.00				7 067 770.00	
固定资产	66 000 000.00		9 119 970.00		75 119 970.00	
未确认的融资费用	195 058.80				195 058.80	
在建工程	24 000 000.00		3 000.00		24 003 000.00	
无形资产	4 400 000.00			999 800.00	3 400 200.00	
投资性房地产	4 000 000.00		5 000 000.00		9 000 000.00	
累计折旧		2 248 143.80		1 000 000.00		3 248 143.80
坏账准备		32 100.00	32 100.00	5 000.00		5 000.00
投资性房地产累计折旧		100 000.00		100 000.00		200 000.00
固定资产减值准备		100 000.00				100 000.00
累计摊销		287 000.00		100 000.00		387 000.00
持有至到期投资（利息调整）		229 220.00				229 220.00
可供出售金融资产（利息调整）		10 000.00				10 000.00
短期借款		570 000.00	200 000.00	1 200 000.00		1 570 000.00
应付票据		200 000.00	1 100 000.00	2 100 000.00		1 200 000.00
应付账款		699 000.00	400 000.00	2 400 000.00		2 699 000.00
预收账款		40 000.00	80 000.00	240 000.00		200 000.00
其他应付款		101 000.00	40 000.00	140 000.00		201 000.00
应付职工薪酬		46 700.00	6 356 700.00	6 890 000.00		580 000.00
应交税费			605 100.00	890 000.00		284 900.00
长期借款		1 000 000.00		12 000 000.00		13 000 000.00
应付利息			366 365.66	469 500.00		103 134.34
长期应付款		1 800 000.00				1 800 000.00
应付债券		19 172 766.30		1 521 195.70		20 693 962.00
股本		100 000 000.00				100 000 000.00
资本公积		356 898.70		3 019 999.96		3 376 898.66
盈余公积		1 350 000.00				1 350 000.00
利润分配（未分配利润）		500 000.00		9 180 000.00		9 680 000.00

表 3-1-3　　　　　　资产、负债、所有者权类总分类账账户期初余额　　　　　　单位：元

总分类账户	借方余额	贷方余额
库存现金	30 000.00	
银行存款	5 943 330.00	
其他货币资金	1 350 000.00	
交易性金融资产	485 040.00	
应收票据	1 170 000.00	
应收账款	5 605 000.00	
预付账款	1 060 000.00	
其他应收款	44 000.00	
在途物资	150 000.00	
周转材料	167 890.00	
原材料	8 620 000.00	
库存商品	7 709 000.00	
生产成本	280 000.00	
研发支出	400 000.00	
可供出售金融资产	2 408 000.00	
长期股权投资	6 710 000.00	
持有至到期投资	7 067 770.00	
固定资产	75 119 970.00	
未确认的融资费用	195 058.80	
在建工程	24 003 000.00	
无形资产	3 400 200.00	
投资性房地产	9 000 000.00	
累计折旧		3 248 143.80
坏账准备		5 000.00
投资性房地产累计折旧		200 000.00
固定资产减值准备		100 000.00
累计摊销		387 000.00
持有至到期投资(利息调整)		229 220.00
可供出售金融资产(股票公允价值变动)		10 000.00
短期借款		1 570 000.00
应付票据		1 200 000.00

续表

总分类账户	借方余额	贷方余额
应付账款		2 699 000.00
预收账款		200 000.00
其他应付款		201 000.00
应付职工薪酬		580 000.00
应交税费		284 900.00
长期借款		13 000 000.00
应付利息		103 134.34
长期应付款		1 800 000.00
应付债券		20 693 962.00
股本		100 000 000.00
资本公积		3 376 898.66
盈余公积		1 350 000.00
利润分配		9 680 000.00

表 3-1-4　　　　损益类类总分类账账户期初余额　　　　单位:元

总分类账户	年初借方余额	年初贷方余额	(1.1—11.30)借方发生额	(1.1—11.30)贷方发生额	11月末借方余额	11月末贷方余额
主营业务收入		0	49 800 000.00	49 800 000.00		0
其他业务收入		0	1 217 500.00	1 217 500.00		0
营业外收入		0	120 000.00	120 000.00		0
投资收益		0	980 000.00	980 000.00		0
公允价值变动损益		0	600 000.00	600 000.00		0
主营业务成本	0		32 760 000.00	32 760 000.00	0	
其他业务成本	0		1 290 000.00	1 290 000.00	0	
营业外支出	0		50 000.00	50 000.00	0	
管理费用	0		1 500 000.00	1 500 000.00	0	
财务费用	0		2 800 000.00	2 800 000.00	0	
销售费用	0		600 000.00	600 000.00	0	
资产减值损失	0		200 000.00	200 000.00	0	
营业税金及附加	0		790 000.00	790 000.00	0	
所得税费用	0		3 547 500.00	3 547 500.00	0	

第二节 明细分类账数据

一、资产类账户

1.12月初原材料明细分类账   金额单位:元

编号	名称	规格或代码	单位	数量(件)	单位成本	金额	存放地点
1	甲材料		千克	160 000	10.00	1 600 000.00	材料库
2	乙材料		千克	100 000	14.00	1 400 000.00	材料库
3	丙材料		千克	100 000	15.60	1 560 000.00	材料库
4	丁材料		千克	80 000	14.00	1 120 000.00	材料库
5	辅助材料		套	10 000	15.00	150 000.00	材料库
6	半成品W01		件	2 000	725.00	1 450 000.00	半成品库
7	半成品W02		件	2 000	670.00	1 340 000.00	半成品库
合计						8 620 000.00	

2.12月初库存商品明细分类账   金额单位:元

编号	品名	规格或代码	单位	数量(件)	单位成本	总成本	存放地点
1	W03		件	4 000	1 021.25	4 085 000.00	成品库
2	W04		件	3 020	1 200.00	3 624 000.00	成品库
		合计				7 709 000.00	

3.12月初研发支出明细分类账   金额单位:元

编号	品名	规格或代码	结存数量(件)	成本项目				生产车间
				直接材料	直接人工	制造费用	合计	
1	专利权			120 000.00	160 000.00	120 000.00	400 000.00	科研所
	合计			120 000.00	160 000.00	120 000.00	400 000.00	

4. 12月初生产成本明细分类账

金额单位:元

编号	品名	规格或代码	结存数量(件)	成本项目				生产车间
				直接材料	直接人工	制造费用	合计	
1	W01		700	150 000.00	100 000.00	30 000.00	280 000.00	一车间
	合计			150 000.00	100 000.00	30 000.00	280 000.00	

5. 12月初在途物资明细分类账

金额单位:元

编号	品名	规格或代码	单位	数量(千克)	单价	金额	供货单位
1	甲材料		千克	14 550	10.00	145 500.00	苏州夏华
2	丙材料		千克	300	15.00	4 500.00	滨江晓庄
	合计					150 000.00	

6. 12月初交易性金融资产明细分类账

金额单位:元

编号	股票名称	数量	单位成本	成本	公允价值变动(借)	备注
1	中国平安(股票)	20 000	19.252	385 040.00	100 000.00	
	合计			385 040.00	100 000.00	

7. 12月初周转材料明细分类账

金额单位:元

编号	名称	规格或代码	单位	数量(千克)	单位成本	金额	存放地点
1	Ⅱ型包装物(在库)		件	20 000	6.00	120 000.00	材料库
2	Ⅰ型包装材料		件	2 000	14.00	28 000.00	材料库
3	质检工具		套	100	140.00	14 000.00	材料库
4	修理工具		套	10	200.00	2 000.00	材料库
5	办公用品	原稿纸		280(本)	3.00	840.00	材料库
		蓝黑墨水		45(瓶)	10.00	450.00	材料库
		计算器		13(部)	200.00	2 600.00	材料库
	合计					167 890.00	

8.(1) 12月初可供出售金融资产——债券明细分类账　　　　　金额单位:元

编号	名称	购入时间	张数	面值总额	利息调整(借)	票面利率	实际利率
1	大华公司(债券)	2014.1.1	500	500 000.00	8 000.00	6%	
	合计		500	500 000.00	8 000.00	6%	

8.(2) 12月初可供出售金融资产——股票明细分类账　　　　　金额单位:元

编号	名称	购入时间	股数	成本(元)	公允价值变动(贷)
1	工商银行	2015.1.1	500 000	1 900 000.00	10 000.00
	合计		500 000	1 900 000.00	10 000.00

9. 12月初持有至到期投资明细分类账　　　　　金额单位:元

编号	总分类科目	明细	细目	借或贷	余额
1	持有至到期投资	金龙公司(债券)	(成本)面值	借	2 000 000.00
			利息调整	借	67 770.00
2		八达公司(债券)	(成本)面值	借	5 000 000.00
			利息调整	贷	229 220.00
		合计			7 067 770.00

10. 12月初应付债券明细分类账　　　　　金额单位:元

编码	总分类科目	明细	借或贷	余额
1	应付债券	面值	贷	20 000 000.00
		利息调整	贷	693 962.00
		合计		20 693 962.00

11. 12月初应收款项账龄序时账

金额单位：元

半年以内	半年至一年	一年至二年	二年至三年	三年以上
5 000 000.00	500 000.00	40 000.00	65 000.00	0

12. 长期股权投资明细分类账

金额单位：元

总分类科目	明细	金额	备注
长期股权投资	其他投资(滨江三江股份有限公司)	2 710 000.00	
	江苏红星集团股份有限公司	4 000 000.00	
	合计	6 710 000.00	

13. 银行存款明细分类账

金额单位：元

总分类科目	种类	明细	账号	金额
银行存款	基本户(人民币户)	工商银行滨江支行	077018018400018018	3 993 330.00
	一般户(人民币户)	中国银行滨江支行	077010188018401118	600 000.00
	证券结算户(人民币)	招商银行滨北支行	070718088090978123	50 000.00
	专用户	建设银行滨北支行	070636245920065032	1 300 000.00
	合计			5 943 330.00

14. 其他货币资金明细分类账

金额单位：元

总分类科目	种类	明细	单位	金额
其他货币资金	银行汇票存款	工商银行滨江支行	上海天浩材料公司	200 000.00
	银行汇票存款	工商银行滨江支行	徐州新材料公司	600 000.00
	存出投资款	招商银行滨北支行	1101465999	450 000.00
	外埠存款(北京采购)	工行北京房山分行	北京水立方材料销售公司	100 000.00
	合计			1 350 000.00

15. 应收票据明细分类账

金额单位：元

总分类科目	明细	金额
应收票据	滨江龙山科技有限公司(商业承兑汇票)	436 000.00
	滨江大地地产开发有限公司(商业承兑汇票)	32 000.00
	上海松山矿产开发有限公司(银行承兑汇票)	702 000.00
	合计	1 170 000.00

16. 应收账款明细分类账

金额单位：元

总分类科目	明细	金额
应收账款	滨江隆源汽车修理修配有限公司	440 000.00（3个月）
	丽江双龙化工有限公司	1 008 000.00
	滨江十佳化工有限公司	182 000.00
	滨江安叶家具有限公司	950 000.00
	武汉萧山食品有限公司	805 000.00
	滨江大江船舶制造股份公司	1 600 000.00
	滨江三路设备制造有限公司	120 000.00
	合肥肥东奶业股份有限公司	500 000.00
合计		5 605 000.00

17. 预付账款明细分类账

金额单位：元

总分类科目	明细	金额
预付账款	滨江固原化纤有限公司	60 000.00
	滨江三友化工有限公司	1 000 000.00
合计		1 060 000.00

18. 其他应收款明细分类账

金额单位：元

总分类科目	明细	金额
其他应收款	备用金（办公室）	15 000.00
	差旅费借款（王蒙）	6 000.00
	存出包装物押金（滨江皇明器材有限公司）	23 000.00
合计		44 000.00

19. 长期资产明细分类账

金额单位：元

总分类科目	明细	借方金额	贷方金额
固定资产	房屋建筑物	19 490 780.00	
	机器设备	49 600 000.00	
	运输工具	2 800 000.00	
	管理设备	900 000.00	
	融资租入固定资产	2 329 190.00	
合计		75 119 970.00	

20. 未确认的融资费用账户

未确认的融资费用	租入固定资产	195 058.80
合计		195 058.80

21. 累计折旧账户

累计折旧	房屋建筑物		1 541 560.00
	机器设备		880 000.00
	运输工具		580 000.00
	管理设备		200 000.00
	融资租入固定资产		46 583.80
合计			3 248 143.80

22. 投资性房地产账户

投资性房地产	房屋(45栋)滨江科技服务有限公司	9 000 000.00
合计		9 000 000.00

23. 投资性房地产累计折旧账户

投资性房地产累计折旧	房屋(45栋)	200 000.00
合计		200 000.00

24. 固定资产减值准备账户

固定资产减值准备	管理设备	100 000.00
合计		100 000.00

25. 在建工程账户

在建工程	新建生产线(02项目)	11 000 000.00
	建造仓库一幢(01项目)	12 547 000.00
	生产设备	456 000.00
合计		24 003 000.00

26. 无形资产账户

无形资产	专利权(产品配方)	1 940 000.00
	商标权	1 460 200.00
合计		3 400 200.00

27.累计摊销账户

累计摊销	专利权		200 000.00
	商标权		187 000.00
合计			387 000.00

二、负债类账户

1.短期借款账户

金额单位:元

总分类科目	明细	借方金额	贷方金额
短期借款	工商银行滨江分行滨江支行 077018018400018018		1 480 000.00
	建设银行滨江支行 070636245920065032		90 000.00
合计			1 570 000.00

2.应付票据账户

应付票据	苏州三元酒业有限公司(银行承兑汇票)		420 000.00
	滨江和海家具有限公司(商业承兑汇票)		780 000.00
合计			1 200 000.00

3.应付账款账户

应付账款	上海天浩材料股份有限公司		514 000.00
	滨江东方材料有限公司		510 000.00
	北京晓庄设备有限公司		1 000 000.00
	徐州镜湖环保材料有限公司		675 000.00
合计			2 699 000.00

4.预收账款账户

预收账款	滨江大众汽车股份有限公司		200 000.00
合计			200 000.00

5.其他应付款账户

其他应付款	滨江蟠龙机械股份有限公司		8 000.00
	社会保险费(代扣代缴)		53 000.00
	住房公积金(代扣代缴)		140 000.00
合计			201 000.00

6.应付职工薪酬账户

应付职工薪酬	工资		580 000.00
合计			580 000.00

7.应交税费账户

应交税费	应交所得税		164 000.00
	应交增值税		108 000.00
	应交城市维护建设税		7 500.00
	应交教育费附加		5 400.00
合计			284 900.00

8.长期借款账户

长期借款	专项工程借款(滨江支行)0770180184000018018		13 000 000.00
合计			13 000 000.00

9.应付利息账户

应付利息	工商银行滨江支行 0770180184000018018		96 434.34
	建设银行滨江支行 070636245920065032		6 700.00
合计			103 134.34

10.长期应付款账户

长期应付款	滨江大件设备租赁有限公司(应付融资租赁款)		1 800 000.00
合计			1 800 000.00

11.应付债券账户

应付债券	面值		20 000 000.00
	利息调整		693 962.00
合计			20 693 962.00

三、所有者权益类账户

1.股本账户

金额单位:元

总分类科目	明细	借方金额	贷方金额
股本	国有资产管理局		50 000 000.00
	中国安生钢铁股份有限公司		10 000 000.00
	江苏太平设备制造股份有限公司		20 000 000.00
	中国平安化工股份有限公司		10 000 000.00
	滨江江城药业股份有限公司		5 000 000.00
	江苏苏园纺织股份有限公司		5 000 000.00
合计			100 000 000.00

2. 资本公积账户

资本公积	资本溢价		2 866 898.66
	其他资本公积		510 000.00
合计			3 376 898.66

3. 盈余公积账户

盈余公积	法定盈余公积		1 350 000.00
合计			1 350 000.00

4. 利润分配账户

利润分配	未分配利润		9 680 000.00
合计			9 680 000.00

第四章 经济业务

第一节 经济业务简介

一、12月上旬企业发生的经济业务（计50笔业务）

1. 开出商业承兑汇票一张，用于支付购入甲材料、丙材料款，材料已验收入库，相关原始凭证如表4-1-1、4-1-2、4-1-3、4-1-4、4-1-5、4-1-6、4-1-7所示。
2. 计算持有至到期投资的应收利息，相关原始凭证如表4-2-1、4-2-2所示。
3. 原材料发出汇总表，相关原始凭证如表4-3-1所示。
4. 采用提货制销售产品一批，开出发票，收到银行进账单一张，款项已存入银行，相关原始凭证如表4-4-1、4-4-2所示。
5. 开出支票，提取现金备用，相关原始凭证如表4-5-1所示。
6. 开出支票，电话费，相关原始凭证如表4-6-1、4-6-2、4-6-3所示。
7. 报销差旅费，相关原始凭证如表4-7-1、4-7-2、4-7-3、4-7-4、4-7-5、4-7-6所示。
8. 签发本票一张，前往东方公司购买材料，相关原始凭证如表4-8-1、4-8-2所示。
9. 购入乙材料、丁材料，开出银行承兑商业汇票一张，相关原始凭证如表4-9-1、4-9-2、4-9-3、4-9-4、4-9-5、4-9-6、4-9-7、4-9-8、4-9-9所示。
10. 收到武汉萧山食品有限公司开来的商业承兑汇票用以结算前欠货款，相关原始凭证如表4-10-1所示。
11. 中国平安保险股份有限公司股东大会通过现金分红方案，相关原始凭证如表4-11-1所示。
12. 财产清查时，发现现金短缺，相关原始凭证如表4-12-1、4-12-2所示。
13. 收回到期的应收账款，相关原始凭证如表4-13-1所示。
14. 缴纳上月增值税等税款及五险一金，相关原始凭证如表4-14-1、4-14-2、4-14-3、4-14-4、4-14-5、4-14-6所示。
15. 取得银行借款，相关原始凭证如表4-15-1所示。
16. 开出支票，用于支付上个月销售W03产品本月退回的货款（开出红字增值税发票），相关原始凭证如表4-16-1、4-16-2、4-16-3、4-16-4所示。
17. 政府补助收入，相关原始凭证如表4-17-1所示。
18. 开出转账支票，支付软件开发费用，该开发时点属于研究阶段，相关原始凭证如表4-18-1、4-18-2、4-18-3所示。
19. 开出转账支票，支付商标权费用，相关原始凭证如表4-19-1、4-19-2、4-19-3所示。
20. 开出支票，用以支付购入设备款及安装费，相关原始凭证如表4-20-1、4-20-2、4-20-3、

4-20-4、4-20-5、4-20-6、4-20-7所示。提示:该题目需要分三个阶段完成,(1)购买设备阶段;(2)安装设备阶段;(3)完工验收阶段。

21. 开出转账支票,用以支付广告费,相关原始凭证如表4-21-1、4-21-2、4-21-3所示。

22. 开出转账支票,将银行存款转存投资款,相关原始凭证如表4-22-1、4-22-2所示。

23. 配股,相关原始凭证如表4-23-1、4-23-2、4-23-3所示。

24. 开出支票,支付法律顾问费,相关原始凭证如表4-24-1、4-24-2、4-24-3所示。

25. 开出支票,支付购入管理设备款,相关原始凭证如表4-25-1、4-25-2、4-25-3、4-25-4所示。

26. 在途甲材料验收入库,相关原始凭证如表4-26-1所示。

27. 支付材料运费,材料验收入库,相关原始凭证如表4-27-1、4-27-2、4-27-3、4-27-4所示。

28. 通过购票账户,购入股票,相关原始凭证如表4-28-1、4-28-2所示。

29. 预借差旅费,相关原始凭证如表4-29-1所示。

30. 购入辅助材料,开出商业承兑汇票一张,相关原始凭证如表4-30-1、4-30-2、4-30-3、4-30-4所示。

31. 开出现金支票,代李明远支付住院费,相关原始凭证如表4-31-1所示。

32. 购入乙材料,以工商银行电汇方式存款支付货款,相关原始凭证如表4-32-1、4-32-2、4-32-3、4-32-4、4-32-5、4-32-6所示。

33. 投资性房地产改扩建,领用原材料,相关原始凭证如表4-33-1、4-33-2、4-33-3所示。

34. 购入材料,货款已预付,材料已验收入库,多余款项开出支票退回,相关原始凭证如表4-34-1、4-34-2、4-34-3、4-34-4、4-34-5、4-34-6所示。

35. 收回2014年已注销的滨江上电股份有限公司的应收账款,相关原始凭证如表4-35-1、4-35-2、4-35-3所示。

36. 收到支票,收到出租包装物的租金及押金,相关原始凭证如表4-36-1、4-36-2、4-36-3、4-36-4所示。

37. 现金支付职工困难补助,相关原始凭证如表4-37-1所示。

38. 开出支票支付辞退职工补偿金,相关原始凭证如表4-38-1、4-38-2、4-38-3所示。

39. 购入建筑材料,用于工程建造,货款已预付,运费及余款以支票补付,相关原始凭证如表4-39-1、4-39-2、4-39-3、4-39-4、4-39-5、4-39-6、4-39-7所示。

40. 将持有至到期投资的金龙公司债券出售20%,剩余部分重新划分为可供出售金融资产,相关原始凭证如表4-40-1、4-40-2、4-40-3所示。

41. 开出支票购入办公桌,款已付、货已到,相关原始凭证如表4-41-1、4-41-2、4-41-3、4-41-4所示。

42. 开出支票支付接受捐赠电脑的运费,电脑已收到,交付使用,相关原始凭证如表4-42-1、4-42-2、4-42-3、4-42-4所示。

43. 以生产设备作长期股权投资,相关原始凭证如表4-43-1、4-43-2所示。

44. 收回包装物押金、到期商业汇票款及商业汇票拒付证明,相关原始凭证如表4-44-1、4-44-2、4-44-3、4-44-4所示。

45. 现金解款,相关原始凭证如表4-45-1所示。

46. 开出支票支付职工培训费,相关原始凭证如表4-46-1、4-46-2、4-46-3所示。

47. 现金支付市内交通费等补助,相关原始凭证如表 4-47-1 所示。
48. 收到 2015 年 12 月房租,相关原始凭证如表 4-48-1、4-48-2、4-48-3 所示。
49. 开出支票,用于支付财产险费,相关原始凭证如表 4-49-1、4-49-2 所示。
50. 采用电汇结算方式,购买材料,材料用于生产产品,材料未到,相关原始凭证如表 4-50-1、4-50-2、4-50-3、4-50-4、4-50-5 所示。

二、12 月中旬企业发生的经济业务(计 50 笔业务)

51. 前期购入滨江楼宇材料有限公司的在途物资已到,现金支付运费,材料验收入库,相关原始凭证如表 4-51-1、4-51-2、4-51-3、4-51-4、4-51-5 所示。
52. 开出支票购买打印纸,交付领用部门,相关原始凭证如表 4-52-1、4-52-2、4-52-3 所示。
53. 生产车间领用生产设备修理工具,相关原始凭证如表 4-53-1 所示。
54. 取得银行收账通知,收回到期应收账款,相关原始凭证如表 4-54-1、4-54-2 所示。
55. 领用材料,用于产品生产,相关原始凭证如表 4-55-1 所示。
56. 领用包装物,用于包装已销售的产品,相关原始凭证如表 4-56-1、4-56-2、4-56-3 所示。
57. 销售 W03 产品,12 月 10 日已收到货款,开出支票代垫运费,剩余款项开出支票退回购货方,相关原始凭证如表 4-57-1、4-57-2、4-57-3、4-57-4、4-57-5、4-57-6 所示。
58. 应收票据贴现,相关原始凭证如表 4-58-1、4-58-2 所示。
59. 收回到期应收账款,相关原始凭证如表 4-59-1 所示。
60. 固定资产报废,残料验收入库,开出支票支付清理费用,编制固定资产处置清单,确认净收益或净损失,相关原始凭证如表 4-60-1、4-60-2、4-60-3、4-60-4、4-60-5 所示。
61. 处置闲置不用固定资产,将其出租,采用成本计量模式对投资性房地产进行后续核算,相关原始凭证如表 4-61-1、4-61-2、4-61-3 所示。
62. 资产清查,相关原始凭证如表 4-62-1、4-62-2 所示。
63. 开出支票用以支付会议费,相关原始凭证如表 4-63-1、4-63-2 所示。
64. 暂欠汽车修理费用,相关原始凭证如表 4-64-1、4-64-2 所示。
65. 业务招待费,相关原始凭证如表 4-65-1、4-65-2 所示。
66. 2015 年 12 月 14 日,工商银行转来委托收款结算凭证一张,支付水费收到供水公司开具的增值税专用发票一张,相关原始凭证如表 4-66-1、4-66-2、4-66-3、4-66-4 所示。
67. 办公用品领用,相关原始凭证如表 4-67-1 所示。
68. 无形资产摊销,相关原始凭证如表 4-68-1 所示。
69. 固定资产折旧计算,相关原始凭证如表 4-69-1 所示。
70. 发出原材料委托外单位加工,开出支票支付加工费及相关税费,收回原材料后企业继续用于加工产品,相关原始凭证如表 4-70-1、4-70-2、4-70-3、4-70-4、4-70-5、4-70-6、4-70-7、4-70-8、4-70-9 所示。
71. 支付汽油款,相关原始凭证如表 4-71-1、4-71-2 所示。
72. 收到房屋租金,相关原始凭证如表 4-72-1 所示。
73. 预提售后产品维修费用,相关原始凭证如表 4-73-1 所示。
74. 发放工资,相关原始凭证如表 4-74-1、4-74-2 所示。
75. 领用工程物资,相关原始凭证如表 4-75-1、4-75-2 所示。

76. 2015年12月16日,公司收到银行转来的委托收款凭证(付款通知)一张用,以支付电费,取得增值税专用发票一张,相关原始凭证如表4-76-1、4-76-2、4-76-3、4-76-4所示。

77. 开出支票,用于支付办公用品款,相关原始凭证如表4-77-1、4-77-2所示。

78. 开出支票购买设备修理用工具,相关原始凭证如表4-78-1、4-78-2所示。

79. 开出银行汇票,支付购买原材料款项,材料未到,相关原始凭证如表4-79-1、4-79-2、4-79-3、4-79-4、4-79-5所示。

80. 委托滨江钢铁股份有限公司代销产品,相关原始凭证如表4-80-1、4-80-2所示。

81. 收回前欠货款,给予对方现金折扣,相关原始凭证如表4-81-1、4-81-2所示;支付商业汇票货款,享受现金折扣,相关原始凭证如表4-81-3、4-81-4所示。

82. 通过网银收回前期货款,相关原始凭证如表4-82-1所示。

83. 开出支票支付环保罚款,相关原始凭证如表4-83-1、4-83-2所示。

84. 融资租赁,相关原始凭证如表4-84-1、4-84-2、4-84-3所示。

85. 出租商标权收入,相关原始凭证如表4-85-1、4-85-2所示。

86. 开出支票,向中国希望基金会捐赠款项,相关原始凭证如表4-86-1、4-86-2所示。

87. 开出支票,支付购买房屋的各种款项,相关原始凭证如表4-87-1、4-87-2、4-87-3、4-87-4、4-87-5所示。

88. 发行债券,相关原始凭证如表4-88-1、4-88-2、4-88-3所示。

89. 建造固定资产领用企业自产产品,相关原始凭证如表4-89-1、4-89-2所示。

90. 开出支票,支付销售产品的装卸费用,相关原始凭证如表4-90-1、4-90-2、4-90-3、4-90-4、4-90-5所示。

91. 通过证券专户,购入国库券,企业将其划分为交易性金融资产,相关原始凭证如表4-91-1、4-91-2所示。

92. 建设项目竣工验收,交付使用,相关原始凭证如表4-92-1所示。

93. 销售已不再使用的丁材料,相关原始凭证如表4-93-1、4-93-2、4-93-3所示。

94. 无形资产所有权转让——专利权出售,款项未收,相关原始凭证如表4-94-1、4-94-2所示。

95. 提现金备用,相关原始凭证如表4-95-1所示。

96. 支付违约金,相关原始凭证如表4-96-1、4-96-2所示。

97. 采用电汇结算方式,归还欠款,相关原始凭证如表4-97-1所示。

98. 分期收款销售商品,相关原始凭证如表4-98-1、4-98-2、4-98-3、4-98-4、4-98-5所示。

99. 报销差旅费,相关原始凭证如表4-99-1、4-99-2所示。

100. 委托滨江钢铁股份有限公司代销产品,收到代销清单,开出增值税发票,收回代销款(扣除代销费用后),相关原始凭证如表4-100-1、4-100-2、4-100-3所示。

三、12月下旬企业发生的经济业务(计56笔业务)

101. 企业采用委托收款结算方式,销售产品,运费由销售方承担,相关原始凭证如表4-101-1、4-101-2、4-101-3、4-101-4、4-101-5所示。

102. 销售产品,支付运费(该运费由销售方承担),产品已发出,货款未收,相关原始凭证如表4-102-1、4-102-2、4-102-3、4-102-4所示。

103. 企业收到商业汇票，销售产品，产品运费以银行支票垫付，货款未收，相关原始凭证如表 4-103-1、4-103-2、4-103-3 所示。

104. 购买方以电汇结算方式汇款购买产品，相关原始凭证如表 4-104-1、4-104-2、4-104-3 所示。

105. 企业采用网络金融方式，支付到期的应付账款，相关原始凭证如表 4-105-1、4-105-2、4-105-3 所示。

106. 银行转来结算 2015 年 10—12 月份贷款利息，相关原始凭证如表 4-106-1、4-106-2、4-106-3、4-106-4 所示。

107. 以银行存款归还贷款，相关原始凭证如表 4-107-1 所示。

108. 银行转来结算 2015 年 10—12 月份存款利息，相关原始凭证如表 4-108-1、4-108-2 所示。

109. 购货方以电汇结算方式汇款购买产品，货款已预收，产品未发出，单独设置"预收账款"科目核算，相关原始凭证如表 4-109-1、4-109-2 所示。

110. 收回运输材料损耗赔偿，相关原始凭证如表 4-110-1 所示。

111. 职工福利的费用，相关原始凭证如表 4-111-1、4-111-2、4-111-3 所示。

112. 报销备用金，相关原始凭证如表 4-112-1、4-112-2、4-112-3 所示。

113. 销售折让，开出支票付折扣款，相关原始凭证如表 4-113-1、4-113-2、4-113-3、4-113-4 所示。

114. 开出支票，支付产品展览费用，相关原始凭证如表 4-114-1、4-114-2、4-114-3 所示。

115. 行间划款，用于归还贷款，相关原始凭证如表 4-115-1、4-115-2、4-115-3、4-115-4 所示。

116. 购买汽车，相关原始凭证如表 4-116-1、4-116-2、4-116-3、4-116-4、4-116-5、4-116-6、4-116-7、4-116-8、4-116-9、4-116-10 所示。提示：车辆购置税计入成本，保费及其他费用计入管理费用。

117. 自产产品用于发放福利，相关原始凭证如表 4-117-1、4-117-2、4-117-3 所示。

118. 进口设备，相关原始凭证如表 4-118-1、4-118-2、4-118-3 所示。

119. 银行收费，相关原始凭证如表 4-119-1 所示。

120. 出售债券，相关原始凭证如表 4-120-1、4-120-2 所示。

121. 支付债券利息，相关原始凭证如表 4-121-1、4-121-2 所示。

122. 融资租赁，确认今年年末支付的租赁费用和应摊销的未确认的融资费用，相关原始凭证如表 4-122-1、4-122-2 所示。

123. 发生固定资产修理费用，相关原始凭证如表 4-123-1、4-123-2 所示。

124. 转存购买债券款，相关原始凭证如表 4-124-1、4-124-2 所示。

125. 开出支票支付购买土地款项，相关原始凭证如表 4-125-1、4-125-2、4-125-3 所示。

126. 购买债券，将其划分为持有至到期投资，相关原始凭证如表 4-126-1、4-126-2 所示。

127. 申请银行本票，购买材料款，相关原始凭证如表 4-127-1、4-127-2 所示。

128. 确认坏账，相关原始凭证如表 4-128-1、4-128-2 所示。

129. 开出支票发放福利部门临时工薪酬及分配相关福利费用，相关原始凭证如表 4-129-1、4-129-2、4-129-3 所示。

130. 投资收益确认,相关原始凭证如表 4-130-1 所示。

131. 销售产品,支票支付运费(销货方承担),货款已收回,相关原始凭证如表 4-131-1、4-131-2、4-131-3、4-131-4、4-131-5、4-131-6 所示。

132. 固定资产清查,相关原始凭证如表 4-132-1、4-132-2 所示。

133. 计算工资,相关原始凭证如表 4-133-1、4-133-2 所示。

134. 缴纳印花税,相关原始凭证如表 4-134-1、4-134-2 所示。

135. 销售产品,相关原始凭证如表 4-135-1、4-135-2、4-135-3、4-135-4 所示。

136. 购买材料,货款已预付,相关原始凭证如表 4-136-1、4-136-2、4-136-3 所示。

137. 中国平安股票市场价格,相关原始凭证如表 4-137-1 所示。

138. 应收账款计提坏账准备,相关原始凭证如表 4-138-1 所示。

139. 专利申请成功后,费用处理,相关原始凭证如表 4-139-1、4-139-2、4-139-3 所示。无形资产计提减值准备,相关原始凭证如表 4-139-4、4-139-5 所示。

140. 投资性房地产计提减值准备,相关原始凭证如表 4-140-1、4-140-2 所示。

141. 存货计提减值,相关原始凭证如表 4-141-1 所示。

142. 在建工程减值,相关原始凭证如表 4-142-1 所示。

143. 辅助生产成本计算及分配,相关原始凭证如表 4-143-1、4-143-2 所示。

144. 原材料月末暂估价入账,相关原始凭证如表 4-144-1 所示。

145. 制造费用分配,相关原始凭证如表 4-145-1 所示。

146. 生产成本计算及验收入库,相关原始凭证如表 4-146-1、4-146-2、4-146-3、4-146-4 所示。

147. 销售成本计算单,相关原始凭证如表 4-147-1 所示。

148. 城乡维护建设税及教育费附加,相关原始凭证如表 4-148-1 所示。

149. 结转损益类账户发生额,相关原始凭证如表 4-149-1 所示。

150. 所得税费用计算,结转所得税费用到"本年利润"账户,同时结转净利润到"利润分配——未分配利润",相关原始凭证如表 4-150-1、4-150-2、4-150-3 所示。

151. 利润分配计算,相关原始凭证如表 4-151-1 所示。

152. 结转利润分配,相关原始凭证如表 4-152-1 所示。

153. 编制资产负债表,相关参考格式如表 4-153-1 所示。

154. 编制利润表,相关参考格式如表 4-154-1 所示。

155. 编制现金流量表,相关参考格式如表 4-155-1 所示。

156. 编制所有者权益变动表,相关参考格式如表 4-156-1 所示。

第二节 经济业务原始凭证

表4-1-1

商业承兑汇票(存根)

出票日期（大写） 贰零壹伍年壹拾贰月零壹日

汇票号码 IXVI 9089734

付款人	全称	滨江机械制造股份有限公司	收款人	全称	上海天浩材料股份有限公司
	账号	0770180184000180 18		账号	210580480300312790
	开户行	工商银行滨江分行滨江支行 行号		开户行	农业银行莘庄支行 行号

出票金额 人民币（大写） 伍万玖仟陆佰壹拾元整   ￥596 10 00

汇票到期日（大写）	贰零壹陆年零贰月零陆日	付款行号	
交易合同号码	2467	付款行地址	滨江市北京西路79号

本汇票已经承兑，到期无条件付票款。

承兑人签章

承兑日期   年   月   日

本汇票请予以承兑于到期日付款。

（滨江机械制造股份有限公司财务专用章）

（李原灏之印）

出票人签章

此联由出票人存查

表4-1-2

上海增值税专用发票

3100896290

No 12256890

开票日期：2015 年 12 月 1 日

购货方	名　　称：滨江机械制造股份有限公司	密码区	213*8799>>345/9 加密版本 02 234>3455/4543/6 3407856890 21434*324/32455 087/567/8>7>>>5 19708899
	纳税人识别号：320100230009700		
	地　址、电话：滨江市滨江路219号		
	开户行及账号：工商银行滨江分行滨江支行 0770180184000180 18		

货物或应税劳务、服务名称	规格型号	单位	数量	单价	金额	税率	税额
甲材料		千克	2 000	10	20 000.00	17%	3 400.00
丙材料		千克	2 000	15	30 000.00	17%	5 100.00
合　　计					￥50 000.00		￥8 500.00

价税合计（大写） ⊗伍万捌仟伍佰元整   （小写）￥58 500.00

销货方	名　　称：上海天浩材料股份有限公司	备注	（上海天浩材料股份有限公司 310436609096518 发票专用章）
	纳税人识别号：310436609096518		
	地　址、电话：上海市莘庄2134号		
	开户行及账号：农业银行莘庄支行 210580480300312790		

收款人：尚婕妤　　　复核：海丽玉　　　开票人：田红红　　　销货方：（章）

第二联 抵扣联 购货方扣税凭证

表4-1-3

上海增值税专用发票

3100896290　　　　　　　　　　　　　　　　　　　　　　　　　　　　No 12256890

开票日期：2015 年 12 月 1 日

购货方	名　称：	滨江机械制造股份有限公司				密码区	213*8799>>345/9　　加密版本 02 234>3455/4543/6　　3407856890 21434*324/32455 087/567/8>7>>5　　19708899		
	纳税人识别号：	320100230009700							
	地址、电话：	滨江市滨江路 219 号							
	开户行及账号：	工商银行滨江分行滨江支行 077018018400018018							
货物或应税劳务、服务名称		规格型号	单位	数量	单价	金额		税率	税额
甲材料			千克	2 000	10	20 000.00		17%	3 400.00
丙材料			千克	2 000	15	30 000.00		17%	5 100.00
合　　计						￥50 000.00			￥8 500.00
价税合计（大写）		⊗伍万捌仟伍佰元整					（小写）￥58 500.00		
销货方	名　称：	上海天浩材料股份有限公司				备注			
	纳税人识别号：	310436609096518							
	地址、电话：	上海市莘庄 2134 号							
	开户行及账号：	农业银行莘庄支行 210580480300312790							

收款人：尚婕妤　　　复核：海丽玉　　　开票人：田红红　　　销货方：（章）

表4-1-4

货物运输业增值税专用发票

3100151220　　　　　　　　　　　　　　　　　　　　　　　　　　　　No 50089044

开票日期：2015 年 12 月 1 日

承运人及 纳税人识别号	上海集运物流有限公司 447790234678912				密码区	213*8799>>345/9　　加密版本 02 234>3455/4123/6　　3407586890 21434*324/32455 087/567/8>7>>5　　19708809		
实际受票方及 纳税人识别号	滨江机械制造股份有限公司 320100230009700							
收货人及 纳税人识别号	滨江机械制造股份有限公司 320100230009700				发货人及 纳税人识别号	上海天浩材料股份有限公司 310436609096518		
起运地、经由、到达地	无锡、滨江							
费用项目及金额	费用项目	金额	费用项目	金额	运输货物信息	甲材料 丙材料		
	运输费用	1 000.00						
合计金额	1 000.00	税率	11%	税额	110.00	机器编号	890368590141	
价税合计（大写）	⊗壹仟壹佰壹拾元整					（小写）￥1 110.00		
车种车号	货车沪 E6809		车船吨位	20		备注		
主管税务机关 及代码	上海市黄浦区国家税务局——黄浦分局 3104245							

收款人：王丽丽　　　复核人：蒋村　　　开票人：段明云　　　承运人：（章）

第四章　经济业务

表4-1-5

货物运输业增值税专用发票

3100151220　　　　　　　　　　　上　海　　　　　　　　　　　No 50089044
发　票　联　　　　　　　　　　　开票日期：2015 年 12 月 1 日

承运人及纳税人识别号	上海集运物流有限公司 447790234678912	密码区	213*8799>>345/9　加密版本 02 234>3455/4123/6　3407586890 21434*324/32455 087/567/8>7>>>5　19708809
实际受票方及纳税人识别号	滨江机械制造股份有限公司 320100230009700		
收货人及纳税人识别号	滨江机械制造股份有限公司 320100230009700	发货人及纳税人识别号	上海天浩材料股份有限公司 310436609096518
起运地、经由、到达地	无锡、滨江		

费用项目及金额	费用项目	金额	费用项目	金额	运输货物信息	甲材料 丙材料
	运输费用	1 000.00				

合计金额	1 000.00	税率	11%	税额	110.00	机器编号	890368590141
价税合计(大写)	⊗壹仟壹佰壹拾元整					(小计)¥1 110.00	
车种车号	货车沪 E6809			车船吨位	20	备注	(上海集运物流有限公司 3100902346789 12 发票专用章)
主管税务机关及代码	上海市黄浦区国家税务局——黄浦分局 3104245						

收款人：王丽丽　　复核人：蒋村　　开票人：段明云　　承运人：(章)

表4-1-6

滨江机械制造股份有限公司材料采购运杂费用分配表

编制日期　　2015 年 12 月 1 日

发货单位　　上海天浩材料股份有限公司

材料名称	分配标准	分配率	分配金额	备注
甲材料	20 000	0.02	400.00	
丙材料	30 000		600.00	
合　计	50 000		1 000.00	(滨江机械制造股份有限公司财务专用章)

主管：李南　　记账：刘继业　　制单：修德

表4-1-7

滨江机械制造股份有限公司材料入库单

验收日期　　2015 年 12 月 1 日　　　　　No 34678

供货单位　　上海天浩材料股份有限公司　　存放地点　　材料库

材料名称及规格	计量单位	数量		实际成本			单价
		发票	实收	发票价值	运杂费	合　计	
甲材料	千克	2 000	2 000	10	400	20 400.00	10.20
丙材料	千克	2 000	2 000	15	600	30 600.00	15.30
备　注						(滨江机械制造股份有限公司财务专用章)	

核算：王丽丽　　主管：徐悦　　保管：典韦　　验收：淳于越

第四章 经济业务

表4-2-1

中国工商银行 进账单(收账通知)

2015年12月1日　　　　　　　　　　　　　　　　　第1056号

收款人	全称	滨江金龙地产股份有限公司		全称	滨江机械制造股份有限公司
	账号	3292002109200508023		账号	0770180184000180018
	开户银行	工行滨江分行浦江支行		开户银行	工商银行滨江分行滨江支行

人民币(大写)	壹拾陆万元整	千	百	十	万	千	百	十	元	角	分
				¥	1	6	0	0	0	0	0	0

票据种类	电汇
票据张数	1张

收款人开户银行盖章

（中国工商银行滨江分行浦江支行 业务核算章 2015.12.01 黄建都）

单位主管：黄静　　会计：李海　　复核：孙铭苑　　记账

此联是银行交给收款人的回单

表4-2-2

滨江机械制造股份有限公司利息收入计算表

2014年11月11日　　　　　　　　　　　　　　　　　单位：元

计息日期	应计利息	实际利率	实际利息收入	利息调整	摊余成本
2014年11月11日					2 082 030
2015年11月11日	160 000	7%	145 740	14 260	2 067 770
2016年11月11日	160 000	7%	144 740	15 260	2 052 510
2017年11月11日	160 000	7%	143 680	16 320	2 036 190
2018年11月11日	160 000	7%	142 530	17 470	2 018 720
2019年11月11日	160 000	7%	141 280	18 720	2 000 000
总　　额	800 000		717 970	82 030	

主管：李南　　　　复核：江复叶　　记账：刘继业　　制单：修德

（滨江机械制造股份有限公司 财务专用章）

注：本计算表为复印件

表4-3-1

滨江机械制造股份有限公司发出材料汇总表

2015年12月1日　　　　　　　　　　　　　　　　　单位：元

部门		材料	原材料						辅助材料	合计
			甲	乙	丙	丁	W01	W02		
一车间	生产	W01	1 400 000	1 300 000						2 700 000.00
		W02			1 400 000	1 000 000				2 400 000.00
	共同消耗		1 000	800	400	600			400	3 200.00
二车间	生产	W03					1 450 000			1 450 000.00
		W04						1 340 000		1 340 000.00
	共同消耗		600			700			600	1 900.00
辅助车间	修理消耗			2 000		500				2 500.00
	共同消耗		100		300					400.00
企管共同消耗			200			600			4000	4 800.00
研发消耗 (专利研发支出)				200					130 000	130 200.00
合　计			1 401 900	1 303 000	1 401 400	1 001 700	1 450 000	1 340 000	135 000	8 033 000.00

核算：王丽丽　　主管：徐悦　　保管：典韦　　制单：淳于越

第四章 经济业务

表4-4-1 江苏增值税专用发票

3204908290

此联不作报销、扣税凭证使用

No 55026688
开票日期：2015年12月1日

购货方		
名　　称	武汉萧山食品有限公司	
纳税人识别号	320237890456821	
地　址、电　话	武汉市黄鹤路119号	
开户行及账号	工商银行武汉市黄鹤支行 3202000920009283521	

密码区：
213*8799>>345/9　　加密版本 02
234>3455/4123/6　　3407586810
21434*324/32455
087/567/8>7>>>5　　19708209

货物或应税劳务、服务名称	规格型号	单位	数量	单价	金额	税率	税额
W03		件	300	1 700	510 000.00	17%	86 700.00
W04		件	250	1 600	400 000.00	17%	68 000.00
合　　　计					￥910 000.00		￥154 700.00

价税合计（大写）　⊗壹佰零陆万肆仟柒佰元整　　　（小写）￥1 064 700.00

销货方	
名　　称	滨江机械制造股份有限公司
纳税人识别号	320100230009700
地　址、电　话	滨江市滨江路219号
开户行及账号	工商银行滨江分行滨江支行 0770180184000018018

备注：（发票专用章 滨江机械制造股份有限公司 320100230009700）

收款人：王丽丽　　　复核：张任　　　开票人：淳于志　　　销货方：（章）

第一联 记账联 销货方记账凭证

表4-4-2 中国工商银行 进账单（收账通知）

2015年12月1日　　　第1104号　　3

付款人	全　称	武汉萧山食品有限公司	收款人	全　称	滨江机械制造股份有限公司
	账　号	3202000920009283521		账　号	0770180184000018018
	开户银行	工商银行武汉市黄鹤支行		开户银行	工商银行滨江分行滨江支行

人民币（大写）	壹佰零陆万肆仟柒佰元整	千	百	十	万	千	百	十	元	角	分
		￥	1	0	6	4	7	0	0	0	0

票据种类	汇票
票据张数	1张

收款人开户银行盖章
（中国工商银行滨江支行 业务核算章 2015.12.01 张黎黎）

单位主管　　会计　　复核　　记账

此联是银行交给收款人的回单

表4-5-1 工商银行 现金支票存根

支票号码　No3689023

附加信息

出票日期	2015年12月1日
收款人	滨江机械制造股份有限公司
金　额	￥6 000.00
用　途	备用
备　注	

单位主管　李南　　会计　阳丽
复核　　　　　　　记账

表4-6-1 工商银行 转账支票存根

支票号码　No3689179

附加信息

出票日期	2015年12月1日
收款人	中国电信集团江苏省电信公司南京分公司
金　额	￥3 663.00
用　途	支付话费
备　注	

单位主管　李南　　会计　阳丽
复核　　　　　　　记账

第四章 经济业务

表4-6-2 3204079208

江苏增值税专用发票

No 30250569
开票日期：2015年12月1日

购货方	名　　称：滨江机械制造股份有限公司 纳税人识别号：320100230009700 地　址、电话：滨江市滨江路219号 开户行及账号：工商银行滨江分行滨江支行 077018018400018018	密码区	213*8799>>345/9 234>3455/4123/6 21434*324/32455 087/567/8>7>>>5	加密版本 02 3401586890 19718809

货物或应税劳务、服务名称	规格型号	单位	数量	单价	金额	税率	税额
基础电信服务					3 300.00	11%	363.00
合　　计					￥3 300.00		￥363.00

价税合计（大写）	⊗叁仟陆佰陆拾叁元整	（小写）￥3 663.00

销货方	名　　称：中国电信集团江苏省电信公司南京分公司 纳税人识别号：320230256800987 地　址、电话：滨江市滨江路214号 开户行及账号：工商银行滨江市鼓楼支行 074518658467018890	备注	

收款人：尚婕妤　　复核：海丽玉　　开票人：田红红　　销货方：（章）

表4-6-3 3204079208

江苏增值税专用发票

No 30250569
开票日期：2015年12月1日

购货方	名　　称：滨江机械制造股份有限公司 纳税人识别号：320100230009700 地　址、电话：滨江市滨江路219号 开户行及账号：工商银行滨江分行滨江支行 077018018400018018	密码区	213*8799>>345/9 234>3455/4123/6 21434*324/32455 087/567/8>7>>>5	加密版本 02 3401586890 19718809

货物或应税劳务、服务名称	规格型号	单位	数量	单价	金额	税率	税额
基础电信服务					3 300.00	11%	363.00
合　　计					￥3 300.00		￥363.00

价税合计（大写）	⊗叁仟陆佰陆拾叁元整	（小写）￥3 663.00

销货方	名　　称：中国电信集团江苏省电信公司南京分公司 纳税人识别号：320230256800987 地　址、电话：滨江市滨江路214号 开户行及账号：工商银行滨江市鼓楼支行 074518658467018890	备注	

收款人：尚婕妤　　复核：海丽玉　　开票人：田红红　　销货方：（章）

第四章 经济业务

表4-7-1

北京市国家税务局通用机打发票

发票代码 2104565958901
发票号码 26855974

开票日期 2015 年 11 月 26 日　　　行业分类　旅店业

付款方名称：	王蒙				机打发票代码：2104565958901	
付款方识别号：					机打发票号码：26855974	
开票项目	单价	数量	折扣		金　额（人民币）	附注
住宿	200	13			2 600.00	
金额合计（大写）：人民币贰仟陆佰元整					（小写）¥：2 600.00	
备注：					开户银行：建设银行万寿路支行	
					开户账号：2107500498308504982	
开票人：端木赐　收款方名称：北京市大帝庄园酒店有限公司					收款方识别号：210040860984231	

（盖章：北京市大帝庄园酒店有限公司 210040860984231 发票专用章）

第一联　发票联（付款方付款凭证）

表4-7-2

江苏省滨江市国家税务局通用机打发票

发票代码 1320065950189
发票号码 085265497

开票日期 2015 年 11 月 23 日　　　行业分类　商业

购货方名称：滨江机械制造股份有限公司				税务登记代码：	
购货方地址：				开户银行名称：	
购货方电话：				开户银行账号：	
品名	规格型号	计量单位	数量	单价	金　额
移动硬盘	64G	个	1	300	300.00
金额合计大写：叁佰元整				金额合计小写：¥300.00	
销售单位名称：北京市王福科技有限公司				税务登记代码：210597389004589006	
销售单位地址：北京市王府大街2345号				开户银行名称：	
销售单位电话：				开户银行账号：	
				开票人：邢利源	

（盖章：北京市王福科技有限公司 210597389004589006 发票专用章）

第一联　发票联（购货方付款凭证）（手写无效）

表4-7-3

滨江机械制造股份有限公司收款收据

2015 年 12 月 2 日

今收到职工　王蒙						
人民币（大写）陆佰陆拾捌元整					¥668.00	
事由：差旅费余款退回				现金：√	滨江机械制造股份有限公司财务专用章	
				支票：		
收款单位	财务处	财务主管	李南	收款人	阳丽	

此联为报销凭证

第四章 经济业务

表4-7-4

```
A013415            滨州⊕
滨江      G7022       北京
Binjiang   →    Beijing
2015年11月12日 09:08 开  2车 22A 座
￥879.00元          新空调硬座
限乘当日当次车      在3日内有效
320111967100604361
王蒙
```

表4-7-5

```
A003589            北京⊕
北京      G7021       滨江
Beijing    →    Binjiang
2015年11月25日 08:00 开  12车 2A 座
￥879.00元          新空调硬座
限乘当日当次车      在3日内有效
320111967100604361
王蒙
```

表4-7-6

滨江机械制造股份有限公司差旅费报销单

2015年12月2日

姓名	王蒙	单位	技术科		出差日期	11月12日至11月25日		出差人数		2人
公出事由		技术交流会议			出差天数		15			

起止日期	起止地点	飞机费	火车费	汽车费	轮船费	公杂费	住宿费		伙食补助		市内车费	其他	合计
							天数	金额	天数	金额			
11.12	滨江-北京		879										879.00
11.25	北京-滨江		879			134	13	2 600	15	300	260	300	4 453.00
	合计												5 332.00

备注	1. 市内车费栏指本市及外市的市内交通费。 2. 附出差审批表。 3. 注明经费来源。 4. 随行人员姓名：周名瑞	滨江机械制造 股份有限公司 财务专用章	报销旅费（大写）：×万伍仟叁佰叁拾贰元零角零分 预借旅费（大写）：×万陆仟零佰零拾零元零角零分 补付旅费（大写）：　万　仟　佰　拾　元　角　分 退回旅费（大写）：×万×仟陆佰陆拾捌元零角零分

批准人：李宇　2015年11月8日　　　报销人：王蒙　　2015年12月2日

表4-8-1

表4-8-2 工商银行（汇）本票申请书

币别：人民币　　2015 年 12 月 02 日　　　　1　流水号：320985430984

业务类型	√ 银行本票	□ 银行汇票	付款方式	√ 转账	□ 现金
申请人	滨江机械制造股份有限公司		收款人	滨江东方材料有限公司	
账 号	0770180184000180108		账 号	0780579046370090078	
用 途	购买材料		代理付款行		

金额（大写）贰拾万元整　　￥200000.00

备注：滨江机械制造股份有限公司 财务专用章　　李原灏之印

科　目：
对方科目：

会计主管：李南　　授权：李原灏　　复核：阳丽　　录入

此联作借方记账凭证或收款通知

表4-9-1 江苏增值税专用发票

3209087240　　　　　　　　　　　　　　　No 134675890

开票日期：2015 年 12 月 2 日

购货方	名　称：滨江机械制造股份有限公司	密码区	213*8799>>345/9　加密版本 02
	纳税人识别号：320100230009700		234>3455/4123/6　3407546890
	地址、电话：滨江市滨江路 219 号		21434*324/11455
	开户行及账号：工商银行滨江分行滨江支行 077018018400018018		087/567/8>7>>>5　19328809

货物或应税劳务、服务名称	规格型号	单位	数量	单价	金　额	税率	税　额
乙材料		千克	1 000	15.00	15 000.00	17%	2 550.00
丁材料		千克	1 000	14.50	14 500.00	17%	2 465.00
合　计					￥29 500.00		￥5 015.00

价税合计（大写）⊗叁万肆仟伍佰壹拾伍元整　　（小写）￥34 515.00

销货方	名　称：滨江浦口材料有限公司	备注	滨江浦口材料有限公司
	纳税人识别号：3208884756009988		3208884756009988
	地址、电话：滨江市中上路 1213 号		发票专用章
	开户行及账号：工商银行滨江市浦口支行 077018018184001800		

收款人：尚婕妤　　复核：海丽玉　　开票人：田红红　　销货方：（章）

第三联　发票联　购货方记账凭证

表4-9-2

江苏增值税专用发票

3209087240

No 134675890

开票日期：2015 年 12 月 2 日

购货方		
名　　称：	滨江机械制造股份有限公司	
纳税人识别号：	320100230009700	
地　址、电话：	滨江市滨江路 219 号	
开户行及账号：	工商银行滨江分行滨江支行 077018018400018018	

密码区：
213*8799>>345/9　加密版本 02
234>3455/4123/6　3407546890
21434*324/11455
087/567/8>7>>>5　19328809

货物或应税劳务、服务名称	规格型号	单位	数量	单价	金额	税率	税额
乙材料		千克	1 000	15.00	15 000.00	17%	2 550.00
丁材料		千克	1 000	14.50	14 500.00	17%	2 465.00
合　　计					¥29 500.00		¥5 015.00

价税合计（大写）：⊗叁万肆仟伍佰壹拾伍元整　　　　（小写）¥34 515.00

销货方	
名　　称：	滨江浦口材料有限公司
纳税人识别号：	3208884756009988
地　址、电话：	滨江市中上路 1213 号
开户行及账号：	工商银行滨江市浦口支行 077018018184001800

备注：滨江浦口材料有限公司　3208884756009988　发票专用章

收款人：浦寿昌　　复核：郑怀仁　　开票人：辛冠璐　　销货方：（章）

第二联　抵扣联　购货方扣税凭证

表4-9-3

货物运输业增值税专用发票

3200152217

No 54480090

开票日期：2015 年 12 月 2 日

承运人及纳税人识别号	滨江航远物流有限公司 233456567634321
实际受票方及纳税人识别号	滨江机械制造股份有限公司 320100230009700
收货人及纳税人识别号	滨江机械制造股份有限公司 320100230009700

密码区：
213*8799>>345/9　加密版本 02
234>3455/4123/6　3407566690
21434*324/32455
087/567/8>7>>>5　19580909

发货人及纳税人识别号：滨江浦口材料有限公司　3208884756009988

起运地、经由、到达地：滨江市滨江路 219 号

费用项目	金额	费用项目	金额
配总费用	600.00		

运输货物信息：乙材料　丁材料

合计金额	税率	税额	机器编号
600.00	11%	66.00	836859149001

价税合计（大写）：⊗陆佰陆拾陆元整　　　　（小计）¥666.00

车种车号	货车苏 A3856	车船吨位	30
主管税务机关及代码	滨江市滨江区国家税务局——滨江分局 3204231		

备注：滨江航远物流有限公司　233456567634321　发票专用章

收款人：浦寿昌　　复核：郑怀仁　　开票人：辛冠璐　　销货方：（章）

第三联　发票联　受票方记账凭证

表4-9-4

货物运输业增值税专用发票

3200152217　　　　　　　　　　　　　　　　　　　　　　　　　　　　　No 54480090

开票日期：2015年12月2日

承运人及纳税人识别号	滨江航远物流有限公司 233456567634321	密码区	213*8799>>345/9　加密版本02 234>3455/4123/6　3407566690 21434*324/32455 087/567/8>7>>>5　19580909
实际受票方及纳税人识别号	滨江机械制造股份有限公司 320100230009700		
收货人及纳税人识别号	滨江机械制造股份有限公司 320100230009700	发货人及纳税人识别号	滨江浦口材料有限公司 3208884756009988

费用项目及金额	起运地、经由、到达地	滨江市滨江路219号			运输货物信息	乙材料 丁材料
	费用项目	金额	费用项目	金额		
	配总费用	600.00				

合计金额	600.00	税率	11%	税额	66.00	机器编号	836859149001
价税合计（大写）	⊗陆佰陆拾陆元整					（小计）￥666.00	
车种车号	货车苏A3856			车船吨位	30	备注	
主管税务机关及代码	滨江市滨江区国家税务局——滨江分局 3204231						

收款人：浦寿昌　　复核：郑怀仁　　开票人：辛冠璐　　销货方：（章）

表4-9-5

银行承兑汇票　　2　　　　　　汇票号码

出票日期　贰零壹伍年壹拾贰月零贰日　　　　　　IX VI 3334680

出票人全称	滨江机械制造股份有限公司	收款人	全　称	滨江浦口材料有限公司
出票人账号	077018018400018018		账号或地址	077018018184001800
付款行全称	工商银行滨江分行滨江支行		开户银行	工商银行滨江市浦口支行

出票金额	人民币（大写）　叁万伍仟壹佰捌拾壹元整	百十万千百十元角分 ￥ 3 5 1 8 1 0 0

汇票到期日（大写）	贰零壹陆年零贰月零陆日	付款行	行号	3567
承兑协议编号	02		地址	滨江市浦口西路729号

本汇票请你行承兑，到期无条件付款 滨江机械制造 股份有限公司 财务专用章 李原灏之印 2015年12月2日	本汇票已承兑，到期日由本行付款 中国工商银行滨江分行滨江支行 业务核算章 承兑日期：2015.12.02 备注	870093 漆东阳 复核　　记账

表4-9-6

银行承兑协议
编号：02

银行承兑汇票的内容：

出票人全称：滨江机械制造股份有限公司	收款人全称：滨江浦口材料有限公司
开户银行：工商银行滨江市滨江支行	开户银行：工商银行滨江市浦口支行
账　　号：077018018400018018	账　　号：077018018184001800
汇票号码 9	汇票金额(大写) 叁拾伍万壹仟柒佰伍拾元整
出票日期 2015 年 12 月 2 日	到期日期 2016 年 2 月 4 日

以上汇票经承兑银行承兑，出票人员遵守《支付结算办法》的规定及下列条款：

一、出票人与汇款到期日前将应付票款足额交存承兑银行。

二、承兑手续费按票面金额千分之一计算，在银行承兑一次付清。

三、承兑汇票如发生任何交易纠纷，均由收付双方自行处理，票款于到期前仍按第一条办理无误。

四、承兑汇票到期日，承兑银行无条件支付票款，如到期日前申请人不能足额交付票款时，承兑银行对不足支付部分的票款转作承兑申请人逾期贷款，并按照有关规定计收罚息。

五、承兑汇票款付清后，协议自动失效。

承兑银行(签章)　　　　　　　　　　　　出票人(签章)

　　　　　　　　　　　　　订立承兑协议日期：2015 年 12 月 2 日

（中国工商银行滨江分行　滨江支行　2015.12.02　汇票专用章）

表4-9-7

滨江机械制造股份有限公司采购材料运杂费分配表

编制日期　2015 年 12 月 2 日

发货单位	滨江浦口材料有限公司			
材料名称	分配标准(千克)	分配率	分配金额	备注
乙材料	1 000	0.30	300.00	
丁材料	1 000		300.00	
合　计	2 000		600.00	

制单人：于洋　　　记账人：林琳　　　复核人：张任

（滨江机械制造股份有限公司 财务专用章）

第三联 记账联

表4-9-8

滨江机械制造股份有限公司材料验收单

验收日期　2015 年 12 月 2 日　　　　　No 34678

供货单位	滨江浦口材料有限公司		存放地点	材料库			
材料名称及规格	计量单位	数量		实际成本			
		发票	实收	发票价值	运杂费	合计	单价
乙材料	千克	1 000	1 000	15	300	15 300.00	15.30
丁材料	千克	1 000	1 000	14.5	300	14 800.00	14.80
备　注	（滨江机械制造股份有限公司 财务专用章）						

核算：张任　　主管：宋丽　　保管：典韦　　验收：航云翳

第三联 记账联

第四章 经济业务

表4-9-9

江苏省滨江市国家税务局通用机打发票

发票代码 1320150650899
发票号码 085249756

开票日期 2015 年 12 月 2 日　　行业分类　金融业

购货方名称：滨江机械制造股份有限公司	税务登记代码：
购货方地址：	开户银行名称：
购货方电话：	开户银行账号：

品名	规格型号	计量单位	数量	单价	金额
银行汇票收费			35 181	0.001	35.18

金额合计大写：叁拾伍元壹角捌分　　　　金额合计小写：¥35.18
销售单位名称：中国工商银行滨江分行滨江支行　　税务登记代码：217389059458900600
销售单位地址：滨江市滨江路 230 号　　　　开户银行名称：
销售单位电话：　　　　　　　　　　　　　　开户银行账号：
　　　　　　　　　　　　　　　　　　　　　开票人：李尔

（盖章：中国工商银行滨江分行滨江支行 业务核算章 2015.12.02）
（盖章：江苏省滨江市国家税务局发票专用章）

第二联 发票联（购货方付款凭证）（手写无效）

表4-10-1

商业承兑汇票　2

汇票号码　IXVI 9054699

出票日期（大写）　贰零壹伍年壹拾贰月零贰日

付款人	全称	武汉萧山食品有限公司		收款人	全称	滨江机械制造股份有限公司	
	账号	3202000920009283521			账号	0770180184000018018	
	开户行	工商银行武汉市黄鹤支行	行号 34567		开户行	工商银行滨江分行滨江支行	行号

出票金额	人民币（大写）	捌拾万零伍仟元整	百 十万 千 百 十元 角 分
			¥ 8 0 5 0 0 0 0 0

汇票到期日（大写）	贰零壹陆年零贰月零贰日	付款行	行号	34567
交易合同号码	24167		地址	武汉市黄鹤路 119 号

本汇票已经承兑，到期无条件付票款。　　本汇票请予以承兑于到期日付款。

承兑人签章　　　　　　　　　　（盖章：武汉萧山食品有限公司财务专用章）　出票人签章（盖章：钟会项之印）

承兑日期　　　年　月　日

此联持票人开户行随托收凭证寄付款人

表4-11-1

附件

记账凭证说明

　　中国平安 12 月 3 日披露年报现金分红方案，公司 2014 年向全体股东每 10 股派现 5 元。股东大会今日通过。
　　公告称，基于公司当前稳定的经营情况以及良好的发展前景，为积极回报股东，与所有股东分享公司未来发展的经营成果，公司 2014 年度利润分配方案为：向全体股东每 10 股派发现金股利 5 元（含税）。本公司持有该股份 20 000 股，应分得现金股利 10 000 元（20 000/10*5）。

（盖章：滨江机械制造股份有限公司财务专用章）

财务总监：李南
2015 年 12 月 3 日

表4-12-1 **滨江机械制造股份有限公司处理流动资产盘点盈亏报告表**

2015年12月3日

资产名称	规格型号	盘盈		盘亏			原因
		数量	公允价值	数量	原始价值	已提折旧	
现金					50		管理不善
处理意见	清查小组 调整账面价值，报批 签章：王军			管理部门 票面毁损 签章：李南			
	复核：陈明远					制单：甄珍	

（盖章：滨江机械制造股份有限公司财务专用章）

第二联 报批后记账

表4-12-2 **滨江机械制造股份有限公司处理流动资产盘点盈亏处理单**

2015年12月3日

资产名称	规格型号	盘盈		盘亏			原因
		数量	公允价值	数量	原始价值	已提折旧	
现金					50		管理不善
处理意见	主管部门 计入管理费用 签章：李南			董事会审批 同意主管部意见 签章：李原灏 2015年12月3日			
	复核：陈明远					制单：甄珍	

（盖章：滨江机械制造股份有限公司财务专用章）

第二联 报批后记账

表4-13-1　　　　中国工商银行　**进账单**(收账通知)　　　　第924号

2015年12月3日

付款人	全称	滨江十佳化工有限公司	收款人	全称	滨江机械制造股份有限公司
	账号	077878018760184320		账号	0770180184000180180
	开户银行	工商银行滨江市海河支行		开户银行	工商银行滨江分行滨江支行

人民币（大写）	壹拾捌万贰仟元整	千百十万千百十元角分 ￥1 8 2 0 0 0 0 0
票据种类	电汇	收款人开户银行盖章 中国工商银行滨江分行滨江支行 业务核算章 2015.12.03 张黎黎（05）
票据张数	1张	
单位主管　　会计　　复核　　记账		

此联是银行交给收款人的回单

第四章 经济业务

表4-14-1

中华人民共和国
税收电子转账专用完税证

No 234796012

填发日期：2015年12月3日

税务登记证代码	320100230009700		征收机关	滨江市国税分局
纳税人全称	滨江机械制造股份有限公司		收款银行	工商银行滨江市分行
税（费）种	级 次	税款所属时期		实缴金额
增值税		2015年11月1日至11月30日		108 000.00
				￥108 000.00
金额合计	（大写）壹拾万捌仟元整			￥108 000.00
征收机关（盖章）	收款银行（盖章）	经手人（盖章）	备注	电子税票号 23000870098006540932

此联交纳税人作完税凭证

表4-14-2

单位汇缴登记受理回执

日期：	2015-12-03	登记号：	2015120333356442
单位名称全称：	滨江机械制造股份有限公司	缴存起始年限：	201512
单位账号：	077018018400018018	缴存终止年限：	
经办人：		经办人证件号：	320309198710080789
缴存方式：	其他	暂收户转出金额：	
实际缴存金额：	￥53 000.00	金额大写：	伍万叁仟元整
上月汇缴人数：	269	上月汇缴金额：	53 000.00
本月增加汇缴人数：	0	本月增加汇缴金额：	0
本月减少汇缴人数：	0	本月减少汇缴金额：	0
本月汇缴人数：	269	本月汇缴金额：	53 000.00
经办柜员：	09000	流水号： 12098	客户确认： 阳丽（签字）

滨江住房公积金管理中心监制

第四章 经济业务

表4-14-3

中华人民共和国税收通用缴款书

No 00897654

隶属关系：
注册类型：
填发日期：2015 年 12 月 3 日
征收机关：

缴款单位	代 码	432632897654		预算科目	编码	
	全 称	滨江机械制造股份有限公司			名称	
	开户银行	工商银行滨江分行滨江支行			级次	
	账 号	077018018400018018		收款国库		滨江市支库

税款所属时期 2015 年 11 月 1 日至 11 月 30 日　　税款限缴日期 2015 年 12 月 10 日

品目名称	课税数量	计税金额或销售收入	税率或单位税额	已缴或扣除额	实缴金额
所得税	略	略	25%	略	164 000.00
城市维护建设税			7%		7 500.00
教育费附加			3%		5 400.00
社会保险费					53 000.00
金额合计(大写)	人民币贰拾贰万玖仟玖佰元整				￥229 900.00

缴款单位(人)(盖章) 滨江机械制造股份有限公司 财务专用章	税务机关 (盖章) 征税专用章	上列款项已收实并划转收款单位账户 2015.12.03	备注
经办人(章)	填票人(章)	国库(银行)盖章　　年　月　日	

逾期不缴按税法规定加收滞纳金

第一联 (收据) "国库(银行)"收款盖章后退缴款单位(人)作完税凭证

表4-14-4

中国工商银行电子缴税付款凭证

转账日期：2015 12 03　　　　　　　　　　　　凭证字号：01892388

纳税人全称及纳税人识别号：滨江机械制造股份有限公司　320100230009700

付款人全称：滨江机械制造股份有限公司

付款人账号：077018018400018018　　　　征收机关名称：滨江市国税分局

付款人开户银行：工商银行滨江分行滨江支行　　收款国库(银行)名称：工商银行滨江市分行

小写(合计)金额：108 000.00　　　　　　缴款书交易流水号：2015120648387955

大写(合计)金额：壹拾万零捌仟元整　　　　税票号码：23000870098006540932

税(费)种名称：　　　　　　　　所属时间　　　　　　　实缴金额

增值税　　　　　　　　　　　　20151101—20151130　　　108 000.00

（业务核算章 2015.12.03）

第 1 次打印　第一页，共一页　999500100999　　　打印时间：2015 12 03

第二联：作付款回单(无银行收讫章无效)　　　　复核　　　　记账

表4-14-5 　　　　　　　　中国工商银行电子缴税付款凭证

转账日期：2015 12 03　　　　　　　　　　　　凭证字号：01892389

纳税人全称及纳税人识别号：滨江机械制造股份有限公司　320100230009700

付款人全称：滨江机械制造股份有限公司

付款人账号：077018018400018018　　　征收机关名称：滨江市国税分局

付款人开户银行：工商银行滨江分行滨江支行　　收款国库(银行)名称：工商银行滨江市分行

小写(合计)金额： 176 900.00　　　　缴款书交易流水号：2015120648387956

大写(合计)金额：壹拾柒万陆仟玖佰元整　　税票号码：23000870098006540932

税(费)种名称：	所属时间	实缴金额
所得税	20151101—20151130	164 000.00
城市维护建设税	20151101—20151130	7 500.00
教育费附加	20151101—20151130	5 400.00

第 1 次打印　第一页，共一页　9995001009999　　　打印时间：2015 12 03

第二联：作付款回单(无银行收讫章无效)　　　复核　　　记账

表4-14-6 　　　　　　　　中国工商银行电子缴税付款凭证

转账日期：2015 12 03　　　　　　　　　　　　凭证字号：01892390

纳税人全称及纳税人识别号：滨江机械制造股份有限公司　320100230009700

付款人全称：滨江机械制造股份有限公司

付款人账号：077018018400018018　　　征收机关名称：滨江市国税分局

付款人开户银行：工商银行滨江分行滨江支行　　收款国库(银行)名称：工商银行滨江市分行

小写(合计)金额： 53 000.00　　　　缴款书交易流水号：2015120648387957

大写(合计)金额：伍万叁仟元整　　税票号码：23000870098006540933

税(费)种名称：	所属时间	实缴金额
养老保险基金	20151101—20151130	45 600.00
失业保险基金	20151101—20151130	4 460.00
工伤保险基金	20151101—20151130	1 140.00
生育保险基金	20151101—20151130	1 800.00

第 1 次打印　第一页，共一页　9995001009999　　　打印时间：2015 12 03

第二联：作付款回单(无银行收讫章无效)　　　复核　　　记账

第四章 经济业务

表4-15-1

中国工商银行 借款借据(回单)

贷款日期　2015年12月3日

借款单位	滨江机械制造股份有限公司	借款户账号	077018018400018018
		存款户账号	077018018400018018

人民币(大写)叁佰万元整　　　　　　　　　千百十万千百十元角分
　　　　　　　　　　　　　　　　　　　　　￥3 0 0 0 0 0 0 0 0

借款种类	临时	约定还款日2015年5月31日	利率	月息0.98%
实际借款用途 滨江机械制造股份有限公司 借款单位预留财务专用章及法人代表签章 财务专用章	购料	展期到期日 担保单位户名： 担保单位账户： 担保单位开户银行：	利率	担保单位公章 法人代表章 记账： 合同专用章

行长：谭文　　　　科(处)长：李壹　　　　信贷员：图利

表4-16-1

滨江机械制造股份有限公司商品入库单

2015年12月3日　　　　　　　　　　编号：19803

入库单位	商品名称	单位	数量	单位成本	总成本	备注
销售退回	W03产品	件	2	1 020	2 040.00	滨江机械制造股份有限公司 财务专用章
合　计					2 040.00	

主管：王平　　保管：郑和　　质检：明晓范　　制单：吴军

表4-16-2

工商银行
转账支票存根

支票号码　No3690823

附加信息

出票日期　2015年12月3日

收款人：滨江宏图设备制造有限公司
金　额：¥3 510.00
用　途：W03退货款
备　注：

单位主管　李南　　　会计　阳丽
复　核　　　　　　　记账

第四章 经济业务

表4-16-3

江苏增值税专用发票

No 34650929

3345229268

开票日期：2015 年 12 月 3 日

购货方	名　　称：滨江宏图设备制造有限公司 纳税人识别号：320700023000109 地　址、电　话：滨江市北京东路 129 号 开户行及账号：工商银行滨江分行滨江支行 700718018401018080	密码区	213*8799 >345/9　　加密版本 02 234>3455/4123/6　　3401496890 21434*324/32455 087/567/8>7>>>5　　19921809

货物或应税劳务、服务名称	规格型号	单位	数量	单价	金　额	税率	税额
W03		件	2	1 500	3 000.00	17%	510.00
合　　计					￥3 000.00		￥510.00
价税合计（大写）	⊗叁仟伍佰壹拾元整				（小写）￥3 510.00		

销货方	名　　称：滨江机械制造股份有限公司 纳税人识别号：320100230009700 地　址、电　话：滨江市滨江路 219 号 开户行及账号：工商银行滨江分行滨江支行 077018018400018018	备注	（发票专用章）

收款人：王丽丽　　　复核：张任　　　开票人：淳于志　　　销货方：（章）

第三联　发票联　购货方记账凭证

表4-16-4

江苏增值税专用发票

No 34650929

3345229268

开票日期：2015 年 12 月 3 日

购货方	名　　称：滨江宏图设备制造有限公司 纳税人识别号：320700023000109 地　址、电　话：滨江市北京东路 129 号 开户行及账号：工商银行滨江分行滨江支行 700718018401018080	密码区	213*8799 >345/9　　加密版本 02 234>3455/4123/6　　3401496890 21434*324/32455 087/567/8>7>>>5　　19921809

货物或应税劳务、服务名称	规格型号	单位	数量	单价	金　额	税率	税额
W03		件	2	1 500	3 000.00	17%	510.00
合　　计					￥3 000.00		￥510.00
价税合计（大写）	⊗叁仟伍佰壹拾元整				（小写）￥3 510.00		

销货方	名　　称：滨江机械制造股份有限公司 纳税人识别号：320100230009700 地　址、电　话：滨江市滨江路 219 号 开户行及账号：工商银行滨江分行滨江支行 077018018400018018	备注	（发票专用章）

收款人：王丽丽　　　复核：张任　　　开票人：淳于志　　　销货方：（章）

第二联　抵扣联　购货方扣税凭证

第四章 经济业务

表4-17-1　中国工商银行滨江分行(滨江支行)借记/贷记通知(贷记)

流水号：643500456　　　　　　　　　　　　　　交易日期：2015年12月4日

收款单位全称：滨江机械制造股份有限公司	
收款单位账号：077018018400018018	凭证编号：
付款单位全称：滨江市财政局	银行名称：工商银行江宁支行
付款单位账号：070014447110980579	起息日期：2015年12月4日
交易名称：系统内划款	交易金额：RMB200000.00
摘要：财政补贴	

注：如果日期、流水号、摘要、金额相同，系重复打印。

经办柜员：11017352
2015—12—04　08:45:10

表4-18-1

工商银行
转账支票存根

支票号码　No345789098

附加信息

出票日期　2015年12月4日

收款人：滨江科技服务有限公司
金　　额：¥21 200.00
用　　途：技术服务利费
备　　注：
单位主管　李南　　会计　阳丽
复　核　　　　　　记账

表4-18-2　　　　江苏增值税专用发票

发票联

3205797240　　　　　　　　　　　　　　　　　　No 136675290
　　　　　　　　　　　　　　　　　　　　开票日期：2015年12月4日

购货方	名　　称：滨江机械制造股份有限公司	密码区	213*8799>>345/9 234>3455/4123/6 21434*324/32455 087/567/8>7>>>5	加密版本 02 3321466690 　 19577709
	纳税人识别号：320100230009700			
	地址、电话：滨江市滨江路219号			
	开户行及账号：工商银行滨江分行滨江支行 077018018400018018			

货物或应税劳务、服务名称	规格型号	单位	数量	单价	金　额	税率	税　额
"专利技术"软件开发费					20 000.00	6%	1 200.00
合　　计					¥20 000.00		¥1 200.00
价税合计(大写)	⊗贰万壹仟贰佰元整				(小写)¥21 200.00		

销货方	名　　称：滨江科技服务有限公司
	纳税人识别号：3208756009988884
	地址、电话：滨江市太子山路2131号
	开户行及账号：工商银行滨江市禄口支行 077018100840018801

收款人：于科学　　复核：王媛　　开票人：戴德才　　销货方：(章)

表4-18-3

江苏增值税专用发票

3205797240

No 136675290
开票日期：2015 年 12 月 4 日

购货方	名　　　　称：滨江机械制造股份有限公司 纳税人识别号：320100230009700 地　址、电　话：滨江市滨江路 219 号 开户行及账号：工商银行滨江分行滨江支行 077018018400018018	密码区	213*8799>>345/9　　加密版本 02 234>3455/4123/6　　3321466690 21434*324/32455 087/567/8>7>>>5　　19577709

货物或应税劳务、服务名称	规格型号	单位	数量	单价	金　额	税率	税　额
"专利技术"软件开发费					20 000.00	6%	1 200.00
合　　　　计					￥20 000.00		￥1 200.00
价税合计（大写）	⊗贰万壹仟贰佰元整				（小写）￥21 200.00		

销货方	名　　　　称：滨江科技服务有限公司 纳税人识别号：3208756009988884 地　址、电　话：滨江市太子山路 2131 号 开户行及账号：工商银行滨江市禄口支行 077018100840018801	备注	（发票专用章：滨江科技服务有限公司 3208756009988884）

收款人：**于科学**　　　　复核：王媛　　　　开票人：戴德才　　　　销货方：（章）

表4-19-1

工商银行
转账支票存根

支票号码　No 578900

附加信息

出票日期　2015 年 12 月 4 日
收款人：滨江设备制造有限公司
金　　额：￥636 000.00
用　　途：商标费
备　　注：
单位主管 李南　　　会计 阳丽
复　　核　　　　　　记账

表4-19-2

江苏增值税专用发票

3205689241

No 167365290

开票日期：2015 年 12 月 4 日

购货方	名　　　称	滨江机械制造股份有限公司				密码区	213*8799>>345/9　加密版本 02 234>3545/4123/6　3407568880 21434*324/32455 087/567/8>7>>>5　19580888	
	纳税人识别号	320100230009700						
	地址、电话	滨江市滨江路 219 号						
	开户行及账号	工商银行滨江分行滨江支行 0770180184000180018						
货物或应税劳务、服务名称	规格型号	单位	数量	单价	金　额	税率	税　额	
商标费（康富）					600 000.00	6%	36 000.00	
合　　计					￥636 000.00		￥36 000.00	
价税合计（大写）		⊗陆拾叁万陆仟元整				（小写）￥636 000.00		
销货方	名　　　称	滨江设备制造有限公司				备注	（滨江设备制造有限公司 3208987560089884 发票专用章）	
	纳税人识别号	3208987560089884						
	地址、电话	滨江市龙山路 3121 号						
	开户行及账号	工商银行滨江市大厂支行 077180840080181001						

收款人：蒋敏　　　复核：连水宇　　　开票人：臧天宇　　　销货方：（章）

第三联　发票联　购货方记账凭证

表4-19-3

江苏增值税专用发票

3205689241

No 167365290

开票日期：2015 年 12 月 4 日

购货方	名　　　称	滨江机械制造股份有限公司				密码区	213*8799>>345/9　加密版本 02 234>3545/4123/6　3407568880 21434*324/32455 087/567/8>7>>>5　19580888	
	纳税人识别号	320100230009700						
	地址、电话	滨江市滨江路 219 号						
	开户行及账号	工商银行滨江分行滨江支行 0770180184000180018						
货物或应税劳务、服务名称	规格型号	单位	数量	单价	金　额	税率	税　额	
商标费（康富）					600 000.00	6%	36 000.00	
合　　计					￥636 000.00		￥36 000.00	
价税合计（大写）		⊗陆拾叁万陆仟元整				（小写）￥636 000.00		
销货方	名　　　称	滨江设备制造有限公司				备注	（滨江设备制造有限公司 3208987560089884 发票专用章）	
	纳税人识别号	3208987560089884						
	地址、电话	滨江市龙山路 3121 号						
	开户行及账号	工商银行滨江市大厂支行 077180840080181001						

收款人：蒋敏　　　复核：连水宇　　　开票人：臧天宇　　　销货方：（章）

第二联　抵扣联　购货方抵扣凭证

表4-20-1

```
          工商银行
         转账支票存根
         支票号码  No 578913
附加信息

出票日期   2015 年 12 月 4 日
收款人：滨江建筑安装有限公司
金　额：¥111 000.00
用　途：机械设备安装费
备　注：
单位主管  李南      会计  阳丽
复　核              记账
```

表4-20-2

```
          工商银行
         转账支票存根
         支票号码  No 578919
附加信息

出票日期   2015 年 12 月 4 日
收款人：北京晓庄设备有限公司
金　额：¥1 170 000.00
用　途：购机械设备款
备　注：
单位主管  李南      会计  阳丽
复　核              记账
```

表4-20-3

北京市增值税专用发票

1090879240　　　　　　　　　　　　　　　　　　　　　　　　　　No 010235678

开票日期：2015 年 12 月 4 日

购货方	名　称：滨江机械制造股份有限公司 纳税人识别号：320100230009700 地址、电话：滨江市滨江路 219 号 开户行及账号：工商银行滨江分行滨江支行 077018018400018018	密码区	213*8799>>345/9 234>3455/4123/6 21434*324/32455 087/567/8>7>>>5	加密版本 02 3433566690 19533909

货物或应税劳务、服务名称	规格型号	单位	数量	单　价	金　额	税率	税　额
生产机床	ZX0099	台	1	1 000 000	1 000 000.00	17%	170 000.00
合　计					¥1 000 000.00		¥170 000.00

价税合计（大写）	⊗壹佰壹拾柒万元整	（小写）¥1 170 000.00

| 销货方 | 名　称：北京晓庄设备有限公司
纳税人识别号：3202404756007799
地址、电话：北京市紫竹院 2145 号
开户行及账号：建设银行紫竹院分行 010258098001012346 | 备注 | |

收款人：庄周　　　复核：李侠　　　开票人：孔侑　　　销货方：（章）

表4-20-4

北京市增值税专用发票

1090879240

No 010235678

开票日期：2015 年 12 月 4 日

购货方	名　　称：滨江机械制造股份有限公司 纳税人识别号：320100230009700 地　址、电　话：滨江市滨江路 219 号 开户行及账号：工商银行滨江分行滨江支行 0770180184000018018	密码区	213*8799>>345/9　加密版本 02 234>3455/4123/6　3433566690 21434*324/32455 087/567/8>7>>>5　19533909

货物或应税劳务、服务名称	规格型号	单位	数量	单价	金　额	税率	税　额
生产机床	ZX0099	台	1	1 000 000	1 000 000.00	17%	170 000.00
合　计					¥1 000 000.00		¥170 000.00

价税合计（大写）	⊗壹佰壹拾柒万元整	（小写）¥1 170 000.00

销货方	名　　称：北京晓庄设备有限公司 纳税人识别号：3202404756007799 地　址、电　话：北京市紫竹院 2145 号 开户行及账号：建设银行紫竹院分行 010258098001012346	备注	北京晓庄设备有限公司 3202404756007799 发票专用章

收款人：庄周　　复核：李侠　　开票人：孔侑　　销货方：（章）

表4-20-5

江苏增值税专用发票

3208798249

No 183757728

开票日期：2015 年 12 月 4 日

购货方	名　　称：滨江机械制造股份有限公司 纳税人识别号：320100230009700 地　址、电　话：滨江市滨江路 219 号 开户行及账号：工商银行滨江分行滨江支行 0770180184000018018	密码区	213*8799>>345/9　加密版本 02 234>3455/4123/6　3111566690 21434*324/32455 087/567/8>7>>>5　19580119

货物或应税劳务、服务名称	规格型号	单位	数量	单价	金　额	税率	税　额
生产机床安装					100 000.00	11%	11 000.00
合　计					¥100 000.00		¥11 000.00

价税合计（大写）	⊗壹拾壹万壹仟元整	（小写）¥111 000.00

销货方	名　　称：滨江建筑安装有限公司 纳税人识别号：3208799508804868 地　址、电　话：滨江市龙蟠中路 23 号 开户行及账号：工商银行滨江市新街口支行 0771008400010188081	备注	滨江建筑安装有限公司 3208799508804868 发票专用章

收款人：吉安孔泉　　复核：王安全　　开票人：苏武阳关　　销货方：（章）

表4-20-6

江苏增值税专用发票

3208798249　　　　　　　　　　　　　　　　　　　　　　　　　　　No 183757728

抵扣联　　　　　　　　　　　　　　　　　　　　　　　开票日期：2015 年 12 月 4 日

购货方	名　　　称	滨江机械制造股份有限公司	密码区	213*8799>>345/9　加密版本 02 234>3455/4123/6　3111566690 21434*324/32455 087/567/8>7>>>5　19580119
	纳税人识别号	320100230009700		
	地址、电话	滨江市滨江路 219 号		
	开户行及账号	工商银行滨江分行滨江支行 0770180184000180l8		

货物或应税劳务、服务名称	规格型号	单位	数量	单价	金　额	税率	税　额
生产机床安装					100 000.00	11%	11 000.00
合　　　计					¥100 000.00		¥11 000.00

价税合计（大写）　⊗壹拾壹万壹仟元整　　　　　　　（小写）¥111 000.00

销货方	名　　　称	滨江建筑安装有限公司	备注	
	纳税人识别号	3208799508804868		
	地址、电话	滨江市龙蟠中路 23 号		
	开户行及账号	工商银行滨江市新街口支行 077100840010188081		

收款人：吉安孔泉　　复核：王安全　　开票人：苏武阳关　　销货方：（章）

表4-20-7　　**滨江机械制造股份有限公司固定资产交接(验收)单**

验收日期　　2015 年 12 月 4 日　　　　　　　　　　No 4448907658

固定资产编号	名称	规　格	型　号	计量单位	数量	建造单位	建造编号	资金来源	附属技术资料
C12	机床	JJXS-JJ	ZX0099	台	1	晓庄	M-0098	自有	说明书
总价 (净值万元)	工程费	设备费	安装费	运杂费	包装费	其他	合计	预计年限	净产值率
		100	10				110	10	5%
	生产设备				原值		已提折旧	0	
备注	合格、交二车间			验收人签章	财务专用章		使用人签章	武源	

第四章 经济业务

表4-21-1

江苏增值税专用发票

3208798249

No 183757728

开票日期：2015 年 12 月 4 日

购货方	名　　　称：滨江机械制造股份有限公司					密码区	213*8799>>345/9 234>3455/4123/6 21434*324/32455 087/567/8>7>>>5	加密版本 02 3111000690 19500019	
	纳税人识别号：320100230009700								
	地　址、电　话：滨江市滨江路 219 号								
	开户行及账号：工商银行滨江分行滨江支行 0770180184000180 18								
货物或应税劳务、服务名称	规格型号	单位	数量	单价	金　　额		税率	税　　额	
广告费					300 000.00		6%	18 000.00	
合　　　　计					￥300 000.00			￥18 000.00	
价税合计（大写）	⊗叁拾壹万捌仟元整						（小写）￥318 000.00		
销货方	名　　　称：滨江大众传媒有限公司					备注			
	纳税人识别号：300478253004210								
	地　址、电　话：滨江市景东路 230 号								
	开户行及账号：工商银行虎踞路支行 070780949830850647								

收款人：钟骉　　复核：米组织　　开票人：党元昊　　销货方：（章）

表4-21-2

江苏增值税专用发票

3208798249

No 183757728

开票日期：2015 年 12 月 4 日

购货方	名　　　称：滨江机械制造股份有限公司					密码区	213*8799>>345/9 234>3455/4123/6 21434*324/32455 087/567/8>7>>>5	加密版本 02 3111000690 19500019	
	纳税人识别号：320100230009700								
	地　址、电　话：滨江市滨江路 219 号								
	开户行及账号：工商银行滨江分行滨江支行 0770180184000180 18								
货物或应税劳务、服务名称	规格型号	单位	数量	单价	金　　额		税率	税　　额	
广告费					300 000.00		6%	18 000.00	
合　　　　计					￥300 000.00			￥18 000.00	
价税合计（大写）	⊗叁拾壹万捌仟元整						（小写）￥318 000.00		
销货方	名　　　称：滨江大众传媒有限公司					备注			
	纳税人识别号：300478253004210								
	地　址、电　话：滨江市景东路 230 号								
	开户行及账号：工商银行虎踞路支行 070780949830850647								

收款人：钟骉　　复核：米组织　　开票人：党元昊　　销货方：（章）

表4-21-3

工商银行
转账支票存根

支票号码　No 233574680

附加信息

出票日期　2015 年 12 月 4 日

收款人：	滨江大众传媒有限公司
金　　额：	¥318 000.00
用　　途：	广告费
备　　注：	

单位主管　李南　　　会计　阳丽
复　核　　　　　　　记账

表4-22-1

工商银行
转账支票存根

支票号码　No 233574683

附加信息

出票日期　2015 年 12 月 5 日

收款人：	滨江机械制造股份有限公司
金　　额：	¥600 000.00
用　　途：	第三方存管
备　　注：	

单位主管　李南　　　会计　阳丽
复　核　　　　　　　记账

表4-22-2

中国工商银行
证券保证金存取委托书

2015 年 12 月 5 日　　　№11243456

账户	1101465999	银行存款账号	0770180184000018018
转账金额	¥600 000.00	转账方式	支票
兹委托中国工商银行办理上述证券保证金存取业务，经核对银行打印内容正确无误。			

流水号　190764390876　　　　　　　　　　　操作员 33567

第二联　付款单位记账凭证

表4-23-1

附件

记账凭证说明

　　根据 2015 年 11 月 1 日滨江机械制造股份有限公司第三届三次股东大会决议，并经滨江市证券管理办公室临证办【2014】158 号文件批准，公司对年初股份数 100 000 000 股按 10：3 进行配股，共配售 30 000 000 股，配股价为每股 4.00 元，其中股本每股为 1 元。本次配股的主承销商为民族证券公司，已签订承销协议。民族证券公司承销费为总价的3%。

　　附件如下：
　　配股文件备查公司文件 LJXH—12—01。
　　配股承销合同备查公司文件 LJXHHT—12—01。

滨江机械制造
股份有限公司
财务专用章

　　　　　　　　　　财务总监：李南
　　　　　　　　　　　　　　　2015 年 12 月 5 日

表4-23-2

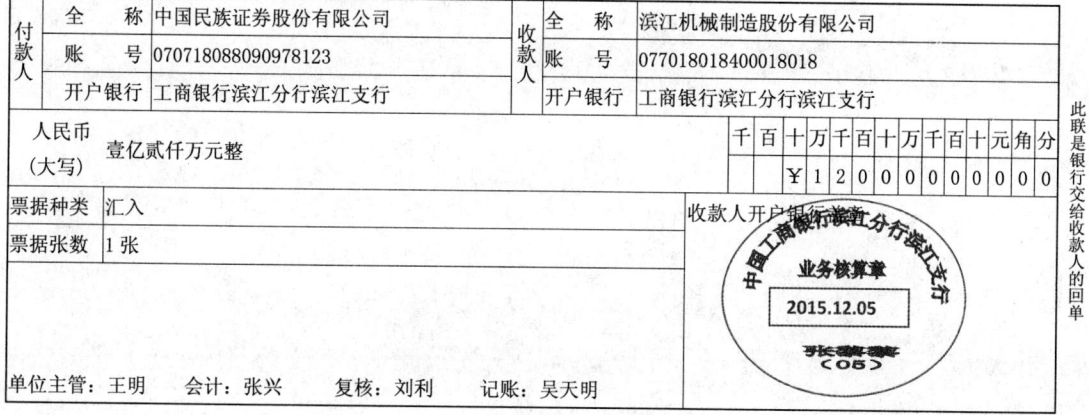

表4-23-3 银行代收费业务专用发票

发票代码 10010987
发票号码 20980765
密　码 39089076

付款单位(个人)：滨江机械制造股份有限公司

开票日期 2015 年 12 月 5 日

委托单位	中国民族证券公司滨江公司	代收费单位	工行滨江支行
代收债券承销费用			
合计人民币(大写)叁佰陆拾万元整			(小写)3 600 000.00

代收费单位(盖章)：　　　　复核人：王力　　　　收款人：李季

表4-24-1

第四章 经济业务

表4-24-2

3209887249

江苏增值税专用发票

No 183775728

开票日期：2015 年 12 月 5 日

购货方	名　　　称：滨江机械制造股份有限公司 纳税人识别号：320100230009700 地　址、电话：滨江市滨江路 219 号 开户行及账号：工商银行滨江分行滨江支行 077018018400018018	密码区	213*8799>>345/9　加密版本 02 234>3455/4123/6　3407560090 21434*324/32455 087/567/8>7>>>5　19586609

货物或应税劳务、服务名称	规格型号	单位	数量	单价	金　额	税率	税　额
律师服务费					30 000.00	6%	1 800.00
合　　计					￥30 000.00		￥1 800.00
价税合计（大写）	⊗叁万壹仟捌佰元整				（小写）￥31 800.00		

销货方	名　　　称：滨江平准律师事务所有限公司 纳税人识别号：3208750880894869 地　址、电话：滨江市中山北路 223 号 开户行及账号：工商银行滨江市河西支行 0700871401880810 10	备注	

收款人：平英雄　　复核：张进财　　开票人：宇文朱安　　销货方：(章)

第三联　发票联　购货方记账凭证

表4-24-3

3209887249

江苏增值税专用发票

No 183775728

开票日期：2015 年 12 月 5 日

购货方	名　　　称：滨江机械制造股份有限公司 纳税人识别号：320100230009700 地　址、电话：滨江市滨江路 219 号 开户行及账号：工商银行滨江分行滨江支行 077018018400018018	密码区	213*8799>>345/9　加密版本 02 234>3455/4123/6　3407560090 21434*324/32455 087/567/8>7>>>5　19586609

货物或应税劳务、服务名称	规格型号	单位	数量	单价	金　额	税率	税　额
律师服务费					30 000.00	6%	1 800.00
合　　计					￥30 000.00		￥1 800.00
价税合计（大写）	⊗叁万壹仟捌佰元整				（小写）￥31 800.00		

销货方	名　　　称：滨江平准律师事务所有限公司 纳税人识别号：3208750880894869 地　址、电话：滨江市中山北路 223 号 开户行及账号：工商银行滨江市河西支行 0700871401880810 10	备注	

收款人：平英雄　　复核：张进财　　开票人：宇文朱安　　销货方：(章)

第二联　抵扣联　购货方扣税凭证

表4-25-1

```
           工商银行
         转账支票存根
           支票号码  No 233574888
附加信息


出票日期   2015 年 12 月 5 日
收款人：滨江方正计算机销售有限公司
金  额：¥58 500.00
用  途：购设备(计算机)款
备  注：
单位主管  李南       会计  阳丽
复  核              记账
```

表4-25-2

3280979240

江苏增值税专用发票

No 013027568
开票日期：2015 年 12 月 5 日

购货方	名称：滨江机械制造股份有限公司 纳税人识别号：320100230009700 地址、电话：滨江市滨江路 219 号 开户行及账号：工商银行滨江分行滨江支行 077018018400018018	密码区	213*8799>>345/9 234>3455/4123/6 21434*324/32455 087/567/8>7>>>5	加密版本 02 3407444690 19580444

货物或应税劳务、服务名称	规格型号	单位	数量	单价	金额	税率	税额
管理设备(计算机)	SM340	台	5	10 000	50 000.00	17	8 500.00
合 计					¥50 000.00		¥8 500.00

价税合计(大写)	⊗伍万捌仟伍佰元整	(小写)58 500.00

销货方	名称：滨江方正计算机销售有限公司 纳税人识别号：230123454389087 地址、电话：滨江市研究院路 222 号 开户行及账号：建设银行 077018018400234006	备注	滨江方正计算机销售有限公司 230123454389087 发票专用章

收款人：郑晓莹   复核：王绰   开票人：安洁德   销货方：(章)

第三联 发票联 购货方记账凭证

第四章 经济业务

表4-25-3 3280979240

江苏增值税专用发票

No 013027568
开票日期：2015年12月5日

购货方	名　称：滨江机械制造股份有限公司 纳税人识别号：320100230009700 地　址、电　话：滨江市滨江路219号 开户行及账号：工商银行滨江分行滨江支行 077018018400018018	密码区	213*8799>>345/9 234>3455/4123/6 21434*324/32455 087/567/8>7>>>5	加密版本 02 3407444690 19580444

货物或应税劳务、服务名称	规格型号	单位	数量	单价	金　额	税率	税　额
管理设备(计算机)	SM340	台	5	10 000	50 000.00	17	8 500.00
合　计					￥50 000.00		￥8 500.00

价税合计（大写）	⊗伍万捌仟伍佰元整	（小写）58 500.00

销货方	名　称：滨江方正计算机销售有限公司 纳税人识别号：230123454389087 地　址、电　话：滨江市研究院路222号 开户行及账号：建设银行 077018018400234006	备注	滨江方正计算机销售有限公司 230123454389087 发票专用章

收款人：郑晓莹　　复核：王绰　　开票人：安洁德　　销货方：(章)

表4-25-4 **滨江机械制造股份有限公司固定资产交接(验收)单**

验收日期　2015年12月5日　　　　　　　No 456765433

固定资产编号	名称	规格	型号	计量单位	数量	建造单位	建造编号	资金来源	附属技术资料
D33	电脑	XS-56	SM340	台	5	方正	SM-045	自有	说明书

总价 (净值：元)	工程费	设备费	安装费	运杂费	包装费	其他	合　计	预计年限	净产值率
		50 000					50 000.00	4	
	管理用设备					原值	50 000.00	已提折旧	0

备　注	管理部门	滨江机械制造股份有限公司 验收人签章 财务专用章	原钟鸣	使用人签章	武源

表4-26-1 **滨江机械制造股份有限公司材料入库单**

验收日期　2015年12月5日　　　　　　　No 347210

供货单位	苏州夏华材料有限公司	存放地点	(略)

材料名称及规格	计量单位	数量		单价	运杂费	合　计	单位成本
		发票	实收				
甲材料	千克	14 550	14 550	10	0	14 550.00	10.00
					滨江机械制造股份有限公司 财务专用章		

备　注

核算：王丽丽　　主管：徐悦　　保管：典韦　　验收：淳于越

表4-27-1

```
           工商银行
          转账支票存根
                     支票号码 No 34598701
   附加信息
   ─────────────────────
   出票日期：2015年12月6日
   收款人：滨江东风物流有限公司
   金  额：¥444.00
   用  途：丙材料运费
   备  注：
   单位主管 李南    会计 阳丽
   复  核         记账
```

表4-27-2

货物运输业增值税专用发票

3105012202

No 50009484

开票日期：2015年12月6日

承运人及纳税人识别号	滨江东风物流有限公司 23257656762579	密码区	213*8799>>345/9　加密版本 02 234>3411/4123/6　3401886690 21434*324/31155 087/117/8>7>>5　19188909
实际受票方及纳税人识别号	滨江机械制造股份有限公司 320100230009700		
收货人及纳税人识别号	滨江机械制造股份有限公司 320100230009700	发货人及纳税人识别号	滨江晓庄材料有限公司 3202404756007799

起运地、经由、到达地

费用项目及金额	费用项目 运输费用	金额 400.00	费用项目	金额	运输货物信息	丙材料

合计金额	400.00	税率	11%	税额	44.00	机器编号	890136841905
价税合计(大写)	⊗肆佰肆拾肆元整					(小计)¥444.00	
车种车号	货车苏 F9608		车船吨位	20	备注		
主管税务机关及代码	滨江市滨江区国家税务局——滨江分局 3421045						

收款人：王勇　　复核人：庄周　　开票人：孔鲤　　承运人：(章)

表4-27-3

货物运输业增值税专用发票

3105012202　　　　　　　　　　　　　　　　　　　　　　　　　　　　　　No 50009484

开票日期：2015 年 12 月 6 日

承运人及纳税人识别号	滨江东风物流有限公司 23257656762579	密码区	213*8799>>345/9　加密版本 02 234>3411/4123/6　3401886690 21434*324/31155 087/117/8>7>>>5　19188909
实际受票方及纳税人识别号	滨江机械制造股份有限公司 320100230009700		
收货人及纳税人识别号	滨江机械制造股份有限公司 320100230009700	发货人及纳税人识别号	滨江晓庄材料有限公司 3202404756007799

起运地、经由、到达地

费用项目及金额	费用项目	金额	费用项目	金额	运输货物信息	丙材料
	运输费用	400.00				

合计金额	400.00	税率	11%	税额	44.00	机器编号	890136841905

价税合计(大写)　⊗肆佰肆拾肆元整

车种车号	货车苏 F9608	车船吨位	20	备注	232576567625793

主管税务机关及代码：滨江市滨江区国家税务局——滨江分局　3421045

收款人：王勇　　复核人：庄周　　开票人：孔鲤　　承运人：(章)

表4-27-4

滨江机械制造股份有限公司材料入库单

验收日期　2015 年 12 月 6 日　　　　　　　　　　　　　　　　　　No 34679

供货单位	滨江晓庄材料有限公司			存放地点	材料库		
材料名称及规格	计量单位	数量		实际成本			
		发票	实收	发票价值	运杂费	合 计	单价
丙材料	千克	300	300	45 000	400	4 900	16.34

备注

核算：王丽丽　　主管：徐悦　　保管：典韦　　验收：淳于越

表4-28-1

附件

记账凭证说明

　　本公司购入 2014 年 12 月 6 日购入中国平安（601318）股票 20 000 股，每股面值 1 元，购买价格 25.00 元(每股含已宣告发放但未领取的股利 0.50 元)，手续费 750 元。企业将其划分为交易性金融资产。

财务总监：李南　　　　　　　　　　　　　　　　　2015 年 12 月 6 日

表4-28-2   交　割　单

营业部名：中国民族证券股份有限公司
股东姓名：滨江机械制造股份有限公司
资金账户：1101465911
当前币种：人民币

（滨江机械制造股份有限公司 财务专用章）

成交日期	证券代码	证券名称	交易类型	成交数量	成交均价	成交金额	手续费	印花税	其他杂费	发生金额	账户	市场名称
20151206	601318	中国平安	买入	20 000	25	500 000	750			500 750	A1101465911	上海

表4-29-1   **滨江机械制造股份有限公司请款单**

2015年12月6日　　　　　　　　借字第 21 号

借款人姓名	高伟	借款事由	参加企业管理协会会议
所属部门	厂办		
借款金额 人民币（大写）	贰仟元整	核准借款金额 人民币（大写）	贰仟元整
审批意见：同意借支 12.6　李原灏		归还方式：返回报账	

主管：冯斌　　会计：　　出纳：阳丽　　借款人：高伟

第二联　记账联

表4-30-1   **江苏增值税专用发票**

3279809254　　　　　　　　　　　　　　No 20349089
　　　　　　　　　　　　　　　　　　　开票日期：2015 年 12 月 6 日

购货方	名　　称：滨江机械制造股份有限公司 纳税人识别号：320100230009700 地　址、电　话：滨江市滨江路 219 号 开户行及账号：工商银行滨江分行滨江支行 077018018400018018	密码区	213*8799>345/9　加密版本 02 234>3411/4123/6　3401155690 21434*324/31155 087/117/8>7>>>5　19115509

货物或应税劳务、服务名称	规格型号	单位	数量	单价	金额	税率	税额
辅助材料		千克	1 500	16	24 000.00	17%	4 080.00
合　　计					￥24 000.00		￥4 080.00
价税合计（大写）	⊗贰万捌仟零捌拾元整					（小写）28 080.00	

销货方	名　　称：滨江松源股份有限公司 纳税人识别号：209304879547803 地　址、电　话：滨江市衡山路 911 号 开户行及账号：中国银行滨江分行龙口支行 207701801208407511	备注	（滨江松源股份有限公司 209304879547803 发票专用章）

收款人：松源之一　　复核：祖竹乂　　开票人：龚敏芝　　销货方：（章）

第三联　发票联　购货方记账凭证

第四章 经济业务

表4-30-2 江苏增值税专用发票

No 20349089
开票日期：2015年12月6日

购货方		
名　　称：	滨江机械制造股份有限公司	
纳税人识别号：	320100230009700	
地　址、电话：	滨江市滨江路219号	
开户行及账号：	工商银行滨江分行滨江支行 077018018400018018	

密码区：
213*8799>>345/9
234>3411/4123/6
21434*324/31155
087/117/8>7>>>5

加密版本 02
3401155690
19115509

货物或应税劳务、服务名称	规格型号	单位	数量	单价	金额	税率	税额
辅助材料		千克	1 500	16	24 000.00	17%	4 080.00
合　　计					￥24 000.00		￥4 080.00

价税合计（大写）　⊗贰万捌仟零捌拾元整　　　　　（小写）28 080.00

销货方		
名　　称：	滨江松源股份有限公司	
纳税人识别号：	209304879547803	
地　址、电话：	滨江市衡山路911号	
开户行及账号：	中国银行滨江分行龙口支行 207701801208407511	

备注：（滨江松源股份有限公司 209304879547803 发票专用章）

收款人：松源之一　　复核：祖竹义　　开票人：龚敏芝　　销货方：（章）

表4-30-3 商业承兑汇票（存根） 1

汇票号码 IXVI 8090358

出票日期（大写）：贰零壹伍年壹拾贰月零陆日

付款人	全　称	滨江机械制造股份有限公司	收款人	全　称	滨江松源股份有限公司
	账　号	077018018400018018		账　号	207701801208407511
	开户银行	工商银行滨江分行滨江支行　行号		开户银行	中国银行滨江分行龙口支行　行号

出票金额：人民币（大写）贰万捌仟零捌拾元整　　　￥ 2 8 0 8 0 0 0（百十万千百十元角分）

汇票到期日（大写）：贰零壹陆年零叁月壹拾日

交易合同编码：1167

付款行　行号　　地址：滨江市北京西路79号

本汇票已经承兑，到期无条件付票款。　　本汇票请予以承兑到期付款。

承兑人签章　　　承兑日期　年　月　日

出票人签章：滨江松源股份有限公司 财务专用章　李原灏之印

此联由出票人存查

表4-30-4 滨江机械制造股份有限公司材料入库单

验收日期：2015年12月6日　　　No 4095623

供货单位	滨江松源股份有限公司			存放地点	材料库			
材料名称及规格	计量单位	数量		实际成本				
		发票	实收	发票价值	运杂费	合计	单价	
辅助材料	千克	1 500	1 500	24 000	0	24 000.00	16.00	

备注：滨江机械制造股份有限公司 财务专用章

核算：王丽丽　　主管：徐悦　　保管：典韦　　验收：淳于越

表4-31-1

```
        工商银行
       转账支票存根
        支票号码  No 45370981
附加信息

出票日期  2015 年 12 月 6 日
收款人：滨江人民医院
金　额：¥12 000.00
用　途：住院费
备　注：代垫李明远住院费
单位主管  李南        会计  阳丽
复　核              记账
```

表4-32-1

江苏增值税专用发票

3280796289

No 20834909

开票日期：2015 年 12 月 7 日

购货方	名　称：滨江机械制造股份有限公司 纳税人识别号：320100230009700 地　址、电　话：滨江市滨江路 219 号 开户行及账号：工商银行滨江分行滨江支行 077018018400018018	密码区	213*8799>>345/9 加密版本 02 234>3411/4123/6 3401164690 21434*324/31155 087/117/8>7>>>5 19105909

货物或应税劳务、服务名称	规格型号	单位	数量	单价	金　额	税率	税额
甲材料		千克	1 300	10.50	13 650.00	17%	23 20.50
合　计					¥13 650.00		¥23 20.50

价税合计（大写）	⊗壹万伍仟玖佰柒拾元零伍角整	（小写）15 970.50

销货方	名　称：上海天浩材料股份有限公司 纳税人识别号：310436609096518 地　址、电　话：上海市莘庄 2134 号 开户行及账号：农业银行莘庄支行 210580480300312790	备注	

收款人：尚婕妤   复核：海丽玉   开票人：田红红   销货方：（章）

表4-32-2

货物运输业增值税专用发票

2101501269　　　　　　　　　　　　　　　　　　　　　　　No 220089375
开票日期：2015 年 12 月 7 日

承运人及纳税人识别号	上海集运物流有限公司　447790234678912	密码区	213*8799>>345/9　加密版本 02 234>3411/4123/6　3401105690 21434*324/31155 087/117/8>7>>>5　19156909
实际受票方及纳税人识别号	滨江机械制造股份有限公司　320100230009700		
收货人及纳税人识别号	滨江机械制造股份有限公司　320100230009700	发货人及纳税人识别号	上海天浩材料股份有限公司　310436609096518
起运地、经由、到达地	无锡、滨江		

费用项目及金额	费用项目	金额	费用项目	金额	运输货物信息	甲材料
	配总费用	400.00				

合计金额	400.00	税率	11%	税额	44.00	机器编号	380190946185
价税合计（大写）	⊗肆佰肆拾肆元整					(小计)￥444.00	
车种车号	货车沪 A6348			车船吨位	20	备注	（上海集运物流有限责任公司 447790234678912 发票专用章）
主管税务机关及代码	上海市黄浦区国家税务局——黄浦分局 3104245						

收款人：宋元　　复核人：吴勇　　开票人：晁错　　承运人：（章）

第三联　发票联　受票方记账凭证

表4-32-3

江苏增值税专用发票

3280796289　　　　　　　　　　　　　　　　　　　　　　　No 20834909
开票日期：2015 年 12 月 7 日

购货方	名　称：滨江机械制造股份有限公司 纳税人识别号：320100230009700 地　址、电话：滨江市滨江路 219 号 开户行及账号：工商银行滨江分行滨江支行 077018018400018018	密码区	213*8799>>345/9　加密版本 02 234>3411/4123/6　3401164690 21434*324/31155 087/117/8>7>>>5　19105909

货物或应税劳务、服务名称	规格型号	单位	数量	单价	金　额	税率	税　额
甲材料		千克	1 300	10.50	13 650.00	17%	2 320.50
合　　计					￥13 650.00		￥2 320.50
价税合计（大写）	⊗壹万伍仟玖佰柒拾元零伍角整					(小写) 15 970.50	

销货方	名　称：上海天浩材料股份有限公司 纳税人识别号：310436609096518 地　址、电话：上海市莘庄 2134 号 开户行及账号：农业银行莘庄支行 210580480300312790	备注	（上海天浩材料股份有限公司 310436609096518 发票专用章）

收款人：尚婕好　　复核：海丽玉　　开票人：田红红　　销货方：（章）

第二联　抵扣联　购货方扣税凭证

表4-32-4　　　　　　　　　　货物运输业增值税专用发票　　　　　　　　　No220089375
2101501269　　　　　　　　　　　　　　　　　　　　　开票日期：2015 年 12 月 7 日

承运人及纳税人识别号	上海集运物流有限公司 447790234678912			密码区	213*8799>>345/9　加密版本 02 234>3411/4123/6　3401105690 21434*324/31155 087/117/8>7>>>5　19156909	
实际受票方及纳税人识别号	滨江机械制造股份有限公司 320100230009700					
收货人及纳税人识别号	滨江机械制造股份有限公司 320100230009700			发货人及纳税人识别号	上海天浩材料股份有限公司 310436609096518	
起运地、经由、到达地		无锡、滨江				
费用项目及金额	费用项目 运输费用	金额 400.00	费用项目	金额	运输货物信息	甲材料
合计金额	400.00	税率	11%	税额	44.00	机器编号　380190946185　（小计）￥444.00
价税合计（大写）	⊗肆佰肆拾肆元整					
车种车号	货车沪 A6348			车船吨位	20	备注
主管税务机关及代码	上海市黄浦区国家税务局——黄浦分局 3104245					

收款人：宋元　　复核人：吴勇　　开票人：晁错　　承运人：（章）

表4-32-5　　　ICBC 中国工商银行　　00227890　　　　ICBC 中国工商银行 业务委托书 回执

业务委托书　苏 A32030904　　委托日期 2015 年 12 月 7 日　　　苏 A32030904

汇款方式	☑现金汇款 □转账汇款 □汇票申请书 □本票申请书 □其他			
汇款人	全称	滨江机械制造股份有限公司	收款人	全称 |上海天浩材料股份有限公司
	账号/住址	077018018400018018		账号/地址	2105804803003127 90
	开户行名称	滨江分行滨江支行		开户行名称	农业银行莘庄支行
汇款方式	☑普通 □加急　加急汇款签字		开户银行	上海　省　市
币种及金额（大写）				百十万千百十元角分 ￥ 1 6 4 4 1 4 5 0
用途	材料款		支付密码	

委托人确认上列委托信息填写正确，且已完全理解和接受背面"客户须知"的内容，上列款项及相关费用确认委托人账户内支付

委托人签章

| 银行填写 | □联动收费　□非联动收费　□不收费 | 备　注 | |
| 受理（扫描）：　　　　　　　　　　　　　　　　　审核： | | | |

回执栏：
委托人全称	滨江机械制造股份有限公司
委托人账号	077018018400018018
收款人全称	上海天浩材料股份有限公司
收款人账号	2105804803003127 90
金额	164 414.50
委托日期	2015 年 12 月 07 日

此联为银行受理通知卡。如委托人申请汇票或本票业务，应凭此联领取汇票或本票。

表4-32-6　滨江机械制造股份有限公司材料入库单

验收日期　2015年12月7日　　　　　　　　　　　　　　　　　No 469088

供货单位	上海天浩材料股份有限公司					存放地点	材料库	
材料名称及规格	计量单位	数量		实际成本				
		发票	实收	单价	运杂费	合计	单位成本	
甲材料	千克	1 300	1 298	10.5	400	14 050.00	10.83	
备注	材料运输中合理损耗2千克。							

核算：王丽丽　　　主管：徐悦　　　保管：典韦　　　验收：淳于越

（第三联 会计记账联）

表4-33-1

附件

记账凭证说明

　　2015年12月7日，滨江科技服务有限公司租赁本公司房屋(45栋)到期，企业经研究决定，该房屋在完成改扩建以后将继续用于出租。

（滨江机械制造股份有限公司财务专用章）

财务总监：李南

2015年12月7日

表4-33-2　滨江机械制造股份有限公司材料出库单

领料单位：滨江机械制造股份有限公司
用　　途：房屋改建　　　　　2015年12月7日　　　　　No 862722

编号	材料类别	材料名称及规格	计量单位	数量		成本	金额	
				请领	实领			
	原料及主要材料	丁材料	千克	500	500	15	7 500	
			合　　计				7 500	

领料单位负责人（签字）：王强　　记账：王震　　发料：王乾　　领料：章豪

（第二联 记账联）

表4-33-3

附件

记账凭证说明

　　2015年12月7日，本公司自有房屋出租到期将继续用于出租，房屋进行改建领用原材料，改建房屋属于非应税项目，进项税需要计算转出计入改建房屋的成本，经税务机关批准，可以按其购料时计入进项税的数额转出计算。进项税额为1 700.00元（10 000*17%）。

（滨江机械制造股份有限公司财务专用章）

财务总监：李南

2015年12月7日

第四章 经济业务

表4-34-1

3280566239

江苏增值税专用发票

No 20867012
开票日期：2015 年 12 月 7 日

购货方	名　　称：滨江机械制造股份有限公司 纳税人识别号：320100230009700 地　址、电话：滨江市滨江路 219 号 开户行及账号：工商银行滨江分行滨江支行 077018018400018018	密码区	213*8799>>345/9　加密版本 02 234>3411/4123/6　3401157990 21434*324/31155 087/117/8>7>>>5　19105639

货物或应税劳务、服务名称	规格型号	单位	数量	单价	金　　额	税率	税　额
甲材料		千克	5 000	10	50 000.00	17%	8 500.00
合　　计					￥50 000.00		￥8 500.00

价税合计（大写）	⊗伍万捌仟伍佰元整	（小写）58 500.00

销货方	名　　称：滨江固原化纤有限公司 纳税人识别号：320098609096565 地　址、电话：滨江市杨庄新村 768 号 开户行及账号：农业银行滨江分行杨庄支行 0077580480300311119	备注	（滨江固原化纤有限公司 320098609096565 发票专用章）

收款人：龚谷德　　　　复核：和得利　　　　开票人：宋德友　　　销货方：（章）

表4-34-2

3203251299

货物运输业增值税专用发票

No 50090907
开票日期：2015 年 12 月 7 日

承运人及 纳税人识别号	滨江速达物流有限公司 237870256855809	密码区	213*8799>>345/9　加密版本 02 234>3411/4123/6　3401126690 21434*324/31155 087/117/8>7>>>5　19121909
实际受票方及 纳税人识别号	滨江机械制造股份有限公司 320100230009700		
收货人及 纳税人识别号	滨江机械制造股份有限公司 320100230009700	发货人及 纳税人识别号	滨江固原化纤有限公司 320098609096565

起运地、经由、到达地	滨江市滨江路 219 号

费用项目及金额	费用项目	金额	费用项目	金额	运输货物信息	甲材料
	运输费用	1 000.00				

合计金额	1 000.00	税率	11%	税额	110.00	机器编号	896851409031

价税合计（大写）	⊗壹仟壹佰壹拾元整	（小计）￥1 110.00

车种车号	货车苏 E5092	车船吨位	20	备注	（滨江速达物流有限公司 237870256855809 发票专用章）
主管税务机关 及代码	滨江市滨江区国家税务局——汉江分局 3425104				

收款人：宋元　　　　复核人：秦汉　　　　开票人：唐宋　　　承运人：（章）

表4-34-3　　　　　　　　　江苏增值税专用发票

3280566239　　　　　　　　　　　　　　　　　　　　　　　　No 20867012

　　　　　　　　　　　　　　　抵　扣　联　　　　　　　　　　　开票日期：2015 年 12 月 7 日

购货方	名　　称	滨江机械制造股份有限公司				密码区	213*8799>>345/9　　加密版本 02 234>3411/4123/6　　3401157990 21434*324/31155 087/117/8>7>>>5　　19105639	
	纳税人识别号	320100230009700						
	地　址、电　话	滨江市滨江路 219 号						
	开户行及账号	工商银行滨江分行滨江支行 077018018400018018						
货物或应税劳务、服务名称		规格型号	单位	数量	单价	金　额	税率	税额
甲材料			千克	5 000	10	50 000.00	17%	8 500.00
合　　　计						￥50 000.00		￥8 500.00
价税合计（大写）		⊗伍万捌仟伍佰元整					（小写）58 500.00	
销货方	名　　称	滨江固原化纤有限公司				备注	滨江固原化纤有限公司 320098609096565 发票专用章	
	纳税人识别号	320098609096565						
	地　址、电　话	滨江市杨庄新村 768 号						
	开户行及账号	农业银行滨江分行杨庄支行 007758048030031119						

收款人：龚谷德　　　复核：和得利　　　开票人：宋德友　　　销货方：（章）

表4-34-4　　　　　　　　　货物运输业增值税专用发票

3203251299　　　　　　　　　　　　　　　　　　　　　　　　No 50090907

　　　　　　　　　　　　　　　抵　扣　联　　　　　　　　　　　开票日期：2015 年 12 月 7 日

承运人及 纳税人识别号	滨江速达物流有限公司 237870256855809				密码区	213*8799>>345/9　　加密版本 02 234>3411/4123/6　　3401126690 21434*324/31155 087/117/8>7>>>5　　19121909	
实际受票方及 纳税人识别号	滨江机械制造股份有限公司 320100230009700						
收货人及 纳税人识别号	滨江机械制造股份有限公司 320100230009700			发货人及 纳税人识别号		滨江固原化纤有限公司 320098609096565	
起运地、经由、到达地	滨江市滨江路 219 号						
费用项目及金额	费用项目	金额	费用项目	金额	运输货物信息	甲材料	
	运输费用	1 000.00					
合计金额	1 000.00	税率	11%	税额	110.00	机器编号	896851409031
价税合计（大写）	⊗壹仟壹佰壹拾元整					（小计）￥1 110.00	
车种车号	货车苏 E5092		车船吨位	20	备注	临江速达物流有限公司 237870256855809 发票专用章	
主管税务机关 及代码	滨江市滨江区国家税务局——汉江分局 3425104						

收款人：宋元　　　复核人：秦汉　　　开票人：唐宋　　　承运人：（章）

第四章 经济业务

表4-34-5

中国工商银行 进账单(收账通知) 3
2015年12月7日 第1407号

付款人	全 称	滨江固原化纤有限公司	收款人	全 称	滨江机械制造股份有限公司
	账 号	0077580480300311119		账 号	0770180018400018018
	开户银行	农业银行滨江分行杨庄支行		开户银行	工商银行滨江分行滨江支行

人民币(大写)	叁佰玖拾元整	千	百	十	万	千	百	十	元	角	分
					¥	3	9	0	0	0	0

票据种类	支票	收款人开户银行盖章
票据张数	1张	(中国工商银行滨江分行滨江支行 业务核算章 2015.12.07)

单位主管 会计 复核 记账

此联是银行交给收款人的回单

表4-34-6

滨江机械制造股份有限公司材料入库单

验收日期 2015年12月7日 No 34790

供货单位	滨江固原化纤有限公司			存放地点	材料号库	
材料名称及规格	计量单位	数量		实际成本		
		发票	实收	单价	运杂费	合计	单价
甲材料	千克	5 000	5 000	10	1 000	51 000.00	10.20

(滨江机械制造股份有限公司财务专用章)

备 注

核算:王丽丽 主管:徐悦 保管:典韦 验收:淳于越

第三联 会计记账联

表4-35-1

中国工商银行 进账单(收账通知) 3
2015年12月7日 第1407号

付款人	全 称	滨江上电股份有限公司	收款人	全 称	滨江机械制造股份有限公司
	账 号	701801834287908744		账 号	0770180018400018018
	开户银行	中国银行春城支行		开户银行	工商银行滨江分行滨江支行

人民币(大写)	贰万元整	千	百	十	万	千	百	十	元	角	分
				¥	2	0	0	0	0	0	0

票据种类	支票	收款人开户银行盖章
票据张数	1张	(中国工商银行滨江分行滨江支行 业务核算章 2015.12.07)

单位主管 会计 复核 记账

此联是银行交给收款人的回单

表4-35-2

资金汇划补充凭证　　回单

中国银行

行名：中国银行滨江支行

收款人名称：滨江机械制造股份有限公司

收款人账号：077018018400018018

收款人开户银行：中国银行滨江支行

付款人名称：滨江上电股份有限公司

付款人账号：7018018342879087744

付款人开户银行：中国银行春城支行

大写金额：贰万元整

小写金额：￥20 000.00

发报流水号：754908674584

发报行行名：中国银行春城支行

打印日期：2015.12.07

用途：支付货款

附言：

收报日期：2015年12月7日

业务种类：电汇

收报流水号：222908679087

收报行行号：467908780976

发报日期：2015.12.7

延时付款指令：非延时付款

收电：李艾云　　　　复核：晓洁　　　　记账：

表4-35-3

滨江机械制造股份有限公司应收账款注销凭证

2015年12月7日　　　　　　　　　　编号：2309876

欠款单位	金　额	年　限	备　　注
滨江上电股份有限公司	20 000.00	3.8	债务人已破产，债务清偿后剩余部分
注销原因		债务人破产，回收无望。	

处理意见	财务部	财务总监	董事会审批	董事长
	滨江机械制造股份有限公司坏账处理财务专用章	李南	同意注销	李原灏

制单：王恒有　　复核：龚虹波　　记账：张任　　出票（章）

注：本单据为复印件

第三联　会计记账联

表4-36-1

表4-36-2

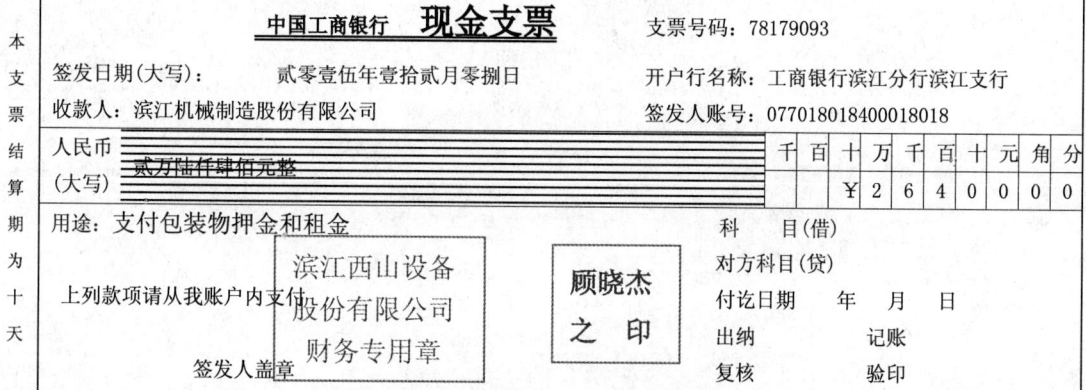

表4-36-3 滨江机械制造股份有限公司收款收据

2015年12月8日

收款单位	滨江机械制造股份有限公司	缴款单位	滨江西山设备股份有限公司	金 额						
金 额(大写)	人民币叁仟元整			万	千	百	十	元	角	分
					¥3	0	0	0	0	0
事 由	包装物押金		备注：转账	滨江机械制造股份有限公司 财务专用章						

收款人：毛利　　单位负责人：黎明　　经手人：齐毅力

第四章 经济业务

表4-36-4 **滨江机械制造股份有限公司低易耗品领用单** 字第71824号

2015年12月8日 单位：元

发货地点	材料库			领用单位	滨江西山设备股份有限公司			备 注			
编号	名 称	单位	规格	申请领用			单据张数	实际发出			
				数量	单价	金额		数量	单价	金 额	
	Ⅱ型包装物			500	6.00	3 000.00	1	500	6.00	3 000.00	
	合 计									3 000.00	

会计：张任   保管：明书杰   供应部门负责人：温晓波   制单：郑洁

第三联 记账联

表4-37-1 **滨江机械制造股份有限公司职工生活困难补助申请表**

申请人：刘芳   2015年12月8日   编号：08543

部门	后勤服务公司	薪金收入	1 000.00	家庭收入	1 402.00
				补助性质	临时
补助原因	家庭成员身体原因，致使收入锐减。			申请金额	壹仟元整
部门意见	建议补助 滨江机械制造 胡利萍 股份有限公司 2015年12月8日 财务专用章	工会意见	同意 现金付讫 黎明 2015.12.8	收据	今收到困难补助人民币壹仟元整 领款人(签字)：刘芳 2015年12月8日

制单：冯毅   复核：洪流   记账：王丽   出票（章）

第三联 会计记账联

表4-38-1

工商银行
现金支票存根

支票号码 No 89067

附加信息

出票日期 2015年12月8日

收款人：滨江机械制造股份有限公司
金 额：¥29 200.00
用 途：支付职工离职补偿金
备 注：

单位主管 李南   会计 阳丽
复 核   记账

表4-38-2　滨江机械制造股份有限公司辞退员工福利汇总表

2015年12月8日

部门		人数	标准	姓名	应发福利	扣款项目	实发福利	签字
一车间	生产工人 W01	1	2 400	尚堂萌	2 400		2 400	尚堂萌
	生产工人 W02	1	2 400	钟青	2 400		2 400	钟青
	管理人员	1	3 500	卿元	3 500		3 500	卿元
二车间	生产工人 W03	1	2 400	宋霞	2 400		2 400	宋霞
	管理人员	1	3 500	袁青	3 500		3 500	袁青
企业管理人员		1	5 000	秦汉	5 000		5 000	秦汉
		1	5 000	韩汤	5 000	现金付讫	5 000	韩汤
		1	5 000	夏津	5 000		5 000	夏津
合计					29 200		29 200	

制单：王丽　　复核：张任　　主管：侯明军　　会计：鞠成菊

表4-38-3　滨江机械制造股份有限公司辞退职工补偿金一览表

2015年12月8日

职位（计费项目）	辞退数量（人）	工龄（年）	补偿标准（元）	金额
行政主管（管理费用）	3	10—15	5 000	15 000.00
车间管理（制造费用）	2	15—20	3 500	7 000.00
一般工人（生产成本）	3	1—5	2 400	7 200.00
合计	8			29 200.00

制单：王丽　　复核：张任　　主管：侯明军　　会计：鞠成菊

表4-39-1　江苏增值税专用发票

3287906211

No 44879076

开票日期：2015年12月8日

购货方	名称：滨江机械制造股份有限公司			密码区	213*8799>>345/9 234>3411/4123/6 21434*324/31155 087/117/8>7>>>5	加密版本 02 3477766690 19777909	
	纳税人识别号：320100230009700						
	地址、电话：滨江市滨江路219号						
	开户行及账号：工商银行滨江分行滨江支行 0770180184000180818						

货物或应税劳务、服务名称	规格型号	单位	数量	单价	金额	税率	税额
水泥	160#	袋	10 000	55	550 000.00	17%	93 500.00
红砖		块	1 000 000	0.3	300 000.00	17%	51 000.00
其他建材		套	10 000	25	250 000.00	17%	42 500.00
合计					￥1 100 000.00		￥187 000.00
价税合计（大写）		⊗壹佰贰拾捌万柒仟元整				（小写）1 287 000.00	

销货方	名称：滨江三山建材有限公司	备注
	纳税人识别号：223300987245709	
	地址、电话：滨江市三山路114号	
	开户行及账号：工商银行三山支行 007701801834258890	

收款人：葛芳波　　复核：德丰　　开票人：景留芳　　销货方：（章）

第四章 经济业务

表4-39-2　　　　　　　　江苏增值税专用发票

3287906211　　　　　　　　　　　　　　　　　　　　　　　No 44879076

开票日期：2015 年 12 月 8 日

购货方	名　称	滨江机械制造股份有限公司					密码区	213*8799>>345/9 234>3411/4123/6 21434*324/31155 087/117/8>7>>>5	加密版本 02 3477766690 19777909
	纳税人识别号	320100230009700							
	地址、电话	滨江市滨江路 219 号							
	开户行及账号	工商银行滨江分行滨江支行 077018018400018018							

货物或应税劳务、服务名称	规格型号	单位	数　量	单价	金　额	税率	税　额
水泥	160#	袋	10 000	55	550 000.00	17%	93 500.00
红砖		块	1 000 000	0.3	300 000.00	17%	51 000.00
其他建材		套	10 000	25	250 000.00	17%	42 500.00
合　计					￥1 100 000.00		￥187 000.00
价税合计（大写）		⊗壹佰贰拾捌万柒仟元整				（小写）1 287 000.00	

销货方	名　称	滨江三山建材有限公司	备注
	纳税人识别号	223300987245709	
	地址、电话	滨江市三山路 114 号	
	开户行及账号	工商银行三山支行 007701801834258890	

收款人：葛芳波　　复核：德丰　　开票人：景留芳　　销货方：（章）

表4-39-3　　　　　　　　货物运输业增值税专用发票

3250213230　　　　　　　　　　　　　　　　　　　　　　　No 50489004

开票日期：2015 年 12 月 8 日

承运人及纳税人识别号	滨江航远物流有限公司 233456567634321			密码区	213*8799>>345/9 234>3411/4123/6 21434*324/31155 087/117/8>7>>>5	加密版本 02 3400006690 19109909
实际受票方及纳税人识别号	滨江机械制造股份有限公司 320100230009700					
收货人及纳税人识别号	滨江机械制造股份有限公司 320100230009700		发货人及纳税人识别号	滨江三山建材有限公司 223300987245709		
起运地、经由、到达地	滨江市滨江路 219 号					

费用项目及金额	费用项目	金额	费用项目	金额	运输货物信息	建筑材料
	运输费用	110 000.00				

合计金额	110 000.00	税率	11%	税额	12 100.00	机器编号	803415160989
价税合计（大写）	⊗壹拾贰万贰仟壹佰元整					（小计）￥122 100.00	
车种车号	货车苏 E9502 等		车船吨位	40	备注		
主管税务机关及代码	滨江市滨江区国家税务局——滨江分局 3204231						

收款人：明远　　复核人：闵国　　开票人：洪翔　　承运人：（章）

第四章 经济业务

表4-39-4

货物运输业增值税专用发票

3250213230

No 50489004

开票日期：2015 年 12 月 8 日

承运人及 纳税人识别号	滨江航远物流有限公司 233456567634321			密码区	213*8799>>345/9　　加密版本 02 234>3411/4123/6　　3400006690 21434*324/31155 087/117/8>7>>>5　　19109909	
实际受票方及 纳税人识别号	滨江机械制造股份有限公司 320100230009700					
收货人及 纳税人识别号	滨江机械制造股份有限公司 320100230009700			发货人及 纳税人识别号	滨江三山建材有限公司 223300987245709	
起运地、经由、到达地	滨江市滨江路 219 号					
费用项目及金额	费用项目 运输费用	金额 110 000.00	费用项目	金额	运输货物信息	建筑材料
合计金额	110 000.00	税率	11%	税额	12 100.00	机器编号 803415160989
价税合计（大写）	⊗壹拾贰万贰仟壹佰元整					
车种车号	货车苏 E9502 等		车船吨位	40	备注	232576567625793
主管税务机关 及代码	滨江市滨江区国家税务局——滨江分局 3204231					

收款人：明远　　　　复核：闵国　　　　开票人：洪翔　　　　承运人：（章）

表4-39-5

建设银行
转账支票存根

支票号码　No 44489321

附加信息

出票日期　2015 年 12 月 8 日

收款人：滨江三山建材有限公司

金　额：¥122 100.00

用　途：运费及补付 建筑材料款

备　注：

单位主管　李南　　　会计　阳丽

复　核　　　　　　　记账

表4-39-6

滨江机械制造股份有限公司材料采购运杂费分配表

编制日期 2015 年 12 月 8 日

发货单位	滨江三山建材有限公司			
材料名称	分配标准（元）	分配率	分配金额	备注
水 泥	550 000	0.1	55 000	
红 砖	300 000		30 000	
其他材料	250 000		25 000	
合 计	1 100 000		110 000	

核算：张任　　　主管：邓小洋　　　保管：典韦　　　验收：淳于越

表4-39-7

滨江机械制造股份有限公司工程物资验收单

验收日期 2015年12月8日　　　　　　　　　　　　No 34889

供货单位	滨江三山建材有限公司				存放地点	建筑材料库	
材料名称及规格	计量单位	数量		实际成本			
		发票	实收	发票价值	运杂费	合计	单价
水泥	袋	10 000	10 000	550 000	55 000	605 000.00	60.50
红砖	块	1 000 000	1 000 000	300 000	30 000	330 000.00	0.33
其他建材		10 000	10 000	250 000	25 000	275 000.00	27.50
备 注							

核算：何平　　主管：吴君　　保管：温商军　　验收：王菊丽

（滨江机械制造股份有限公司 财务专用章）

表4-40-1

附件

记账凭证说明

本公司提前出售2014年12月8日出售持有至到期投资南京金龙钢铁股份有限公司的债券的20%，市价为2 500 000.00元，收到销售收入500 000.00元，已存入工商银行基本账户。企业将剩余持有至到期投资重新划分为可供出售金融资产。

财务总监：李南

2015年12月8日

（滨江机械制造股份有限公司 财务专用章）

表4-40-2

交 割 单

营业部名：中国民族证券股份有限公司
股东姓名：滨江机械制造股份有限公司
资金账户：1101465911
当前币种：人民币

成交日期	证券代码	证券名称	交易类型	成交数量	成交均价	成交金额	手续费	印花税	其他杂费	发生金额	账户	市场名称
20151208	800909	金龙债券	卖出	500 500	1005	500 500	500			500 000	A1101465911	上海

（滨江机械制造股份有限公司 财务专用章）

表4-40-3

附件

记账凭证说明

本公司2015年12月8日将剩余持有至到期投资重新划分为可供出售金融资产。重分类日：

剩余债权账面价值=（2 000 000+（82 030-14 260））*80%=1 654 216（元）

剩余债券市价=2 500 000*80%=2 000 000（元）

差额=2 000 000-1 654 216=345 784（元）

财务总监：李南

2015年12月8日

（滨江机械制造股份有限公司 财务专用章）

表4-41-1 **滨江机械制造股份有限公司固定资产交接(验收)单**

收日期 2015年12月9日　　　　No 45676879

调出单位	滨江机械制造股份有限公司			调入单位	滨江果美家具有限公司			
固定资产编号	名称	规格	型号	单位	数量	建造单位	建造编号	来源	附属技术资料
B37	办公桌	1.5m²	BG1.5	张	5			购买	说明书
总价(净值:元)	工程费	设备费 10 000	安装费	运费	包装费	其他	合计 10 000	预计年限 4	净产值率 0.1%
用途	管理用设备					原值 10 000	已提折旧		
备注				管理部门		原钟鸣	验收人签章	武源	

制单:张峰意　　复核:李丽梨　　记账:王丽　　保管:葛明

表4-41-2 **江苏增值税专用发票**

3908762211　　　　　　　　　　　　　　　No 1101270998

开票日期:2015年12月9日

购货方	名 称	滨江机械制造股份有限公司				密码区	213*8799>>345/9　加密版本 02 234>3411/4123/6　3401161190 21434*324/31155 087/117/8>7>>>5　19110119	
	纳税人识别号	320100230009700						
	地址、电话	滨江市滨江路219号						
	开户行及账号	工商银行滨江分行滨江支行 0770180184000180018						
货物或应税劳务、服务名称	规格型号	单位	数量	单价	金额	税率	税额	
办公桌	1.5m²	张	5	2 000	10 000.00	17%	1 700.00	
合　计					¥10 000.00		¥1 700.00	
价税合计(大写)	⊗壹万壹仟柒佰元整					(小写)11 700.00		
销货方	名 称	滨江果美家具有限公司				备注		
	纳税人识别号	100298038405908						
	地址、电话	滨江市太子山路111号						
	开户行及账号	农业银行莘庄支行太子山路分理处 20339654						

收款人:肖艺宣　　复核:乐乐乐　　开票人:庄杜丽　　销货方:(章)

表4-41-3 **江苏增值税专用发票**

3908762211　　　　　　　　　　　　　　　No 1101270998

开票日期:2015年12月9日

购货方	名 称	滨江机械制造股份有限公司				密码区	213*8799>>345/9　加密版本 02 234>3411/4123/6　3401161190 21434*324/31155 087/117/8>7>>5　19110119	
	纳税人识别号	320100230009700						
	地址、电话	滨江市滨江路219号						
	开户行及账号	工商银行滨江分行滨江支行 0770180184000180018						
货物或应税劳务、服务名称	规格型号	单位	数量	单价	金额	税率	税额	
办公桌	1.5m²	张	5	2 000	10 000.00	17%	1 700.00	
合　计					¥10 000.00		¥1 700.00	
价税合计(大写)	⊗壹万壹仟柒佰元整					(小写)11 700.00		
销货方	名 称	滨江果美家具有限公司				备注		
	纳税人识别号	100298038405908						
	地址、电话	滨江市太子山路111号						
	开户行及账号	农业银行莘庄支行太子山路分理处 20339654						

收款人:肖艺宣　　复核:乐乐乐　　开票人:庄杜丽　　销货方:(章)

表4-41-4

工商银行
转账支票存根

支票号码　No 44489321

附加信息

出票日期　2015 年 12 月 9 日
收款人：滨江果美家具有限公司
金　　额：¥11 700.00
用　　途：购买办公桌运费
备　　注：
单位主管　李南　　会计　阳丽
复　核　　　　　　记账

表4-42-1

工商银行
转账支票存根

支票号码　No 45789720

附加信息

出票日期　2015 年 12 月 9 日
收款人：滨江航远物流有限公司
金　　额：¥444.00
用　　途：捐赠电脑运费
备　　注：
单位主管　李南　　会计　阳丽
复　核　　　　　　记账

表4-42-2

货物运输业增值税专用发票

3237613249

No 70489384

开票日期 2015 年 12 月 9 日

承运人及纳税人识别号	滨江航远物流有限公司 233456567634321			密码区	213*8799>>345/9　　加密版本 02 234>3411/4123/6　　3401122690 21434*324/31155 087/117/8>7>>>5　　19122909
实际受票方及纳税人识别号	滨江机械制造股份有限公司 320100230009700				
收货人及纳税人识别号	滨江机械制造股份有限公司 320100230009700			发货人及纳税人识别号	滨江市三地计算机销售有限公司 320097002000301
起运地、经由、到达地	滨江市滨江路 219 号				
费用项目及金额	费用项目 运输费用	金额 400.00	费用项目	金额	运输货物信息：电子计算机
合计金额　400.00	税率　11%		税额　44.00	机器编号　816098034159	
价税合计（大写）　⊗肆佰肆拾肆元整				（小写）	
车种车号　货车苏 E2509			车船吨位　20	备注	
主管税务机关及代码	滨江市滨江区国家税务局——滨江分局 3204231				

收款人：明远　　复核人：闵国　　开票人：洪翔　　承运人：（章）

表4-42-3

货物运输业增值税专用发票

3237613249　　　　　　　　　　　　　　　　　　　　　　No 70489384

开票日期 2015 年 12 月 9 日

承运人及纳税人识别号	滨江航远物流有限公司　233456567634321	密码区	213*8799>>345/9　　加密版本 02　234>3411/4123/6　　3401122690　21434*324/31155　087/117/8>7>>>5　　19122909
实际受票方及纳税人识别号	滨江机械制造股份有限公司　320100230009700		
收货人及纳税人识别号	滨江机械制造股份有限公司　320100230009700	发货人及纳税人识别号	滨江市三地计算机销售有限公司　320097002000301
起运地、经由、到达地	滨江市滨江路 219 号		

费用项目及金额	费用项目	金额	费用项目	金额	运输货物信息	电子计算机
	运输费用	400.00				

合计金额	400.00	税率	11%	税额	44.00	机器编号	816098034159

价税合计(大写)	⊗肆佰肆拾肆元整	(小写)￥444.00
车种车号	货车苏 E2509	车船吨位 20
主管税务机关及代码	滨江市滨江区国家税务局——滨江分局　3204231	备注　232576567625793

收款人：明远　　复核人：闵国　　开票人：洪翔　　承运人：(章)

表4-42-4

滨江机械制造股份有限公司固定资产交接(验收)单

收日期　2015 年 12 月 9 日　　　　　　　　　　　　　　　　No 45676879

调出单位	滨江市三地计算机销售有限公司			调入单位	滨江机械制造股份有限公司			
固定资产编号	名称	规格	型号	单位	数量	建造单位	建造编号	资金来源	附属技术资料
D36	电脑	SM-300	BM12	台	5	IBM	JM-045	捐赠	说明书
总价(净值：元)	工程费	设备费 20 000	安装费	运费 400	包装费	其他	合计 20 400	预计年限 4	净产值率 0.1%
用途	管理用设备					原值	20 400	已提折旧	
备注				管理部门		原钟鸣	验收人签章	武源	

制单：王丽　　复核：张任　　记账：王丽　　保管：武源

表4-43-1

滨江机械制造股份有限公司固定资产调出单

2015 年 12 月 9 日

固定资产名称	规格型号	单位	数量	预计使用年限	已使用年限	原始价值	计提折旧	公允价值
数控机床		台	1	10	2	2 000 000	400 000	1 800 000

固定资产调出原因	南华化工厂长期股权投资

处理意见	使用部门	管理部门	车间领导	董事会	董事长
	同意调出	同意调出	王明琪	同意投资	李原灏

表4-43-2

附件	
记账凭证说明	
2015年12月9日，公司以一套数控机床设备对南华化工厂长期股权投资，该套设备账面价值2 000 000元，已提折旧400 000元，公允价值1 800 000元。投资后，本公司对被投资企业拥有被投资方股权的55%。投资日南华化工厂与滨江机械制造股份有限公司不存在任何关系。 合同备查公司文件LJXH—12—02。	
滨江机械制造股份有限公司财务专用章　　财务总监：李南	
	2015年12月9日

表4-44-1　**中国工商银行滨江分行(滨江支行)借记/贷记通知(贷记)**

流水号：435456557　　　　　　　　　　　　　交易日期：2015年12月9日

收款单位全称：滨江机械制造股份有限公司	
收款单位账号：0770180184000180l8	凭证编号：
付款单位全称：上海松山矿产开发有限公司	银行名称：建设银行莘庄支行
付款单位账号：0201309600049850823	起息日期：2015年12月9日
交易名称：滨江直接款	交易金额：RMB702000.00
摘要：收取银行承兑汇票款	

注：如果日期、流水号、摘要、金额相同，系重复打印。　　　　　经办柜员：11017352

2015—12—09　10:22:30

表4-44-2　**中国工商银行滨江分行(滨江支行)借记/贷记通知(贷记)**

流水号：435457807　　　　　　　　　　　　　交易日期：2015年12月9日

收款单位全称：滨江机械制造股份有限公司	
收款单位账号：0770180184000180l8	凭证编号：
付款单位全称：滨江皇明器材有限公司	银行名称：中信银行玄武支行
付款单位账号：0780309600046458651	起息日期：2015年12月9日
交易名称：滨江直接款	交易金额：RMB23000.00
摘要：收回包装物押金	

注：如果日期、流水号、摘要、金额相同，系重复打印。　　　　　经办柜员：11017352

2015—12—09　10:24:10

表4-44-3

记账凭证说明
2015年12月9日，收到开户行转来滨江龙山科技有限公司到期的商业承兑汇票拒付证明，龙山公司以我公司发出的产品质量存在问题，且在购销合同签订过程中，有意隐瞒产品存在质量缺陷，故而拒付该票款。
财务总监　李南　　　滨江机械制造股份有限公司财务专用章
2015年12月9日

表4-44-4

商业承兑汇票拒付证明书

一、拒绝支付商业承兑汇票事项如下：

票据名称：商业汇票，种类：商业承兑；收款人：滨江机械制造股份有限公司

承兑人：滨江龙山科技有限公司

票号：IXVI 4690908，出票时间：2015年10月1日；到期日：2015年12月1日；

票面金额：人民币 436 000 元，交易合同号：4908；

承兑条件：验货付款

二、拒绝付款的事实依据和法律依据：

　　1.企业产品质量验收证明（略）；

　　2.国家产品质量标准（略）

三、拒绝承兑、付款的时间：

　　2015年12月1日

四、拒绝承兑人、拒绝付款人的签章：

2015年12月1日

表4-45-1　　**中国工商银行　现金解款单**

币别：人民币　　2015年12月9日　　流水号：348907659087

单位填写	收款单位	滨江机械制造股份有限公司	交款人	滨江机械制造股份有限公司
	账号	0770180184000180 18	款项来源	销售货款
	(大写) 贰万零玖佰捌拾柒元叁角贰分			￥ 20 987.32

银行确认栏：

　　会计确认栏：收款账号：0770180184000180 18

　　　　　　　收款人户名：滨江机械制造股份有限公司

　　　　　　　缴款人名称：滨江机械制造股份有限公司

交易码　　收付　　金额
11014659　　收　　20 987.32

收入金额：20 987.32
实收金额：20 987.32

交易日期　2015.12.09　　现金回单（无银行打印记录及银行签章此单无效）

第二联　客户回单

表4-46-1

```
           工商银行
          转账支票存根
       支票号码  No 44489789
   附加信息

   出票日期   2015 年 12 月 10 日
   收款人：滨江金蝶会计软件有限公司
   金  额：¥2 120.00
   用  途：培训费
   备  注：
   单位主管  李南      会计  阳丽
   复  核              记账
```

表4-46-2

江苏增值税专用发票
发票联

3908762281　　　　　　　　　　　　　　　　　　　　　　　　　　　No 1271109809
开票日期：2015 年 12 月 10 日

购货方	名　　　称：	滨江机械制造股份有限公司					密码区	213*8799>>345/9 234>3411/4123/6 21434*324/31155 087/117/8>7>>>5	加密版本 02 3400061190 00010119
	纳税人识别号：	320100230009700							
	地址、电话：	滨江市滨江路 219 号							
	开户行及账号：	工商银行滨江分行滨江支行 077018018400018018							
货物或应税劳务、服务名称		规格型号	单位	数量	单价	金额		税率	税额
会计软件服务费			人	5	400	2 000.00		6%	120.00
合　　计						¥2 000.00			¥120.00
价税合计（大写）		⊗贰仟壹佰贰拾元整						（小写）2 120.00	
销货方	名　　　称：	滨江金蝶会计软件有限公司					备注	 滨江金蝶会计软件有限公司 102908038400859 发票专用章	
	纳税人识别号：	102908038400859							
	地址、电话：	滨江市太子山路 890 号							
	开户行及账号：	农业银行莘庄支行 008900769020339654							

收款人：刘世菊　　　复核：柳树　　　开票人：杨巨德　　　销货方：（章）

表4-46-3

江苏增值税专用发票

3908762281 No 1271109809
开票日期：2015 年 12 月 10 日

购货方	名　　称：	滨江机械制造股份有限公司	密码区	213*8799>>345/9 加密版本 02
	纳税人识别号：	320100230009700		234>3411/4123/6 3400061190
	地　址、电话：	滨江市滨江路 219 号		21434*324/31155
	开户行及账号：	工商银行滨江分行滨江支行 0770180184000180818		087/117/8>7>>>5 00010119

货物或应税劳务、服务名称	规格型号	单位	数量	单价	金　额	税　率	税　额
会计软件服务费		人	5	400	2 000.00	6%	120.00
合　　计					￥2 000.00		￥120.00
价税合计（大写）	⊗贰仟壹佰贰拾元整					（小写）2 120.00	

销货方	名　　称：	滨江金蝶会计软件有限公司	备注	（滨江金蝶会计软件有限公司 102908038400859 发票专用章）
	纳税人识别号：	102908038400859		
	地　址、电话：	滨江市太子山路 890 号		
	开户行及账号：	农业银行莘庄支行 008900769020339654		

收款人：刘世菊　　复核：柳树　　开票人：杨巨德　　销货方：（章）

第二联 抵扣联 购货方扣税凭证

表4-47-1

滨江机械制造股份有限公司差旅费报销单

2015 年 12 月 10 日

出差人姓名	李纯					所在单位		技术科(厂部)			
公出事由	技术交流会议					公出天数		7			
出发地			到达地			货车（船）费	卧铺费	宿费	交通补助费		补助	合计
月	日	时	地点	月	日	时	地点				天数	金额		
											7	280.00	140.00	420.00
合　　计														420.00

金额　人民币(大写)肆佰贰拾元整　　借款：　　退补：

审批：李南　　借款单位负责人：钟程　　报销人：李纯

第四章 经济业务 ·167·

表4-48-1　　　　　　　江苏省滨江市地方税务局通用机打发票

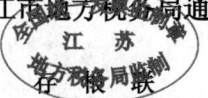

发票代码　2104565819095
发票号码　26595847

开票日期　2015年12月10日　　　　行业分类　租赁业

付款方名称：	滨江科技服务有限责任公司			机打发票代码：2104565819095	
付款方识别号：320077018247890980				机打发票号码：26595847	
开票项目	单价	数量	折扣	金额（人民币）	附注
房屋租赁				20 000.00	

金额合计（大写）：人民币贰万元整　　　　　　　（小写）¥：20 000.00
币种　人民币　　汇率　　　　　牌价日　　金额（人民币）
备注：
　　　　　　　　　　　　　　　　开户银行：中国工商银行滨江分行滨江支行
　　　　　　　　　　　　　　　　开户账号：0770180184000 18018
开票人：郝明　收款方名称：滨江机械制造股份有限公司　收款方识别号：320100230009700

在线开具，请主动查验，请登录江苏省地税网站查验本发票相关信息！

第三联　存根联（收款方留存）（手写无效）

表4-48-2　　中国工商银行滨江分行（滨江支行）借记/贷记通知（贷记）
　　　　　　流水号：435456600　　　　　　　　　交易日期：2015年12月10日

收款单位全称：	滨江机械制造股份有限公司		
收款单位账号：	077018018400018018	凭证编号：	
付款单位全称：	滨江科技服务有限责任公司	银行名称：	工商银行江宁支行
付款单位账号：	077018247890980971	起息日期：	2015年12月10日
交易名称：	系统内划款	交易金额：	RMB20000.00
摘要：	收取房租		

注：如果日期、流水号、摘要、金额相同，系重复打印。　　　经办柜员：11017352
　　　　　　　　　　　　　　　　　　　　　　　　　　　　2015—12—10　11:10:30

表4-48-3　　　　　滨江机械制造股份有限公司营业税计算表
　　　　　　　　　　　　　　2015年12月10日　　　　　　　　　单位：元

项　目	行　次	金　额
应税业务收入	1	20 000
营业税率	2	5%
应交营业税	3	1 000

注：3行=1行×2行

主管：王丽　　复核：张任　　记账：肖肖　　制单：度非

表4-49-1

```
            工商银行
           转账支票存根
          支票号码  No 2025623
 附加信息

 出票日期  2015 年 12 月 27 日
 收款人：中国人民财产保险股份有限公司
 金  额：¥60 000.00
 用  途：2016 年度财产保险费
 备  注：
 单位主管  李南      会计  阳丽
 复  核           记账
```

表4-49-2 **江苏省滨江市地方税务局通用机打发票**

发票代码 2519655108094
发票号码 76525849

开票日期 2015 年 12 月 27 日　　　　　行业分类：保险业

付款方名称：滨江机械制造股份有限公司	机打发票代码：2519655108094
付款方识别号：320100230009700	
承保险种 财产险	机打发票号码：76525849
保险单号 CCX300070230920102	批单号 CCX300070230920102
保险费金额（大写）：人民币陆万元整	（小写）¥60 000.00
所缴日期起 2016 年 1 月 1 日 至	2016 年 12 月 31 日
金额合计（大写）：人民币陆万元整	（小写）¥60 000.00
币种 人民币 汇率	金额（人民币）60 000.00
备注：	开户银行：（　　）
	开户账号：（　　）
开票人：郑明 收款方名称：中国人民财产保险股份有限公司 收款方识别号：320970002010300	

在线开具，请主动查验，请登录江苏省地税网站查验本发票相关信息！

第四章　经济业务

表4-50-1

ICBC 中国工商银行　00227893

业务委托书　苏 A32030904　委托日期 2015 年 12 月 10 日

汇款方式	✓现金汇款 □转账汇款 □汇票申请书 □本票申请书 □其他			
汇款人	全　称	滨江机械制造股份有限公司	收款人 全　称	苏州楼宇环保材料有限公司
	账号/住址	077018018400018018	账号/地址	077018010342588902
	开户行名称	滨江分行滨江支行	开户行名称	楼宇分理处
汇款方式	✓普通 □加急　加急汇款签字		开户银行	省　滨江　市
币种及金额(大写)	人民币壹万肆仟壹佰伍拾柒元整			¥ 14157.00
用途	材料款		支付密码	

委托人确认上列委托信息填写正确，且已完全理解和接受背面"客户须知"的内容，上列款项及相关费用

确认委托人账户内支付

（业务核算章 中国工商银行滨江分行滨江支行 2015.12.10）

（滨江机械制造股份有限公司 财务专用章）

委托人签章

银行填写　□联动收费　□非联动收费　□不收费　备注

受理（扫描）：叶萍萍　　　　　　　　　　　审核：郑荣

业务委托书 回执
苏 A32030904

委托人全称	滨江机械制造股份有限公司
委托人账号	077018018400018018
收款人全称	苏州楼宇环保材料有限公司
收款人账号	077018010342588902
金额	14157.00
委托日期	2015 年 12 月 10 日

此联为银行受理通知卡。如委托人申请汇票或本票业务，应凭此联领取汇票或本票。

表4-50-2　**中国工商银行滨江分行(滨江支行)借记/贷记通知(借记)**

流水号：436154561　　　　　　　　　交易日期：2015 年 12 月 10 日

收款单位全称：	苏州楼宇环保材料有限公司		
收款单位账号：	077018010342588902	凭证编号：	
付款单位全称：	滨江机械制造股份有限公司	银行名称：	工商银行滨江支行
付款单位账号：	077018018400018018	起息日期：	2015 年 12 月 10 日
交易名称：	系统内划款	交易金额：	RMB14157.00
摘要：	支付材料款		

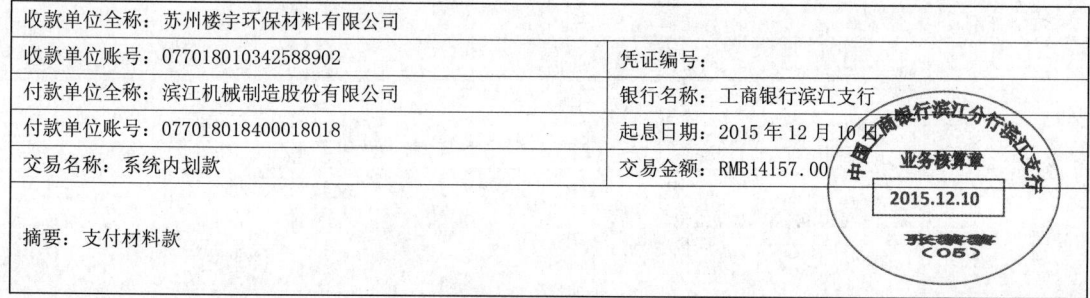

注：如果日期、流水号、摘要、金额相同，系重复打印。

经办柜员：11017352
2015—12—10　10:11:30

表4-50-3

江苏增值税专用发票

3238363212

No 44879445

开票日期：2015 年 12 月 10 日

购货方	名　　称：滨江机械制造股份有限公司 纳税人识别号：320100230009700 地　址、电　话：滨江市滨江路 219 号 开户行及账号：工商银行滨江分行滨江支行 077018018400018018	密码区	213*8799>>345/9　　加密版本 02 234>3411/4123/6　　3401999690 21434*324/31155 087/117/8>7>>>5　　19116666

货物或应税劳务、服务名称	规格型号	单位	数量	单价	金额	税率	税额
甲材料		千克	1 210	10.00	12 100.00	17%	2 057.00
合　　计					￥12 100.00		￥2 057.00

价税合计（大写）　⊗壹万肆仟壹佰伍拾柒元整　　（小写）14 157.00

销货方	名　　称：苏州楼宇环保材料有限公司 纳税人识别号：223003987240957 地　址、电　话：滨江市楼宇路 114 号 开户行及账号：工商银行楼宇分理处 077018010342588902	备注	（苏州楼宇环保材料有限公司 223003987240957 发票专用章）

收款人：何俊君　　复核：齐艺　　开票人：何俊君　　销货方：（章）

第三联 发票联 购货方记账凭证

表4-50-4

江苏增值税专用发票

3238363212

No 44879445

开票日期：2015 年 12 月 10 日

购货方	名　　称：滨江机械制造股份有限公司 纳税人识别号：320100230009700 地　址、电　话：滨江市滨江路 219 号 开户行及账号：工商银行滨江分行滨江支行 077018018400018018	密码区	213*8799>>345/9　　加密版本 02 234>3411/4123/6　　3401999690 21434*324/31155 087/117/8>7>>>5　　19116666

货物或应税劳务、服务名称	规格型号	单位	数量	单价	金额	税率	税额
甲材料		千克	1 210	10.00	12 100.00	17%	2 057.00
合　　计					￥12 100.00		￥2 057.00

价税合计（大写）　⊗壹万肆仟壹佰伍拾柒元整　　（小写）14 157.00

销货方	名　　称：苏州楼宇环保材料有限公司 纳税人识别号：223003987240957 地　址、电　话：滨江市楼宇路 114 号 开户行及账号：工商银行楼宇分理处 077018010342588902	备注	（苏州楼宇环保材料有限公司 223003987240957 发票专用章）

收款人：何俊君　　复核：齐艺　　开票人：何俊君　　销货方：（章）

第二联 抵扣联 购货方扣税凭证

表4-50-5   中国工商银行   业务收费凭证

币别：人民币   2015年12月10日   流水号：049809

付款人：滨江机械制造股份有限公司			账号：0770180184000180180	
项目名称	工本费	手续费	电子汇划费	邮电费	金额
电汇		10.00		0.50	10.50
金额（大写）壹拾元伍角整				
付款方式	银行转账			

会计主管   授权   复核   录入肖晓白

第二联 客户回单

表4-51-1   货物运输业增值税专用发票

3213763249   No 78904483
开票日期 2015年12月11日

承运人及纳税人识别号	滨江航远物流有限公司 233456567634321		密码区	213*8799>>345/9 加密版本02 234>3411/4123/6 3401999690 21434*324/31155 087/117/8>7>>>5 19987009
实际受票方及纳税人识别号	滨江机械制造股份有限公司 320100230009700			
收货人及纳税人识别号	滨江机械制造股份有限公司 320100230009700		发货人及纳税人识别号	苏州楼宇环保材料有限公司 223003987240957
起运地、经由、到达地	滨江市滨江路219号			
费用项目及金额	费用项目	金额	费用项目	金额	运输货物信息	甲材料
	运输费用	500.00				
合计金额	500.00	税率	11%	税额	55.00	机器编号	816598034091
价税合计（大写）	⊗伍佰伍拾伍元整					（小计）¥555.00
车种车号	货车苏E7509		车船吨位	20		
主管税务机关及代码	滨江市滨江区国家税务局——滨江分局 3204231		现金付讫		备注	232576567625793

收款人：明远   复核人：闵国   开票人：洪翔   承运大：(章)

第三联 发票联 受票方记账凭证

表4-51-2

货物运输业增值税专用发票

江 苏

3213763249   No 78904483

开票日期 2015 年 12 月 11 日

承运人及	滨江航远物流有限公司			密码区	213*8799>>345/9	加密版本 02
纳税人识别号	233456567634321				234>3411/4123/6	3401999690
实际受票方及	滨江机械制造股份有限公司				21434*324/31155	
纳税人识别号	320100230009700				087/117/8>7>>>5	19987009
收货人及	滨江机械制造股份有限公司			发货人及	苏州楼宇环保材料有限公司	
纳税人识别号	320100230009700			纳税人识别号	223003987240957	
起运地、经由、到达地	滨江市滨江路 219 号					

费用项目及金额	费用项目	金额	费用项目	金额	运输货物信息	甲材料	
	运输费用	500.00					
合计金额	500.00		税率	11%	税额	55.00	机器编号	816598034091
价税合计(大写)	⊗伍佰伍拾伍元整					(小计) ¥555.00	
车种车号	货车苏 E7509		车船吨位	20	备注	232576567625793	
主管税务机关及代码	滨江市滨江区国家税务局——滨江分局 3204231						

收款人: 明远   复核人: 闵国   开票人: 洪翔   承运人: (章)

滨江航远物流有限公司 发票专用章

表4-51-3

滨江机械制造股份有限公司材料入库单

验收日期 2015 年 12 月 11 日   No 78667

供货单位	苏州楼宇环保材料有限公司					存放地点		材料库	
材料名称及规格	计量单位	数量		实际成本					
		发票	实收	单价	运杂费	赔偿	合理损耗	合计	单价
甲材料	千克	1 210	1 195	10.00	500	100	50	12 500.00	10.46
备注									

滨江机械制造股份有限公司 财务专用章

核算: 王丽丽   主管: 徐悦   保管: 典韦   验收: 淳于越

表4-51-4

滨江机械制造股份有限公司材料损耗报告单

验收日期 2015 年 12 月 11 日   No 00067

项目	计税金额	转出税额	备注
甲材料	100.00	17.00	途中自然合理损耗,应承担税额。
合计	100.00	17.00	

滨江机械制造股份有限公司 财务专用章

采购主管: 巩固   保管主管: 阳丽   采购: 孙华   制单: 常庆红

表4-51-5 滨江机械制造股份有限公司进项税转出单

2015 年 12 月 11 日

材料编号	材料名称	单位	数量	单价	金额	原因
	甲材料	千克	10	10	100	运输途中丢失
	甲材料	千克	5	10	50	途中自然合理损耗

处理意见：运输途中丢失，由运输部门(滨江航远物流有限公司)赔偿（未收回）

滨江机械制造股份有限公司 财务专用章

主管：李南　　　会计：阳丽　　　记账：张任

第三联　会计记账联

表4-52-1　江苏省滨江市地方税务局通用机打发票

发票代码　2104565819197
发票号码　26594589

发票联

开票日期　2015 年 12 月 11 日　　行业分类　商业

付款方名称：滨江机械制造股份有限公司				机打发票代码：2104565819197	
付款方识别号：320100230009700				机打发票号码：26594589	
开票项目	单价	数量	折扣	金额(人民币)	附注
打印纸 A4	300	20		6 000.00	
打印纸 16K	280	10		2 800.00	
打印纸 B5	260	10		2 600.00	

金额合计(大写)：人民币壹万壹仟肆佰元整　　　(小写)¥11 400.00

币种　人民币　　　　　　　汇率　　　　　牌价日　　金额(人民币)

备注：

1114565676390870（发票专用章）

开户银行：中国工商行滨江分行楼宇支行
开户账号：077018018546786800

开票人：郝明　　收款方名称：滨江方正电子产品销售有限公司　　收款方识别号：1114565676390870

在线开具，请主动查验，请登录江苏省地税网站查验本发票相关信息！

第三联　记账联（付款方记账凭证）

表4-52-2

工商银行
转账支票存根

支票号码　No 42349559

附加信息

出票日期　2015 年 12 月 11 日

收款人：滨江方正电子产品销售有限公司

金　额：¥11 400.00

用　途：打印纸

备　注：

单位主管　李南　　会计　阳丽
复　核　　　　　　记账

表4-52-3 **滨江机械制造股份有限公司办公用品领用单** 字第 13202 号
2015 年 12 月 11 日 单位：元

编号	品名	规格	单位	领用数量	单位成本	总成本	领用人签字	领用单位
1	打印纸	A4	包	20	300	6 000.00	略	财务部
2	打印纸	16K	包	10	280	2 800.00	略	生产车间Ⅱ
3	打印纸	B5	包	10	260	2 600.00	略	销售部
合计						11 400.00		

（滨江机械制造股份有限公司财务专用章）

会计：张任　　　保管：明书杰　　　供应部门负责人：温晓波　　　制单：郑洁

第三联 会计记账联

表4-53-1 **滨江机械制造股份有限公司低值易耗品领用单** 字第 1824 号
2015 年 12 月 11 日 单位：元

发货地点		材料库		供应单位		滨江工具制造有限公司集团		备注			
领用单位	编号	名称	单位	规格	申请领用			单据张数	实际发出		
					数量	单价	金额		数量	单价	金额
1车间	002	质检工具	套	ZJSB	5	140	700	1	5	140	700.00
2车间	120	修理工具	套	XLGJ	4	200	800	1	4	200	800.00
合计											1 500.00

（滨江机械制造股份有限公司财务专用章）

会计：张任　　　保管：明书杰　　　供应部门负责人：温晓波　　　制单：郑洁

第三联 记账联

表4-54-1　　　　　中国工商银行　**进账单**(收账通知)
2015 年 12 月 11 日　　　　　第 624 号

付款人	全　称	滨江双龙实业有限公司	收款人	全　称	滨江机械制造股份有限公司	人民币（大写）	捌拾万零捌仟元整	千百十万千百十元角分 ¥ 8 0 8 0 0 0 0 0
	账　号	0770124789098889719		账　号	0770180184000018018			
	开户银行	工商银行滨江分行下关支行		开户银行	工商银行滨江分行滨江支行			

票据种类　电汇
票据张数　1张

收款人开户银行盖章
（中国工商银行滨江分行滨江支行 业务核算章 2015.12.11）

单位主管　　　会计　　　复核　　　记账

此联是银行交给收款人的回单

表4-54-2

中国工商银行　进账单(收账通知)

2015 年 12 月 11 日　　　　　　　　　　　　　　　　第 625 号

付款人	全称	滨江安叶家具有限公司	收款人	全称	滨江机械制造股份有限公司
	账号	077018247890334490		账号	077018018400018018
	开户银行	工商银行滨江分行栖霞支行		开户银行	工商银行滨江分行滨江支行

人民币(大写)	玖拾伍万元整	千百十万千百十元角分 ¥ 9 5 0 0 0 0 0 0

票据种类	电汇	收款人开户银行盖章
票据张数	1 张	中国工商银行滨江分行滨江支行 业务核算章 2015.12.11

单位主管　　会计　　复核　　记账

此联是银行交给收款人的回单

表4-55-1　　　　　　　**滨江机械制造股份有限公司材料出库单**

领料单位：二车间

用　途：包装材料　　　　　　2015 年 12 月 11 日　　　　　　No 3457908

材料类别	材料名称及规格	计量单位	数量 请领	数量 实领	成本	金额	备注
包装材料	Ⅰ型包装材料	件	500	500	14	7 000.00	W03
包装材料	Ⅰ型包装材料	件	1 000	1 000	14	14 000.00	W04
合　　　计					滨江机械制造股份有限公司 财务专用章	21 000.00	

领料单位负责人：许名　　记账：武力　　发料：桥丽丽　　领料：仲晓明

第三联　记账联

表4-56-1　　　　　　　**滨江机械制造股份有限公司材料出库单**

领料单位：销售部

用　途：包装物　　　　　　2015 年 12 月 12 日　　　　　　No 3477890

材料类别	材料名称及规格	计量单位	数量 请领	数量 实领	成本	金额	备注
包装材料	Ⅱ型包装物	件	1 000	1 000	6	6 000.00	单独作价出售
合　　　计			滨江机械制造股份有限公司 财务专用章			6 000.00	

领料单位负责人：许名　　记账：武力　　发料：桥丽丽　　领料：仲晓明

第三联　记账联

第四章 经济业务 ·185·

表4-56-2

中国工商银行 **进账单**(收账通知)

2015年12月12日　　　第 6025 号

付款人	全称	滨江中英商场股份有限公司	收款人	全称	滨江机械制造股份有限公司
	账号	0077124820936 79124		账号	0770180184000 18018
	开户银行	工商银行滨江分行中山支行		开户银行	工商银行滨江分行滨江支行

人民币(大写)	壹万壹仟柒佰元整	千	百	十	万	千	百	十	元	角	分
				¥	1	1	7	0	0	0	0

票据种类	电汇	收款人开户银行盖章
票据张数	1张	

单位主管　　会计　　复核　　记账

此联是银行交给收款人的回单

表4-56-3
3296393272

江苏增值税专用发票

此联不作报销务扣减凭证使用

No 02956089
开票日期：2015年13月12日

购货方	名　称：滨江中英商场股份有限公司 纳税人识别号：178945128909768 地址、电话：滨江市中山路911号 开户行及账号：工商银行滨江分行中山支行0077124820936 79124	密码区	213*8799>345/9 234>3411/4123/6 21434*324/31155 087/117/8>7>>>5	加密版本 02 3401543690 19176509

货物或应税劳务、服务名称	规格型号	单位	数量	单价	金额	税率	税额
Ⅱ型包装物		件	1 000	10	10 000.00	17%	1 700.00
合　计					¥10 000.00		¥1 700.00

价税合计(大写)	⊗壹万壹仟柒佰元整	(小写)11 700.00

销货方	名　称：滨江机械制造股份有限公司 纳税人识别号：320100230009700 地址、电话：滨江市滨江路219号 开户行及账号：工商银行滨江分行滨江支行0770180184000 18018	备注	滨江机械制造股份有限公司 320100230009700 发票专用章

收款人：王丽丽　　复核：张任　　开票人：淳于志　　销货方：(章)

第一联 记账联 销货方记账凭证

表4-57-1
3236383212

江苏增值税专用发票

此联不作报销总扣减凭证使用

No 02377890
开票日期：2015年13月12日

购货方	名　称：滨江大众汽车股份有限公司 纳税人识别号：112890789456987 地址、电话：滨江市黄鹤路119号 开户行及账号：工商银行滨江分行黄鹤支行0770182246790 92314	密码区	213*8799>345/9 234>3411/4123/6 21434*324/31155 087/117/8>7>>>5	加密版本 02 3423466690 19432909

货物或应税劳务、服务名称	规格型号	单位	数量	单价	金额	税率	税额
W03		件	100	1 400	140 000.00	17%	23 800.00
合　计					¥140 000.00		¥23 800.00

价税合计(大写)	⊗壹拾陆万叁仟捌佰元整	(小写)163 800.00

销货方	名　称：滨江机械制造股份有限公司 纳税人识别号：320100230009700 地址、电话：滨江市滨江路219号 开户行及账号：工商银行滨江分行滨江支行0770180184000 18018	备注	滨江机械制造股份有限公司 320100230009700 发票专用章

收款人：王丽丽　　复核：张任　　开票人：淳于志　　销货方：(章)

第一联 记账联 销货方记账凭证

第四章 经济业务

表4-57-2　滨江机械制造股份有限公司商品出库单

购货方：滨江大众汽车股份有限公司　　2015年12月12日　　销字第11号

商品名称及规格	单位	数量	单位成本	总成本	仓库
W03	件	100	1 021.25	102 125	成品库
合　计					

主管：李南　　会计：阳丽　　记账：张云　　制单：王丽丽

（第三联　会计记账联）

（盖章：滨江机械制造股份有限公司 财务专用章）

表4-57-3　中国工商银行滨江分行(滨江支行)借记/贷记通知(借记)

流水号：435459075　　　　　　　　　　交易日期：2015年12月12日

| 收款单位全称：滨江航远物流有限公司 |
| 收款单位账号：077018268093092456 |
| 付款单位全称：滨江机械制造股份有限公司 |
| 付款单位账号：077018018400018018 |
| 交易名称：系统内划款 |

凭证编号：
银行名称：工商银行滨江分行滨江支行
起息日期：2015年12月12日
交易金额：RMB2220.00

摘要：销售W03产品运费

（盖章：中国工商银行滨江分行滨江支行 业务核算章 2015.12.12）

注：如果日期、流水号、摘要、金额相同，系重复打印。　　经办柜员：11017352

2015—12—12　11:10:30

表4-57-4

工商银行
转账支票存根
支票号码　No 44489111

附加信息

出票日期　2015年12月12日

收款人：	滨江航远物流有限公司
金　额：	¥2 220.00
用　途：	产品运费
备　注：	

单位主管　李南　　会计　阳丽
复　核　　　　　　记账

表4-57-5

工商银行
转账支票存根
支票号码　No 44489112

附加信息

出票日期　2015年12月12日

收款人：	滨江大众汽车股份有限公司
金　额：	¥33 980.00
用　途：	剩余货款退回
备　注：	

单位主管　李南　　会计　阳丽
复　核　　　　　　记账

表4-57-6　中国工商银行滨江分行(滨江支行)借记/贷记通知(借记)

流水号：435459076　　　　　　　　　　　　　交易日期：2015年12月12日

收款单位全称：滨江航远物流有限公司	
收款单位账号：077018224679092314	凭证编号：
付款单位全称：滨江机械制造股份有限公司	银行名称：工商银行滨江分行滨江支行
付款单位账号：077018018400018018	起息日期：2015年12月12日
交易名称：系统内划款	交易金额：RMB33980.00
摘要：退还12月10日预收滨江大众公司的销货款	

注：如果日期、流水号、摘要、金额相同，系重复打印。　　　经办柜员：11017352

2015—12—12　11：10：30

表4-58-1　　　　　　　　　　**贴现凭证**（代申请书）

2015年12月12日　　　　　　　　　　　　　　　　第25号

申请人	全　称	滨江机械制造股份有限公司	贴现汇票	种　类	商业承兑汇票
	账　号	077018018400018018		出票日	2015年10月14日
	开户银行	工商银行滨江分行滨江支行		到期日	2016年1月14日

汇票承兑人名称	滨江大地地产开发有限公司	账号	090078903209765324	开户银行	建设银行西四支行

汇票金额(面值)	人民币(大写)叁万贰仟元整						￥3 2 0 0 0 0 0
贴现率(年)	10%	贴现利息	￥8 0 0 0 0	实付贴现金额	￥3 1 2 0 0 0 0

兹根据《银行结算办法》的规定，附送承兑汇票申请贴现，请予审核。
此致
　　　　　申请人盖章

银行审核：　贴现银行信贷员　负责人

科目(付)　　对方科目(收)　　复核　　记账

表4-58-2　中国工商银行滨江分行(滨江支行)借记/贷记通知(贷记)

流水号：435457699　　　　　　　　　　　　　交易日期：2015年12月12日

收款单位全称：滨江机械制造股份有限公司	
收款单位账号：077018018400018018	凭证编号：
付款单位全称：工商银行滨江分行滨江支行	银行名称：工商银行江宁支行
付款单位账号：	起息日期：2015年12月12日
交易名称：系统内划款	交易金额：RMB31200.00
摘要：汇票贴现	

注：如果日期、流水号、摘要、金额相同，系重复打印。　　　经办柜员：11017352

2015—12—12　11：10：30

第四章 经济业务

表4-59-1　中国工商银行滨江分行(滨江支行)借记/贷记通知(贷记)

流水号：435497500　　　　　　　　　　　　交易日期：2015年12月12日

收款单位全称：滨江机械制造股份有限公司	
收款单位账号：0770180184000180118	凭证编号：
付款单位全称：滨江大江船舶制造股份公司	付款行名称：工商银行江宁支行
付款单位账号：078701400801018018	起息日期：2015年12月12日
交易名称：系统内划款	交易金额：RMB1200000.00
摘要：收取前欠货款	

注：如果日期、流水号、摘要、金额相同，系重复打印。　　　经办柜员：11017352
　　　　　　　　　　　　　　　　　　　　　　　　　　　　　2015—12—12　11:10:30

表4-60-1　滨江机械制造股份有限公司固定资产报废单

2015年12月12日　　　　　　　　　　　　　　　　　　　　　　　No 02356

固定资产名称及编号	规格型号	单位	数量	预计使用年限	已使用年限	原始价值	已提折旧	备注
生产设备	ASE123	台	1	15	12	300 000.00	260 000.00	已计提减值2 000元
固定资产状况及报废原因	设备陈旧，生产产品质量不能达到要求。							
处理意见	使用部门		鉴定意见		资产管理部门		权力机构审批	
	陈旧，不能应用		情况属实		同意转入清理		同意报废	

制单：安利　　　　使用单位负责人：王红　　　　记账：战歌农

第三联　会计记账联

表4-60-2

附件

记账凭证说明

该设备已计提减值2 000元。计提减值的会计处理可以查阅2014年12月31日的凭证号为转字408号。

滨江机械制造
股份有限公司
财务专用章

财务总监：李南
2014年12月12日

表4-60-3　　　　　　**滨江机械制造股份有限公司材料入库单**

验收日期　　2015年12月12日　　　　　　　　　　　　　　　　No 36490

供货单位	固定资产报废残料入库					存放地点	材料库
材料名称及规格	计量单位	数量		实际成本			
		发票	实收	发票价值	运杂费	合计	单价
丙材料	千克		400			52 000.00	130.00
备 注	固定资产报废残料入库						

（滨江机械制造股份有限公司财务专用章）

核算：王丽丽　　主管：徐悦　　保管：典韦　　验收：淳于越

表4-60-4

工商银行
转账支票存根

支票号码　No 44489234

附加信息：

出票日期　2015年12月12日
收款人：滨江扬子建工有限公司
金　额：¥1 500.00
用　途：支付清理费用
备　注：
单位主管　李南　　会计　阳丽
复　核　　　　　　记账

表4-60-5　　　**滨江机械制造股份有限公司固定资产报废清单**

2015年12月12日　　　　　　　　　　　　　　　　　　　单位：元

序号	项　目	金　额	备　注
1	固定资产原值	300 000.00	计提减值准备2 000元
2	累计折旧	260 000.00	
3	固定资产减值	2 000.00	滨江机械制造股份有限公司财务专用章
4	固定资产净值	38 000.00	
5	残料收入	52 000.00	
6	清理费用	1 500.00	
	固定资产清理净损益	12 500.00	

制表：马虎　　复核：侯露　　主管：　　记账：

表4-61-1

中国工商银行滨江分行(滨江支行)借记/贷记通知(贷记)

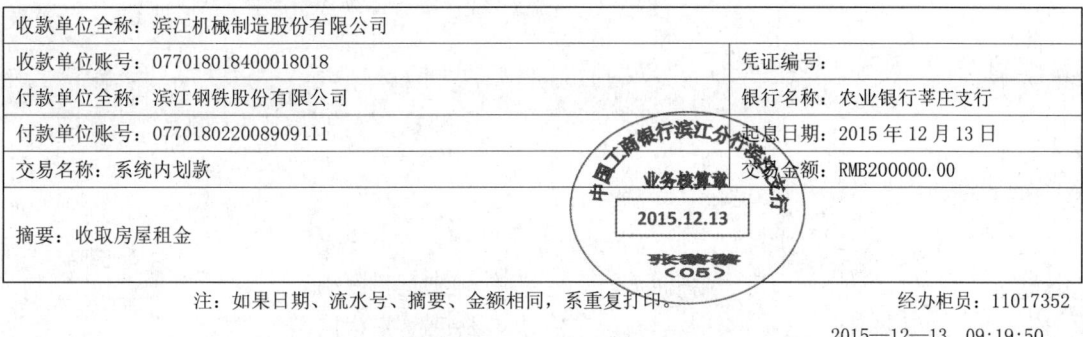

流水号：435497690		交易日期：2015年12月13日
收款单位全称：滨江机械制造股份有限公司		
收款单位账号：0770180184000018018		凭证编号：
付款单位全称：滨江钢铁股份有限公司		银行名称：农业银行莘庄支行
付款单位账号：0770180220089091111		起息日期：2015年12月13日
交易名称：系统内划款		交易金额：RMB200000.00
摘要：收取房屋租金		

注：如果日期、流水号、摘要、金额相同，系重复打印。

经办柜员：11017352
2015—12—13 09:19:50

表4-61-2

编号：0002390

公司房屋租赁合同(简易合同)

出租方：滨江机械制造股份有限公司(以下简称甲方)

承租方：滨江钢铁股份有限公司 (以下简称乙方)

一、甲方将坐落于滨江市滨江路219号的3号写字楼于2015年12月13日出租给乙方(同时交付给承租方使用)。

二、租赁期限定一年，自2015年12月13日起至2016年12月13日止。

三、双方约定一年租金共计240万元，有关城建费、卫生费、安全保卫费等管理费均由乙方负责缴纳。水、电、围墙、门均由乙方自理。

四、租赁期间，乙方应爱护甲方财产，注意安全，一切安全责任事故由乙方承担。如发现甲方财产损坏的，维护费用由乙方承担，但不可抗力的原因造成损坏的除外。

五、租赁期间，甲方不得干涉乙方的合法经营活动。如甲方提前收回租房，应提前一个月通知乙方，乙方应无条件退还甲方；如乙方不需用该出租房，应一个月通知甲方，不得自行转租，不得转包。承租时，乙方因办公、经营、生产等需要附设的设备、财产，退租时应自行拆回。

六、租期满，如乙方要继续承租，乙方应提前一个月向甲方申请续订租赁协议。租赁费与现年市场价协商调整，但同等条件下，甲方应优先考虑租给乙方。

七、现有楼房楼梯今后甲方需用时，乙方应给予甲方共用，不得以任何理由进行阻挠。

八、租金支付方法：第一个月租金于合同签订之日交付，剩余个月租金于每月1日准时送交滨江机械制造股份有限公司(账号0770180184000018018)，每超一天按1%收取滞纳金，超过一个月未交，即中止合同。

九、本协议一式二份，甲、乙双方各执一份，本协议甲乙双方签字盖章后立即生效。

甲方：滨江机械制造股份有限公司　　　　乙方：滨江钢铁股份有限公司

代表(签名)：李原灏　　　　　　　　　　代表(签名)：张志强

2015年12月13日　　　　　　　　　　　2015年12月13日

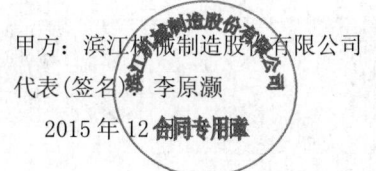

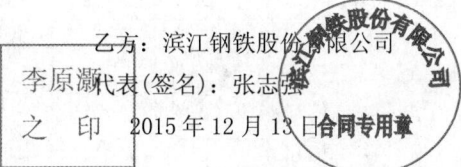

表4-61-3   **滨江机械制造股份有限公司房屋出租清算表**

2015年12月13日　　　　　　　　　　　　　　　　　　　　单位：万元

房屋名称	3号写字楼			数　量	1栋
原值	8 000	累计折旧	600	减值准备	10
租金金额	人民币大写贰佰肆拾万元整			￥240.00	
部门主管	企业负责人		资产管理部门		经办人
王璐	鲜青		朱彪		佟韦（滨江机械制造股份有限公司财务专用章）

注：租赁合同编号：0002390

表4-62-1   **滨江机械制造股份有限公司资产盘点盈亏报告表**

2015年12月13日

资产名称	规格型号	盘　盈		盘　亏			原　因
		数量	公允价值	数量	原始价值	已提折旧	
电子设备				1	12 000	10 000	管理不善
甲材料		120	1 200				计量不准确
丙材料				100	1 530		计量不准确
处理意见 （滨江机械制造股份有限公司财务专用章）		清查小组 调整账面价值，报批。 签章：			管理部门 内部管理存在漏洞。 签章：		

主管：　　　复核：陈明远　　　记账：　　　制单：甄珍

表4-62-2   **滨江机械制造股份有限公司处理资产盘点盈亏报告表**

2015年12月13日

资产名称	规格型号	盘　盈		盘　亏			原　因
		数量	公允价值	数量	原始价值	已提折旧	
电子设备				1	12 000	10 000	管理不善
甲材料		120	1 200				计量不准确
丙材料				10	1 530		计量不准确
处理意见		管理部门（滨江机械制造股份有限公司财务专用章） 按会计规范处理。 签章：			董事会审批 同意管理部门意见。 签章：李原灏　2015年12月15日		

主管：　　　复核：陈明远　　　记账：　　　制单：甄珍

表4-63-1

工商银行
转账支票存根

支票号码 No 44482478

附加信息

出票日期 2015 年 12 月 13 日
收款人：滨江市财政局
金　额：¥3 000.00
用　途：会议费
备　注：
单位主管 李南　　会计 阳丽
复　核　　　　　记账

表4-63-2

滨江市行政事业性收费统一收款收据

2015 年 12 月 13 日

收款单位	滨江市财政局	缴款单位	滨江机械制造股份有限公司	金　额 万 千 百 十 万 千 百 十 元 角 分		
金　额	人民币叁仟元整			¥ 3 0 0 0 0 0		
事　由	会议费			备注：支票	滨江财政局财务专用章	

收款单位：　　单位负责人：李煜　　经手人：吴丽

第二联 收据联

表4-64-1

江苏增值税专用发票

3279893202

No 02856945

开票日期：2015 年 12 月 13 日

购货方	名　　称：滨江机械制造股份有限公司 纳税人识别号：320100230009700 地址、电话：滨江市滨江路 219 号 开户行及账号：工商银行滨江分行滨江支行 0770180184000018018	密码区	213*8799>>345/9　　加密版本 02 234>3411/4123/6　　3401864690 21434*324/31155 087/117/8>7>>>5　　19967909
货物或应税劳务、服务名称	规格型号　单位　数量　单价　金　额　税率　税额		
汽车修理费	4 000　4 000.00　17%　680.00		
合　计	¥4 000.00　　　　¥680.00		
价税合计（大写）	⊗肆仟陆佰捌拾元整　　　　（小写）4 680.00		
销货方	名　　称：滨江隆源汽车修理修配有限公司 纳税人识别号：320700023000109 地址、电话：滨江市滨江北路 1259 号 开户行及账号：工商银行滨江分行滨江支行 0780701184080010018	备注	滨江隆源汽车修理修配有限公司 320700023000109 发票专用章

收款人：胡蔼鲡　　复核：张静　　开票人：杜丽　　销货方：（章）

第三联 发票联 购货方记账凭证

表4-64-2

江苏增值税专用发票

3279893202

No 02856945

开票日期：2015年12月13日

购货方	名　　　称：滨江机械制造股份有限公司 纳税人识别号：320100230009700 地　址、电　话：滨江市滨江路219号 开户行及账号：工商银行滨江分行滨江支行 077018018400018018	密码区	213*8799>>345/9　加密版本 02 234>3411/4123/6　3401864690 21434*324/31155 087/117/8>7>>>5　19967909

货物或应税劳务、服务名称	规格型号	单位	数量	单价	金额	税率	税额
汽车修理费				4 000	4 000.00	17%	680.00
合　　　计					￥4 000.00		￥680.00

价税合计（大写）	⊗肆仟陆佰捌拾元整	（小写）4 680.00

销货方	名　　　称：滨江隆源汽车修理修配有限公司 纳税人识别号：320700023000109 地　址、电　话：滨江市滨江北路1259号 开户行及账号：工商银行滨江分行滨江支行 0780701184080100018	备注	（发票专用章：滨江隆源汽车修理修配有限公司 320700023000109）

收款人：胡蔼鲡　　　复核：张静　　　开票人：杜丽　　　销货方：（章）

第二联 抵扣联 购货方扣税凭证

表4-65-1

工商银行
转账支票存根

支票号码　No 44492709

附加信息

出票日期　2015年12月13日

收款人：滨江和祥餐饮有限公司

金　额：￥6 200.00

用　途：餐饮费

备　注：

单位主管　李南　　会计　阳丽
复　核　　　　　　记账

表4-65-2 **江苏省滨江市地方税务局通用机打发票**

发票联

开票日期 2015 年 12 月 13 日　　行业分类 餐饮业

发票代码　2104565198197
发票号码　26558949

付款方名称：滨江机械制造股份有限公司			机打发票代码：2104565819197	
付款方识别号：320100230009700			机打发票号码：26594589	
开票项目	单价　数量　折扣		金额(人民币)　附注	
餐饮费			6 200.00	

金额合计(大写)：人民币陆仟贰佰元整　　　　(小写)￥：6 200.00

币种　人民币　　汇率　　　　　　　　　金额(人民币)

备注：　　　　　　　　　　　　　　开户银行：中国工商行滨江分行建宁支行

　　　　　　　　　　　　　　　　　开户账号：077018018546807860

开票人：孙俪　　收款方名称：滨江和祥餐饮有限公司　　收款方识别号：1701147656563908

在线开具，请主动查验，请登录江苏省地税网站查验本发票相关信息！

第三联　记账联（付款方记账凭证）

表4-66-1　　　　　　　**江苏增值税专用发票**

3293782202

No 94028565

开票日期：2015 年 12 月 14 日

购货方	名　　称：滨江机械制造股份有限公司				密码区	48+2<wqexcx(GGccx$%&*@$%&*(qaz)]456]x324dgbbVNB4567()^%^^&&RDBhfvcRtygnf3467ib{>?ZXWS678903G%##!!		
	纳税人识别号：320100230009700							
	地址、电话：滨江市滨江路 219 号							
	开户行及账号：工商银行滨江分行滨江支行 077018018400018018							
货物或应税劳务、服务名称	规格型号	单位	数量	单价	金　　额	税率	税额
水费		吨	50 000	1.7094	85 470.09	17%	14 529.91
合　　　　计					￥85 470.09		￥14 529.91
价税合计(大写)	⊗壹拾万元整				(小写)100 000.00		
销货方	名　　称：滨江市城市供水有限公司				备注		
	纳税人识别号：469060689744767						
	地址、电话：滨江市京北路 1258 号						
	开户行及账号：工商银行京北支行 077890200322789021						

收款人：邓山林　　复核：　　开票人：王三部　　销货方：(章)

第三联　发票联　购货方记账凭证

表4-66-2

江苏增值税专用发票

3293782202　　　　　　　　　　　　　　　　　　　　　　　No 94028565

开票日期：2015 年 12 月 14 日

购货方	名　　称	滨江机械制造股份有限公司					密码区	48+2<wqexcx(GGccx$%&*@$%&*(qaz)]456]x324dgbbVNB4567()^ %^`&&RDBhfvcRtygnf3467ib{>? ZXWS678903G%##!!	
	纳税人识别号	320100230009700							
	地址、电话	滨江市滨江路 219 号							
	开户行及账号	工商银行滨江分行滨江支行 077018018400018018							
货物或应税劳务、服务名称	规格型号	单位	数量	单价	金　　额			税率	税　额
水费		吨	50 000	1.7094	85 470.09			17%	14 529.91
合　　计					￥85 470.09				￥14 529.91
价税合计（大写）		⊗壹拾万元整					（小写）100 000.00		
销货方	名　　称	滨江市城市供水有限公司					备注		
	纳税人识别号	469060689744767							
	地址、电话	滨江市京北路 1258 号							
	开户行及账号	工商银行京北支行 077890200322789021							

收款人：邓山林　　复核：　　开票人：王三部　　销货方：（章）

表4-66-3

委托银行收款 结算凭证（支款通知）　　　5

付款期限 2015 年 12 月 14 日
延期期限 2015 年 12 月 31 日

托收号：346780　　委托日期：2015 年 12 月 14 日

收款单位	全　称	滨江市城市供水有限公司	付款单位	全　称	滨江机械制造股份有限公司
	账　号	077890200322789021		账　号	077018018400018018
	开户银行	工商银行京北支行		开户银行	工商银行滨江分行滨江支行

委托收款金额	人民币（大写）	壹拾万元整	百	十	万	千	百	十	元	角	分
			￥	1	0	0	0	0	0	0	0

款项内容	水费	委托收款凭据名称	水费专用发票	附本单证张数	1

备注　付款人注意：
1. 根据结算办法规定，上列托收款项，在承付期限内未拒付时，即视同2015.12.14如全额支付即以此联代支付通知；如预付或部分支付时，再由银行另送延期或部分支付的支款通知。
2. 如需提前承付或多承付时，应另写书面通知送银行办理。
3. 如系全部或部分拒付，应在承付期限内另填拒绝承付理由书送银行办理。

单位主管：洪涛　　会计：吴建　　复核：　　记账：　　付款人开户银行盖章 12 月 14 日

表4-66-4   **滨江机械制造股份有限公司水费分配表**

2015年12月8日   单位：元

部门	分配标准（工资）	分配率	分配结果	备注
一车间	206 400		30 258.24	
二车间	242 400		35 535.84	
辅助车间	48 000	0.1466	7 036.80	
企管部门	5 400		791.64	
在建生产线	72 000		10 555.20	
在建仓库	9 000		1 292.37	
合　计	583 200		85 470.09	

主管：　　　　　　记账：张任　　　　　　复核：洪丽丽　　　　　　制单：阳丽

表4-67-1   **滨江机械制造股份有限公司办公用品领用表**

2015年12月14日

部门	原稿纸			蓝黑墨水			计算器			金额	领印
	数量	单价	金额	数量	单价	金额	数量	单价	金额		
厂部	150	3	450	35	10	350	9	200	1 800	2 600.00	（签字）
销售部	130	3	390	10	10	100	4	200	800	1 290.00	（签字）
合　计	280	3	840	45	10	450	13	200	2 600	3 890.00	

（滨江机械制造股份有限公司财务专用章）

发放单位负责人：肖明明　　　　记账：　　　　审批：李豪　　　　制表：江浩

表4-68-1   **滨江机械制造股份有限公司无形资产摊销计算表**

2015年12月14日

序号	摊销项目	上月摊销数	本月增加数	本月减少数	本月摊销额	应分配部门
1	专利权	24 250.00	0	0	24 250.00	管理部门
2	商标权	6 090	600 000*5%/12（2 500）	0	8 590.00	销售部门
	合　计		（滨江机械制造股份有限公司财务专用章）		32 840.00	

主管：李南　　　　复核：　　　　记账：张任　　　　制单：阳丽

表4-69-1 **滨江机械制造股份有限公司固定资产及投资性房地产折旧计算表**

2015年12月　　　　　　　　　　　　　　　　　　　单位：元

部门	固定资产原值				折旧率 %	月折旧额
	上月	上月增加	上月减少	本月		
一车间	24 000 000	（略）	（略）	（略）	（略）	100 000.00
二车间	24 519 970	（略）	（略）	（略）	（略）	102 000.00
辅助车间	8 000 000	（略）	（略）	（略）	（略）	26 000.00
行政管理	9 000 000	（略）	（略）	（略）	（略）	37 500.00
工程建造（仓库）	600 000	（略）	（略）	（略）	（略）	10 000.00
投资性房地产	9 000 000	（略）	（略）	（略）	（略）	37 500.00
合计	66 119 970.00					313 000.00

主管：李南　　　　复核：　　　　记账：张任　　　　制单：阳丽

表4-70-1 **滨江机械制造股份有限公司材料出库单**

受托方：滨江六合材料加工有限公司　　2015年12月14日　　第 211 号

编号	商品名称及规格	单位	数量	单位成本	总成本	仓库
	甲材料	千克	5 000	10	50 000.00	材料库
合　计					50 000.00	

主管：李南　　　会计：阳丽　　　记账：张云　　　制单：王丽丽

第三联　会计记账联

表4-70-2

工商银行
转账支票存根

支票号码　No 44492710

附加信息

出票日期　2015 年 12 月 14 日

收款人：滨江大通运输有限公司

金　额：¥1 110.00

用　途：运费

备　注：

单位主管　李南　　会计　阳丽
复　核　　　　　记账

表4-70-3

工商银行
转账支票存根

支票号码　No 44492711

附加信息

出票日期　2015 年 12 月 14 日

收款人：滨江六合材料加工有限公司

金　额：¥8 340.00

用　途：加工费及相关税费

备　注：

单位主管　李南　　会计　阳丽
复　核　　　　　记账

表4-70-4

江苏增值税专用发票

3239073219

No 44879594

开票日期：2015年12月14日

购货方	名　　称：滨江机械制造股份有限公司			密码区	213*8799>>345/9　　加密版本 02		
	纳税人识别号：320100230009700				234>3411/4123/6　　3401785690		
	地址、电话：滨江市滨江路219号				21434*324/31155		
	开户行及账号：工商银行滨江分行滨江支行 077018018400018018				087/117/8>7>>>5　　19145709		
货物或应税劳务、服务名称	规格型号	单位	数量	单价	金　额	税率	税额
甲材料加工费			2 000		2 000.00	17%	340.00
合　　计					￥2 000.00		￥340.00
价税合计（大写）	⊗贰仟叁佰肆拾元整				（小写）2 340.00		
销货方	名　　称：滨江六合材料加工有限公司			备注			
	纳税人识别号：320009755100023						
	地址、电话：滨江市六合区龙袍路119号						
	开户行及账号：工商银行六合分行龙袍支行 077018018404351006						

收款人：席依依　　复核：王恒恒　　开票人：郑小瑛　　销货方：（章）

第三联　发票联　购货方记账凭证

表4-70-5

江苏增值税专用发票

3239073219

No 44879594

开票日期：2015年12月14日

购货方	名　　称：滨江机械制造股份有限公司			密码区	213*8799>>345/9　　加密版本 02		
	纳税人识别号：320100230009700				234>3411/4123/6　　3401785690		
	地址、电话：滨江市滨江路219号				21434*324/31155		
	开户行及账号：工商银行滨江分行滨江支行 077018018400018018				087/117/8>7>>>5　　19145709		
货物或应税劳务、服务名称	规格型号	单位	数量	单价	金　额	税率	税额
甲材料加工费			2 000		2 000.00	17%	340.00
合　　计					￥2 000.00		￥340.00
价税合计（大写）	⊗贰仟叁佰肆拾元整				（小写）2 340.00		
销货方	名　　称：滨江六合材料加工有限公司			备注			
	纳税人识别号：320009755100023						
	地址、电话：滨江市六合区龙袍路119号						
	开户行及账号：工商银行六合分行龙袍支行 077018018404351006						

收款人：席依依　　复核：王恒恒　　开票人：郑小瑛　　销货方：（章）

第二联　抵扣联　购货方扣税凭证

表4-70-6　　　　　　　　　　货物运输业增值税专用发票

3200778280　　　　　　　　　　　　　　　　　　　　　　　　No 78904673

开票日期 2015 年 12 月 14 日

承运人及纳税人识别号	滨江大通运输有限公司 236567213434635			密码区	213*8799>345/9　加密版本 02 234>3411/4123/6　3401954690	
实际受票方及纳税人识别号	滨江机械制造股份有限公司 320100230009700				21434*324/31155 087/117/8>7>>>5　19167809	
收货人及纳税人识别号	滨江六合材料加工有限公司 320009755100023		发货人及纳税人识别号		滨江机械制造股份有限公司 320100230009700	
起运地、经由、到达地	滨江市六合区龙袍路 119 号（往返）					
费用项目及金额	费用项目 运输费用	金额 1 000.00	费用项目	金额	运输货物信息	甲材料
合计金额	1 000.00	税率　11%		税额　110.00	机器编号	819340980651
价税合计（大写）	⊗壹仟壹佰壹拾元整				（小计）¥1 110.00	
车种车号	货车苏 A8943		车船吨位	20	备注	
主管税务机关及代码	滨江市滨江区国家税务局——滨江分局 3204231					

收款人：明远　　　复核人：闵国　　　开票人：洪翔　　　承运人：（章）

表4-70-7　　　　　　　　　　货物运输业增值税专用发票

3200778280　　　　　　　　　　　　　　　　　　　　　　　　No 78904673

开票日期 2015 年 12 月 14 日

承运人及纳税人识别号	滨江大通运输有限公司 236567213434635			密码区	213*8799>345/9　加密版本 02 234>3411/4123/6　3401954690	
实际受票方及纳税人识别号	滨江机械制造股份有限公司 320100230009700				21434*324/31155 087/117/8>7>>>5　19167809	
收货人及纳税人识别号	滨江六合材料加工有限公司 320009755100023		发货人及纳税人识别号		滨江机械制造股份有限公司 320100230009700	
起运地、经由、到达地	滨江市六合区龙袍路 119 号（往返）					
费用项目及金额	费用项目 运输费用	金额 1 000.00	费用项目	金额	运输货物信息	甲材料
合计金额	1 000.00	税率　11%		税额　110.00	机器编号	819340980651
价税合计（大写）	⊗壹仟壹佰壹拾元整				（小计）¥1 110.00	
车种车号	货车苏 A8943		车船吨位	20	备注	
主管税务机关及代码	滨江市滨江区国家税务局——滨江分局 3204231					

收款人：明远　　　复核人：闵国　　　开票人：洪翔　　　承运人：（章）

表4-70-8

中华人民共和国
代扣代收税款凭证

地

(061) 苏地代 0098456

填发日期：2015 年 12 月 14 日

纳税人	代码	008899			扣缴义务人	代码	009977	
	全称	滨江机械制造股份有限公司				全称	滨江六合材料加工有限公司	
	地址	滨江市滨江路219号				地址	滨江市六合区龙袍路119号	
税种		品目名称	税率或单位税额		税款所属时期		实缴金额	
消费税		应税材料	10%		2015年12月14日		6 000.00	

金额合计(大写)	陆仟元整			
税务机关（盖章）	扣缴义务人 滨江机械制造股份有限公司 财务(盖章)	填票人 徐远举 (章)	备注	

注：计税基础是以甲材料的公允价值600 000元。

表4-70-9 **滨江机械制造股份有限公司材料入库单**

验收日期　　　2015 年 12 月 14 日　　　　　　　　No 24884

编号	材料名称及规格	计量单位	数量		实际成本（元）				单价	
			发票	实收	发出成本	运杂费	加工费	合　计		
	甲材料	千克	5 000	5 000	50 000	1 000	2 000	53 000.00	10.60	第三联 会计记账联
					滨江机械制造股份有限公司财务专用章					
	合　计							53 000.00	10.60	
备　注	委托加工收回入库									

核算：王丽丽　　　主管：徐悦　　　保管：典韦　　　验收：淳于越

表4-71-1

中国石油天然气股份有限公司江苏南京销售分公司
通用机打卷式发票
发票联

发票代码　2105458190569
发票号码　26995507
收款单位：中国石油天然气股份有限公司江苏南京销售分公司
机打号码：67908213
机器编号：230189670123645617
税　　号：320179675414359
开票日期：2015年12月15日
收款人：佟丽

	项目	单价	数量	金额
国标汽油	93#	6.00	500	3000.00

小写合计：　　　　　　　　　￥3000.00

人民币大写：叁仟元整

表4-71-2

工商银行
转账支票存根
支票号码　No 44492709

附加信息

出票日期　2015 年 12 月 15 日

收款人：	中国石油天然气股份有限公司滨江公司
金　额：	¥3 000.00
用　途：	汽油费用
备　注：	

单位主管　李南　　会计　阳丽
复　核　　　　　　记账

第四章 经济业务

表4-72-1

江苏省滨江市地方税务局通用机打发票

发票代码 2104565819095
发票号码 26595847

开票日期 2015 年 12 月 10 日　　　行业分类　制造业

付款方名称：	滨江科技服务有限责任公司			机打发票代码：2104565819095
付款方识别号：	320077018247890980			机打发票号码：26595847
开票项目	单价	数量	折扣	金额(人民币)　附注
房屋租赁				20 000.00

金额合计(大写)：人民币贰万元整　　　　　(小写)¥　20 000.00
币种　人民币　　　汇率　　　　　牌价日　　金额(人民币)
备注：
开户银行：中国工商行滨江分行滨江支行
开户账号：077018018400018018
开票人：郝南　　收款方名称：滨江机械制造股份有限公司　收款方识别号：320100230009700

【滨江机械制造股份有限公司 财务专用章】

第三联 存根联 （收款方留存）（手写无效）

表4-73-1

附件

记账凭证说明

　　本公司向顾客提供产品质量保证，如在 5 年内出现质量问题免费维修。根据 2015 年销售收入的 1%预提售后维修费用，共计 30 000.00 元。

财务总监：李南　　【滨江机械制造股份有限公司 财务专用章】　　2015 年 12 月 15 日

表4-74-1

工商银行
转账支票存根

支票号码　No 791779

附加信息

出票日期　2015 年 12 月 15 日

收款人：	职工
金　额：	¥580 000.00
用　途：	发放工资
备　注：	

单位主管　李南　　会计　阳丽
复　核　　　　　　记账

表4-74-2

中国工商银行
业务凭证/回单

交易时间：20151215

纳税人识别号：320100230009700　　　　　　委托号：23568907

付款人全称：滨江机械制造股份有限公司　　　待划转账号：077018018400018018

业务标志：批量代发　　　　　　　　　　　　业务种类：其他代发

经办人姓名：何静

币种：人民币　　　　　　　　　　　　　　　钞汇标志：钞户

存期：活期　　　　　　　　　　　　　　　　约定入账日期：2015/12/15

总笔数：264　　　　　　　　　　　　　　　 总金额：580000.00

成功笔数：264　　　　　　　　　　　　　　 成功金额：580000.00

失败笔数：0　　　　　　　　　　　　　　　 失败金额：0

经办行：45009　　　经办人：00118976　　　授权柜员：00114790

本人已阅读并自愿遵守中国工商银行分行滨江支行"领知"，并确认银行交易结果正确无误。

（中国工商银行滨江支行 业务核算章 2015.12.15）

客户签名：钟晓蓝
（本签字1页有效）

回单号：9004589035789002134　　　第1页，共1页　　　打印时间：2015-12-15 15:09:34

表4-75-1　　**滨江机械制造股份有限公司工程物资领料单**

领料单位：01号建设项目
用　途：建造仓库　　　　　2015年12月15日　　　　No 456345

编号	材料类别	材料名称及规格	计量单位	数量 请领	数量 实领	单价	金　额
	建筑材料	水泥	袋	8 200	8 200	60.50	496 100.00
	（滨江机械制造股份有限公司 财务专用章）	红砖	块	800 000	800 000	0.33	264 000.00
		其他材料		8 000	8 000	27.50	220 000.00
		合　　　计					980 100.00

第二联 记账联

领料单位负责人：胡岩　　记账：莫俊　　发料：桥丽丽　　领料：王莉

表4-75-2　　**滨江机械制造股份有限公司工程物资领料单**

领料单位：02号建设项目
用　途：建造生产线　　　　2015年12月15日　　　　No 456346

编号	材料类别	材料名称及规格	计量单位	数量 请领	数量 实领	单价	金　额
	建筑材料	水泥	袋	1 800	1 800	60.50	108 900.00
	（滨江机械制造股份有限公司 财务专用章）	红砖	块	200 000	200 000	0.33	66 000.00
		其他材料	套	2 000	2 000	27.50	55 000.00
		合　　　计					229 900.00

第二联 记账联

领料单位负责人：胡岩　　记账：莫俊　　发料：桥丽丽　　领料：王莉

第四章 经济业务

表4-76-1

中国工商银行 委托收款凭证（付款通知） 5

托号：246848　　委托日期：2015年12月16日

收款人	全称	中国华能电力股份公司滨江分公司	付款人	全称	滨江机械制造股份有限公司
	账号	0770123423565 78908		账号	0770180184000 18018
	开户银行	工商银行东南分行下关支行		开户银行	工商银行滨江分行滨江支行

委托收款金额	人民币（大写）	贰拾捌万伍仟壹佰捌拾柒元伍角整	百	十万	千	百	十	元	角	分
		¥	2	8	5	1	8	7	5	0

款项内容	11月电费	委托收款凭证	电费收据	附寄单证张数	1

备注：
付款人注意：
1. 根据结算办法规定，上列托收款项，在承付期限内未拒付时，即视同全部承付。如系全额支付即以此联代支款通知；如预延付或部分支付时，再由银行另送延付或部分支付的支款通知。
2. 如需提前承付或多承付时，应另书书面通知送银行办理。
3. 如系全部或部分拒付，应在承付期限内另填拒绝承付理由书送银行办理。

（中国工商银行滨江分行滨江支行 业务核算章 2015.12.16 转讫章）

单位主管：李南　　会计：吴涛　　复核：　　记账：　　付款期限 2015年12月31日

付款人开户银行盖章 12月16日

付款人开户行通知付款人按期承付货款的通知

表4-76-2

江苏增值税专用发票

3239689291　　　　　　　　　　　　　　　　　　　　　　　　　　　　No 44009594

开票日期：2014年12月16日

购货方	名称	滨江机械制造股份有限公司	密码区	213*8799>345/9　　加密版本 02
	纳税人识别号	320100230009700		234>3411/4123/6　　3000066690
	地址、电话	滨江市滨江路219号		21434*324/31155
	开户行及账号	工商银行滨江分行滨江支行 0770180184000 18018		087/117/8>7>>>5　　00000909

货物或应税劳务名称	规格型号	单位	数量	单价	金额	税率	税额
电费		千瓦时	325 000	0.75	243 750.00	17%	41 437.50
合计					¥243 750.00		¥41 437.50

价税合计（大写）　⊗贰拾捌万伍仟壹佰捌拾柒元伍角整　　　　　（小写）285 187.50

销货方	名称	中国华能电力股份公司滨江分公司	备注	（中国华能电力股份公司滨江分公司 234677903698790 发票专用章）
	纳税人识别号	234677903698790		
	地址、电话	滨江市大江路825号		
	开户行及账号	工商银行东南分行下关支行 0770123423565 78908		

收款人：邓山林　　复核：　　开票人：王三部　　销货方：（章）

表4-76-3

江苏增值税专用发票

3239689291

No 44009594

开票日期：2014 年 12 月 16 日

购货方	名　　称：滨江机械制造股份有限公司 纳税人识别号：320100230009700 地　址、电　话：滨江市滨江路 219 号 开户行及账号：工商银行滨江分行滨江支行 0770180184000018018	密码区	213*8799>>345/9 234>3411/4123/6 21434*324/31155 087/117/8>7>>>5	加密版本 02 3000066690 00000909

货物或应税劳务名称	规格型号	单位	数量	单价	金　额	税率	税　额
电费		千瓦时	325 000	0.75	243 750.00	17%	41 437.50
合　　计					￥243 750.00		￥41 437.50

价税合计（大写）　⊗贰拾捌万伍仟壹佰捌拾柒元伍角整　　　（小写）285 187.50

销货方	名　　称：中国华能电力股份公司滨江分公司 纳税人识别号：234677903698790 地　址、电　话：滨江市大江路 825 号 开户行及账号：工商银行东南分行下关支行 077012342356578908	备注	（中国华能电力股份公司滨江分公司 234677903698790 发票专用章）

收款人：邓山林　　　复核：　　　开票人：王三部　　　销货方：（章）

表4-76-4

滨江机械制造股份有限公司电费分配表

2015 年 12 月 16 日

编号	用　途	耗电量	单　价	金　额
	一车间	120 000	0.75	90 000.00
	二车间	160 000		120 000.00
	辅助车间	40 000	滨江机械制造 股份有限公司 财务专用章	30 000.00
	厂部	5 000		3 750.00
	合　计	325 000		243 750.00

主管：李南　　　制单：赵期　　　审核：刘能　　　记账：冯峰

表4-77-1

工商银行
转账支票存根

支票号码　No 5409870

附加信息

出票日期　2015 年 12 月 16 日
收款人：滨江市雨花区博乐电子经销部
金　额：￥1 200.00
用　途：投影机灯泡
备　注：

单位主管　李南　　　会计　阳丽
复　　核　　　　　　记账

表4-77-2   江苏省滨江市国家税务局通用机打发票

发票代码 2106545409195
发票号码 29594347

开票日期 2015 年 12 月 16 日　　　行业分类　商业

付款方名称：滨江机械制造股份有限公司	机打发票代码：2106545409195
付款方识别号：0770180184000180018	机打发票号码：29594347

开票项目	单价	数量	折扣	金额(人民币)	附注
投影机灯泡	1 200	1		1 200.00	

厂部办公室已领用。领用人：肖明涛（签字）

金额合计(大写)：人民币壹仟贰佰元整　　　　　(小写)￥：1 200.00

收款单位名称：滨江市雨花区博乐电子经销部　　税务登记号：320111002301197
收款单位地址：滨江市雨花区创山路 2409 号　　开户银行：中国工商行滨江分行滨江支行
收款单位电话：1358904589　　　　　　　　　开户账号：0770181840008001801

开票人：郝明

表4-78-1

工商银行
转账支票存根

支票号码　No 5409871

附加信息

出票日期 2015 年 12 月 16 日

收款人：滨江市大厂区机械设备销售部
金　额：￥1 400.00
用　途：购买修理用工器具
备　注：

单位主管　李南　　会计　阳丽
复　核　　　　　　记账

表4-78-2   江苏省滨江市国家税务局通用机打发票

发票代码 2105649195405
发票号码 20794601

付款方名称：滨江机械制造股份有限公司	机打发票代码：2105649195405
付款方识别号：0770180184000180018	机打发票号码：20794601

开票项目	单价	数量	折扣	金额(人民币)	附注
修理用工具	700	2		1 400.00	

金额合计(大写)：人民币壹仟肆佰元整　　　　　(小写)￥：1 400.00

收款单位名称：滨江市大厂区机械设备销售部　　税务登记号：320188092300907
收款单位地址：滨江市大厂区小山路 940 号　　　开户银行：中国工商行大厂分行小山支行
收款单位电话：1358904589　　　　　　　　　　开户账号：0781840080018007011

开票人：郝明

表4-79-1   江苏增值税专用发票   No 46879799

3249573279   开票日期：2015 年 12 月 16 日

购货方	名　称：滨江机械制造股份有限公司 纳税人识别号：320100230009700 地　址、电　话：滨江市滨江路 219 号 开户行及账号：工商银行滨江分行滨江支行 077018018400018018	密码区	213*8799››345/9　　加密版本 02 234›3411/4123/6　　3405643690 21434*324/31155 087/117/8›7›››5　　13245909

货物或应税劳务、服务名称	规格型号	单位	数量	单价	金　额	税率	税　额
甲材料		千克	16 000	10.20	163 200.00	17%	27 744.00
合　计					￥163 200.00		￥27 744.00

价税合计（大写）　⊗壹拾玖万零玖佰肆拾肆元整　　　　　　（小写）190 944.00

销货方	名　称：上海天浩材料股份有限公司 纳税人识别号：310436609096518 地　址、电　话：上海市莘庄 2134 号 开户行及账号：农业银行莘庄支行 210580480300312790	备注	（上海天浩材料股份有限公司 310436609096518 发票专用章）

收款人：尚婕妤　　　复核：海丽玉　　　开票人：田红红　　　销货方：（章）

表4-79-2   货物运输业增值税专用发票

3213007281   发票代码：442002156
                                         开票日期 2015 年 12 月 16 日

承运人及 纳税人识别号	上海家园物流有限公司 210400267034001	密码区	213*8799››345/9　　加密版本 02 234›3411/4123/6　　3400954690 21434*324/31155 087/117/8›7›››5　　87900909
实际受票方及 纳税人识别号	滨江机械制造股份有限公司 320100230009700		
收货人及 纳税人识别号	滨江机械制造股份有限公司 320100230009700	发货人及 纳税人识别号	上海天浩材料股份有限公司 310436609096518

起运地、经由、到达地　上海、无锡、滨江、滨江市滨江路 219 号

费用项目及金额	费用项目	金额	费用项目	金额	运输货物信息	甲材料
	运输费用	2 000.00				

合计金额	2 000.00	税率	11%	税额	220.00	机器编号	659001034091

价税合计（大写）　⊗贰仟贰佰贰拾元整　　　　　　（小计）￥2 220.00

车种车号	货车沪 H2900		车船吨位	40	备注	（上海家园物流有限公司 210400267034001 发票专用章）
主管税务机关 及代码	上海市松江区国家税务局——松江分局 0423230					

收款人：袁莉　　　复核人：张浩　　　开票人：平英　　　承运大：（章）

表4-79-3

中国工商银行 银行汇票

付款期限 壹个月		(多余款账通知) 4	地名 000890号

出票日期（大写）	贰零壹伍年壹拾贰月壹拾陆日	代理付款行：上海工行南汇办事处 行 号：600890

收款人	上海天浩材料股份有限公司	账号或地点	

出票金额	人民币（大写）	贰拾万元整	

实际结算金额	人民币（大写）	壹拾玖万叁仟壹佰陆拾肆元整	万千百十万千百十元角分 ￥1 9 3 1 6 4 0 0

账号或地址：上海市 210580480300312790

汇款人：上海天浩材料股份有限公司	多余金额
签发行：上海工行南汇办事处	十万千百十元角分
汇款用途：购材料 2015.12.14	￥ 6 8 3 6 0 0
签发行签章 2015年12月14日	财务主管　复核　经办

左列退回多余金额已收入你账户内

出票行作多余款项贷方凭证

表4-79-4

江苏增值税专用发票

3249573279

No 46879799

开票日期：2015年12月16日

购货方	名　　　称	滨江机械制造股份有限公司	密码区	213*8799>>345/9 234>3411/4123/6 21434*324/31155 087/117/8>7>>>5	加密版本 02 3405643690 13245909
	纳税人识别号	320100230009700			
	地　址、电　话	滨江市滨江路219号			
	开户行及账号	工商银行滨江分行滨江支行 077018018400018018			

货物或应税劳务、服务名称	规格型号	单位	数量	单价	金　额	税率	税　额
甲材料		千克	16 000	10.2	163 200.00	17%	27 744.00
合　　计					￥163 200.00		￥27 744.00

价税合计（大写）	⊗壹拾玖万零玖佰肆拾肆元整	（小写）190 944.00

销货方	名　　　称	上海天浩材料股份有限公司	备注	
	纳税人识别号	310436609096518		
	地　址、电　话	上海市莘庄2134号		
	开户行及账号	农业银行莘庄支行 210580480300312790		

收款人：尚婕妤　　复核：海丽玉　　开票人：田红红　　销货方：（章）

第二联 抵扣联 购货方扣税凭证

表4-79-5　　　　　　　　　　　货物运输业增值税专用发票

3213007281　　　　　　　　　　　　　　　　　　　　　　　发票代码：442002156

　　　　　　　　　　　　　　　　　　　　　　　　　　　　　开票日期 2015 年 12 月 16 日

承运人及纳税人识别号	上海家园物流有限公司　210400267034001			密码区	213*8799>>345/9　　加密版本 02 234>3411/4123/6　　3400954690 21434*324/31155 087/117/8>7>>>5　　87900909
实际受票方及纳税人识别号	滨江机械制造股份有限公司　320100230009700				
收货人及纳税人识别号	滨江机械制造股份有限公司　320100230009700		发货人及纳税人识别号	上海天浩材料股份有限公司　310436609096518	
起运地、经由、到达地	上海、无锡、滨江、滨江市滨江路 219 号				
费用项目及金额	费用项目	金额	费用项目	金额	运输货物信息：甲材料
	运输费用	2 000.00			
合计金额	2 000.00	税率	11%	税额 220.00　机器编号 659001034091	
价税合计（大写）	⊗贰仟贰佰贰拾元整			（小计）¥2 220.00	
车种车号	货车沪 H2900	车船吨位	40	备注	
主管税务机关及代码	上海市松江区国家税务局——松江分局　0423230				

收款人：袁莉　　　复核人：张浩　　　开票人：平英　　　承运人：（章）

表4-80-1

附件

记账凭证说明

2015 年 12 月 16 日，根据滨江机械制造股份有限公司与滨江钢铁股份有限公司于年初签订的代销合同，将 500 件 W04 产品委托其代销，销售单价为 1 600 元/件，采用收取手续费方式，手续费为销售价款的 10%。合同备查。

代销合同备查公司文件 LJHXHT—01—03

财务总监：李南　　　滨江机械制造股份有限公司财务专用章　　　2015 年 12 月 16 日

表4-80-2　　　　　　　　　**滨江机械制造股份有限公司商品出库单**

领货单位：销售处　　　　　2015 年 12 月 16 日　　　　　编号：1213

商品名称	单位	数量	单位成本	总成本	仓库
W04 产品	件	500	1 200.00	600 000.00	成品库
合计				600 000.00	

主管：王平　　　发货：计发　　　收货：赵明　　　制单：吴晓

表4-81-1

附件	
记账凭证说明	
2015年12月17日，合肥肥东奶业股份有限公司前欠货款500 000.00元收回，根据公司给予付款方的现金折扣条件（2/20、1/40、N/60），付款方在20日支付款项，本公司应给予2%的折扣，折扣金额为10 000元（500 000*2%）。	
财务总监：李南　　滨江机械制造股份有限公司财务专用章	2015年12月17日

表4-81-2　　　　　中国工商银行　进账单(收账通知)

2015年12月17日　　　　　　　　　　第14242号

付款人	全称	合肥肥东奶业股份有限公司	收款人	全称	滨江机械制造股份有限公司	此联是银行交给收款人的回单
	账号	274184060188010884		账号	077018018400018018	
	开户银行	工商银行合肥分行肥东支行		开户银行	工商银行滨江分行滨江支行	
人民币（大写）	肆拾玖万元整				千百十万千百十元角分 4 9 0 0 0 0 0	
票据种类	银行汇票			收款人开户银行盖章　2015.12.17		
票据张数	1张					
单位主管　　会计　　复核　　记账						

表4-81-3　　中国工商银行滨江分行(滨江支行)借记/贷记通知(借记)

流水号：675765787　　　　　　　　　交易日期：2015年12月17日

收款单位全称：滨江和海家具有限公司	
收款单位账号：070780486540312450	凭证编号：
付款单位全称：滨江机械制造股份有限公司	银行名称：工商银行滨江分行滨江支行
付款单位账号：077018018400018018	起息日期：2015年12月17日
交易名称：系统内划款	交易金额：RMB764400.00
摘要：偿还前欠（商业汇票）货款	

注：如果日期、流水号、摘要、金额相同，系重复打印。

经办柜员：11017352
2015—12—17　9:51:30

表4-81-4

附件
记账凭证说明
2015年12月17日，支付本公司前欠货款（商业汇票）780 000.00元，根据滨江和海家具有限公司给予付款方的现金折扣条件（2/30、1/60、N/90），我方在30日支付款项，滨江和海家具有限公司应给予本公司2%的折扣，折扣金额为15 600元（780 000*2%）。 　　　　　　　　　　　　　　　　　　　　　　财务总监：李南　　　滨江机械制造股份有限公司 财务专用章　　　2015年12月17日

表4-82-1　　　　　　　　**工商银行　网上银行电子回单**

电子回单号码：

	回单类型	网上转账汇款		指令序号	HQWEQ000007893769054378
付款人	户名	丽江双龙化工有限公司	收款人	户名	滨江机械制造股份有限公司
	卡（账）号	8018400990087694444		卡（账）号	0770180184000180018
	地区	丽江市一曼街214号		地区	滨江市滨江路219号
	网点	工商银行一曼街支行		网点	工商银行滨江分行滨江支行
币种		人民币	钞汇标志		钞
金额		1 000 000.00	手续费		20.00元
合计		人民币（大写）壹佰万零贰拾元整			
交易时间		2015年12月17日10时23分	时间戳		2015-12-17-10.24.09
附言：					
验证码：QWERT5609EWREWGFVCM					
记账网点	滨江支行	记账柜员	GT0090067	记账日期	2015-12-17

（电子回单专用章）　　　　　　　　　　　　　　　　　　　　　　　　　　贷方回单

表4-83-1

工商银行
转账支票存根
支票号码　No 2005623
附加信息
出票日期　2015年12月17日
收款人：滨江市环境保护局
金　额：¥20 000.00
用　途：环保罚款
备　注：
单位主管　李南　　会计　阳丽
复　核　　　　　　记账

表4-83-2

江苏省代收罚款收据

No 20098703
2015 年 12 月 17 日

当事人	滨江机械制造股份有限公司	执法机构代码 3200980097
处罚决定书号：HBQ66677		出发日期：2015.12.17
处罚金额￥20 000.00		没收金额
加收罚款金额		
合计￥20 000.00		
合计金额（大写）贰万元整		
上缴国库		预算级次

不 准 报 销

代收机构(章)　　　　　收款人：明句　　　　　复核人：萧石

表4-84-1

附件

记账凭证说明

　　2015 年 12 月 17 日，公司租入固定资产一台，公允价值为 1 120 000.00 元，租赁费总额为 1 200 000.00 元，设备使用年限为 5 年，本企业租用 4 年，设备为全新租入。每年年末支付 300 000.00 元租金，租赁期届满设备所有权无偿转移给本公司。租赁合同利率为 6%。履约成本由承租人负担。

财务总监：李南

滨江机械制造
股份有限公司
财务专用章

2015 年 12 月 17 日

表4-84-2　**滨江机械制造股份有限公司实际利率法分摊未确认融资费用计算表**

2015 年 12 月 17 日　　　　　单位：元

计息日期	租金	实际利率	确认的融资费用	应付本金减少额	应付本金余额
2015 年 12 月 17 日					1 039 530.00
2015 年 11 月 11 日	300 000	6%	62 371.80	237 628.20	801 901.80
2016 年 11 月 11 日	300 000	6%	48 114.11	251 885.89	550 015.91
2017 年 11 月 11 日	300 000	6%	33 000.95	266 999.05	28 3016.86
2018 年 11 月 11 日	300 000	6%	16 983.14	28 3016.86	0
总　　额	1 200 000		160 470.00	1 039 530.00	

主管：李南　　复核：江复叶　　记账：刘继业　　制单：修德

第四章 经济业务　　　241

表4-84-3　滨江机械制造股份有限公司固定资产交接(验收)单

验收日期　2015 年 12 月 17 日　　　　　　　　No 45676879

调出单位	华联实业股份公司			调入单位	滨江机械制造股份有限公司			
固定资产编号	名称	规格	型号	计量单位	数量	建造单位	建造编号	资金来源	附属技术资料
D36	机床	SM-400	BM121	台	1	长机	CJ110	租入	说明书
总 价 (净值)	工程费	设备费	安装费	运杂费	包装费	其他	合 计	预计年限	净产值率
		1 039 530					1 039 530	5	1%
	生　产　设　备			滨江机械制造股份有限公司财务专用章		原值	1 039 530	已提折旧	
备 注	管理部门			验收人签章		原钟鸣	使用人签章	武源	

主管：张明峰　　　会计：　　　　复核：郑黎　　　制表：齐云提

表4-85-1　中国工商银行　进账单(收账通知)

2015 年 12 月 17 日　　　　　　　　第 1442 号

付款人	全　称	滨江西山设备股份有限公司	收款人	全　称	滨江机械制造股份有限公司
	账　号	070184070180011880		账　号	0770180184400018018
	开户银行	工商银行滨江分行滨江支行		开户银行	工商银行滨江分行滨江支行

人民币 (大写)	陆万元整		￥60 000 00
票据种类	转账支票	收款人开户银行盖章	 2015.12.17
票据张数	1 张		
单位主管	会计　　复核　　记账		

表4-85-2　江苏增值税专用发票

3278565288　　　此联不作报税费抵扣凭证使用　　　No 46875763

开票日期：2015 年 12 月 17 日

购货方	名　　称：滨江西山设备有限责任股份公司	密码区	213*9934>>5/879　加密版本 02
	纳税人识别号：323440970010520		2341123/61/4 >34　3404365690
	地　址、电　话：滨江市滨北路 2249 号		21434*324/31155
	开户行及账号：工商银行滨江分行滨江支行 070184070180011880		087/1>>17/8>7>5　24590139

货物或应税劳务、服务名称	规格型号	单位	数量	单价	金　额	税率	税　额
商标权使用费				56 603.77	56 603.77	6%	3 396.23
合　　计					￥56 603.77		￥3 396.23
价税合计(大写)	⊗陆万元整					(小写) 60 000.00	

销货方	名　　称：滨江机械制造股份有限公司	备注	滨江机械制造股份有限公司 320100230009700 发票专用章
	纳税人识别号：320100230009700		
	地　址、电　话：滨江市滨江路 219 号		
	开户行及账号：工商银行滨江分行滨江支行 0770180184400018018		

收款人：王丽丽　　复核：张任　　开票人：淳于志　　销货方：(章)

表4-86-1

公益性单位接受捐赠统一收据

2015 年 12 月 18 日

付款单位（交款人）	滨江机械制造股份有限公司	收款单位（领款人）	中国希望工程基金会滨江分会	收款项目	公益捐助							
人民币（大写）	贰万元整			十万	千	百	十	元	角	分	结算	
				￥	2	0	0	0	0	0	0	支票
收款事由	自然灾害捐款		经办	部门								
				人员								
上述款项照数收讫无误。收款单位财会专用章：	（领款人签章）	会计主管 刘方	稽核	出纳	交款人 梁丽							

（盖章：中国希望工程基金会滨江分会 财务专用章 2015.12.18）

第二联 记账凭证

使用规定：1. 本收据只作非经营性专用收款收据，不能代替发票使用；
2. 结算方式按现金、转账、信汇、电汇等方式分别填制；
3. 本收据一式三联复写，不得涂改，如写错，不得撕毁要保留备查。

表4-86-2

工商银行
转账支票存根

支票号码　No 44482245

附加信息

出票日期　2015 年 12 月 18 日

收款人：	中国希望工程基金会滨江分会
金　额：	￥20 000.00
用　途：	捐款
备　注：	
单位主管 李南	会计 阳丽
复　核	记账

表4-87-1

工商银行
转账支票存根

支票号码　No 233574683

附加信息

出票日期　2015 年 12 月 18 日

收款人：	滨江地方税务局契税所
金　额：	￥48 000.00
用　途：	契税
备　注：	
单位主管 李南	会计 阳丽
复　核	记账

表4-87-2

工商银行
转账支票存根

支票号码　No 233574683

附加信息

出票日期　2015 年 12 月 18 日

收款人：	滨江大地房地产开发有限公司
金　额：	￥1 600 000.00
用　途：	房款
备　注：	
单位主管 李南	会计 阳丽
复　核	记账

表4-87-3

中华人民共和国税收缴款书(契税专用)

(15)江苏地税 00897779

填发日期：2015年12月18日　　　税务机关：滨江地方税务局契税所

纳税人识别号	432632897654		纳税人名称	滨江机械制造股份有限公司	
土地、房屋地址			成交面积	用途	存量房办公
税种	品目名称	计税依据	税率或单位税额	减免税额	税款所属时间	实缴金额
契税	房屋买卖	1 600 000.00	0.03		2015年12月18日到2015年12月25日	¥48 000.00
金额合计	(大写)人民币肆万捌仟元整					¥48 000.00
税务机关（盖章）滨江地方税务局契税所征税专用章			填票人：蒋敏		契税征收 (15)0000004574908 房地产交易契税申报 230109196511270435348 人民银行滨江市市级金库	

第一联（收据）交纳税人作完税凭证

妥善保管

表4-87-4　　销售不动产统一发票(电子)

开票日期：2015年12月18日　　　　　　　　　　　　　　　No 34609829

机打代码	546908123				密码区	213*8799>>3455/9 234>3455/41235/6 21434*324/3256455 087/567/8>7>>>5	加密版本 02 3401499090 19927809	
机打号码	546908123							
机器号码	009008							
付款方名称	滨江机械制造股份有限公司				身份证号码/组织机构代码/纳税人识别号		320100230009700	
收款方名称	滨江大地房地产开发有限公司				身份证号码/组织机构代码/纳税人识别号		320100230567780	
不动产项目名称	不动产项目编号	销售不动产楼牌号	建筑面积( ) 套内面积( ) (单位：M²)	单价(单位：元/M²)		金额(元)	款1.预售定金 项2.预收购房款 性3.购房款 质4.其他	
房屋	45097809	230—8	100	16 000		1 600 000.00		
合计金额(大写)	壹佰陆拾万元整					¥1 600 000.00		
备注					机关及代码	滨江地税局滨江分局		

开票人：生芳芳　　　　　　　　　　　　　　　　　　开票单位签章：

第一联 发票联 (付款方付款凭证)

表4-87-5 **滨江机械制造股份有限公司固定资产交接(验收)单**

验收日期 2015年12月18日　　　　　　　　　　　　　　　　　　　　　　No 876576

固定资产编号	名称	规格	型号	计量单位	数量	建造单位	购入日期	投入使用日期		
F12	房屋	楼房	办公	套	1	大地房产	2015.12.18	2015.12.18		
总价(净值万元)	工程费	设备费	安装费	运杂费	包装费	其他	合计	预计年限	净产值率	
	1 648 000.00						1 648 000.00	50	5%	
用途	办公用房		原值	1 648 000.00		已提折旧	0	折旧率	2%	
备注	合格、交综合办		验收人签章	李原灏		使用人签章	李南			

（滨江机械制造股份有限公司 财务专用章）

第三联 会计记账联

表4-88-1

附件

记账凭证说明

2015年12月18日，根据三届2次股东大会的决议，并经滨江市人民银行[2009]34号文批准，公司委托滨江民族证券公司发行3年期、年利率7%、面值5 000 000.00元的债券，每年6月30日和12月31日付息，发行时市场利率5%，发行总价为5 272 325.00元。发行手续费为总价款的0.3‰，证券公司从发行收入中扣除。本次发行债券所筹集资金主要用于研发改进二车间生产设备的产能。

发行债券批复文件备查公司文件LJHXPF—12—001。

委托合同备查公司文件LJHXHT—12—04。

　　　　　　　　　　　　　　　　　　　　　　　　　财务总监：李南

（滨江机械制造股份有限公司 财务专用章）　　2015年12月18日

表4-88-2　　　　　　　中国工商银行　**进账单(回单)**　　3　　No 909870

　　　　　　　　　　　　2015年12月18日　　　　　　　　　　　　　　第7278号

付款人	全称	滨江民族证券公司	收款人	全称	滨江机械制造股份有限公司
	账号	0707180880909781 23		账号	0770180184000180 18
	开户银行	工商银行江滨支行		开户银行	滨江分行滨江支行

人民币(大写)	伍佰贰拾柒万零柒佰肆拾叁元叁角整	千百十万千百十元角分 ¥ 5 2 7 0 7 4 3 3 0

票据种类	汇入	收款人开户银行盖章
票据张数	1张	

| 单位主管 | 　　 | 会计 | 　　 | 复核 | 　　 | 记账 | 　　 |

（中国工商银行滨江分行滨江支行 业务核算章 2015.12.18）

此联是银行交给收款人的回单

表4-88-3　　　　　　　　中国工商银行　　业务收费凭证
　　　　　　　　币别：人民币　　2015 年 12 月 18 日　　　　　　　　流水号：674824

付款人：滨江机械制造股份有限公司		账号：077018018400018018		
项目名称	工本费	手续费	电子汇划费	邮电费	金额
债券发行费		1 581.70			
金额(大写)壹仟伍佰捌拾壹元柒角整					
付款方式　账内划款					

第二联　客户回单

表4-89-1　　　**滨江机械制造股份有限公司商品出库单**

　　　　领货单位：新建仓库　　2015 年 12 月 18 日　　　　　　　编号：923

商品名称	单位	数量	销售单价	生产成本	总成本	公允价值	备注
W04 产品	件	100	1 500	1 021.25	102 125.00	150 000.00	01 项目仓库领用
W03 产品	件	100	1 600	1 200.00	120 000.00	160 000.00	01 项目仓库领用
合　计					222 125.00	310 000.00	

主管：王平　　　发货：计发　　　收货：赵明　　　制单：吴晓

表4-89-2

附件

记账凭证说明

　　2015 年 12 月 18 日，本公司自行建造房屋建筑物，建造房屋销项税需要计算并计入房屋建造成本，建造房屋领用产品的销项税，经税务机后批准，可以按账面价值计算，销项税额为 52 700.00 元（310 000.00*17%）。

财务总监：李南

2015 年 12 月 18 日

表4-90-1   3201718217

货物运输业增值税专用发票

No 79493456
开票日期 2015 年 12 月 18 日

承运人及纳税人识别号	滨江快运物流有限公司 233456563454342			密码区	213*8799>>345/9 234>3411/4123/6 21434*324/31155 087/117/8>7>>>5	加密版本 02 3404532690 19145649
实际受票方及纳税人识别号	江汉江隆化工有限公司 120029097802390					
收货人及纳税人识别号	江汉江隆化工有限公司 120029097802390		发货人及纳税人识别号	滨江机械制造股份有限公司 3201002300009700		
起运地、经由、到达地	江汉市晓山路 179 号					

费用项目及金额	费用项目	金额	费用项目	金额	运输货物信息	W03 产品
	运输费用	1 000.00				
合计金额	1 000.00	税率	11%	税额	110.00	机器编号 854198060391
价税合计（大写）	⊗壹仟壹佰壹拾元整				（小计）¥1 110.00	
车种车号	货车苏 A4973		车船吨位	20	备注	
主管税务机关及代码	滨江市滨江区国家税务局——玄武分局 2113344					

收款人：徐小凤　　复核人：白雪　　开票人：吉安　　承运人：（章）

表4-90-2   3201718217

货物运输业增值税专用发票

No 79493457
开票日期 2015 年 12 月 18 日

承运人及纳税人识别号	滨江杨庄大件装卸有限公司 265433455434263			密码区	213*8799>>345/9 234>3411/4123/6 21434*324/31155 087/117/8>7>>>5	加密版本 02 3487666690 1879009
实际受票方及纳税人识别号	滨江机械制造股份有限公司 320100230009700					
收货人及纳税人识别号	滨江机械制造股份有限公司 320100230009700		发货人及纳税人识别号	滨江机械制造股份有限公司 320100230009700		
起运地、经由、到达地	滨江市滨江路 219 号、滨江快运物流有限公司					

费用项目及金额	费用项目	金额	费用项目	金额	运输货物信息	W03 产品
	装卸费用	200.00				现金付讫
合计金额	200.00	税率	6%	税额	12.00	机器编号 854198060391
价税合计（大写）	⊗贰佰壹拾贰元整				（小计）¥212.00	
车种车号	货车苏 A8991		车船吨位	20	备注	
主管税务机关及代码	滨江市滨江区国家税务局——玄武分局 2113344					

收款人：谢平　　复核人：解时　　开票人：叶铭　　承运人：（章）

表4-90-3

工商银行
转账支票存根
支票号码　No 44483098
附加信息
出票日期　2015 年 12 月 18 日
收款人：滨江快运物流有限公司
金　额：¥1 322.00
用　途：产品装卸费
备　注：
单位主管　李南　　会计　阳丽
复　核　　　　　　记账

表4-90-4

货物运输业增值税专用发票

3201718217　　　　　　　　　　　江　苏　　　　　　　　　　　No 79493456
　　　　　　　　　　　　　　　　抵 扣 联　　　　　　　开票日期 2015 年 12 月 18 日

承运人及纳税人识别号	滨江快运物流有限公司 233456563454342			密码区	213*8799>>345/9　加密版本 02 234>3411/4123/6　3404532690 21434*324/31155 087/117/8>7>>>5　19145649	
实际受票方及纳税人识别号	江汉江隆化工有限公司 120029097802390					
收货人及纳税人识别号	江汉江隆化工有限公司 120029097802390		发货人及纳税人识别号	滨江机械制造股份有限公司 320100230009700		第 二 联
起运地、经由、到达地	江汉市晓山路 179 号					抵 扣 联
费用项目及金额	费用项目 运输费用	金额 1 000.00	费用项目	金额	运输货物信息	W03 产品	受 票 方 扣 税 凭 证
合计金额	1 000.00	税率	11%	税额	110.00	机器编号	854198060391	
价税合计（大写）	⊗壹仟壹佰壹拾元整				（小写）¥1 110.00	
车种车号	货车苏 A4973			车船吨位	20	备注		
主管税务机关及代码	滨江市滨江区国家税务局——玄武分局 2113344						

收款人：徐小凤　　　复核人：白雪　　　开票人：吉安　　　承运人：（章）

第四章 经济业务

表4-90-5 货物运输业增值税专用发票

3201718217 No 79493457

开票日期 2015 年 12 月 18 日

承运人及纳税人识别号	滨江杨庄大件装卸有限公司 265433455434263			密码区	213*8799>>345/9 加密版本 02 234>3411/4123/6 3487666690 21434*324/31155 087/117/8>7>>>5 1879009
实际受票方及纳税人识别号	滨江机械制造股份有限公司 320100230009700				
收货人及纳税人识别号	滨江机械制造股份有限公司 320100230009700	发货人及纳税人识别号		滨江机械制造股份有限公司 320100230009700	
起运地、经由、到达地	滨江市滨江路 219 号 、滨江快运物流有限公司				
费用项目及金额	费用项目	金额	费用项目	金额	运输货物信息	W03 产品
	装卸费用	200.00				现金付讫
合计金额	200.00	税率	6%	税额	12.00	机器编号	854198060391
价税合计(大写)	⊗贰佰壹拾贰元整			(小计)¥212.00	
车种车号	货车苏 A8991	车船吨位	20	备注	
主管税务机关及代码	滨江市滨江区国家税务局——玄武分局 2113344				
收款人:谢平	复核人:解时	开票人:叶銘		承运人:(章)	

表4-91-1 滨江民族证券有限公司

成 交 过 户 交 割 单

2015 年 12 月 19 日

股东编号	0000454690	成交证券	中国平安
电脑编号	670980789	成交数量	2000(股)
公司代码	67	成交价格	45.00
申请编号	88	成交金额	90 000.00
申报时间	10:30:30	佣 金	180.00
成交时间	11:25:23	过户费	6.00
上次余额	20 000(股)	印花税	27.00
本次成交	2 000(股)	应收金额	89 782.00
本次余额	18 000(股)	到期日期	
附加费用	5.00	实收金额	89 782.00

表4-91-2 滨江民族证券有限公司

保 证 金 转 出 凭 证

2015 年 12 月 19 日

转出	交易账户	0000454690	转入	存折户名	滨江机械制造股份有限公司
	股东姓名	中国民族证券有限公司		存折账号	0707180880909781123
人民币(大写)	捌万玖仟柒佰捌拾贰元整				
交易账号	0000454690	日期	2015 年 12 月 19 日	取款金额	89 782.00	余额		操作 69
代理人				身份证号码	230102198701010234

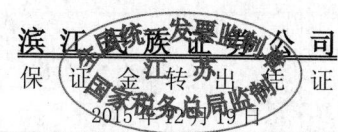

第四章 经济业务

表4-92-1 **滨江机械制造股份有限公司固定资产竣工验收单**

2015 年 12 月 19 日　　　　　　　　　　　　　　　No 4786235

固定资产名称	生产设备	验收日期	2015.12.19	使用部门	一车间
型号规格	SM900	始建日期	2015.2.1	建造部门	中建集团
固定资产编号	DZ-0811	竣工日期	2015.11.30(投入使用)	建造成本	456 000.00
主要技术参数：（略）			验收意见：达到使用要求，质量合格。通过验收。		

设备处主管：强晓　　使用部门：一车间　　设备处验收：施光　　主　管：王浩

表4-93-1　　　　　　　**江苏增值税专用发票**

3274953279　　　　　　　　　　　　　　　　　　　No 46879799

此联不作报税抵扣凭证使用　　　　　　开票日期：2015 年 13 月 19 日

购货方	名　称：滨江钢铁股份有限公司 纳税人识别号：110146598970923 地　址、电　话：滨江市百万庄园 2134 号 开户行及账号：农业银行莘庄支行 0770180220089091 11	密码区	213*8799>>345/9　加密版本02 234>3411/4123/6　3546766690 21434*324/31155 087/117/8>7>>5　76540909

货物或应税劳务、服务名称	规格型号	单位	数量	单价	金额	税率	税额
丁材料		千克	1 000	20	20 000.00	17%	3 400.00
合　计					￥20 000.00		￥3 400.00
价税合计（大写）	⊗贰万叁仟肆佰元整					（小写）23 400.00	

销货方	名　称：滨江机械制造股份有限公司 纳税人识别号：320100230009700 地　址、电　话：滨江市滨江路 219 号 开户行及账号：工商银行滨江分行滨江支行 077018018400018018	备注	

收款人：王丽丽　　复核：张任　　开票人：淳于志　　销货方：（章）

表4-93-2 **滨江机械制造股份有限公司材料出库单**

领料单位：滨江钢铁股份有限公司

用　途：销售　　　　　　　2015 年 12 月 19 日　　　　　No 860722

编号	材料类别	材料名称及规格	计量单位	数量 请领	数量 实领	单价	金额
	原料及主要材料	丁材料	千克	1 000	1 000	14.50	14 500.00
					滨江机械制造股份有限公司财务专用章		
			合　　计				14 500.00

领料单位负责人（签字）：王强　　记账：王震　　发料：王乾　　领料：章豪

表4-93-3　　　　　　　　中国工商银行　**进账单(回单)**　　　3　No 881111
　　　　　　　　　　　　　　　2015 年 12 月 19 日　　　　　　　　　　　第 7278 号

付款人	全　称	滨江钢铁股份有限公司	收款人	全　称	滨江机械制造股份有限公司
	账　号	0770180220089091111		账　号	0770180184000018018
	开户银行	农业银行莘庄支行		开户银行	工商银行滨江分行滨江支行

人民币(大写)	贰万叁仟肆佰元整	千百十万千百十元角分 ¥ 2 3 4 0 0 0 0
票据种类	汇入	收款人开户银行盖章
票据张数	1 张	（中国工商银行滨江分行滨江支行 业务核算章 2015.12.19）

单位主管　　会计　　复核　　记账

表4-94-1　　　　　　　　　**江苏增值税专用发票**
3280569232　　　　　　　　　　　　　　　　　　　　　　　　　　　　No 167395270
　　　　　　　　　　　　　此联不作报销总账凭证使用　　　　　　开票日期：2015 年 12 月 19 日

购货方	名　　称：	滨江设备制造股份有限公司	密码区	213*8799>>345/9	加密版本 02
	纳税人识别号：	320120232209701		234>3411/4123/6	3403421690
	地　址、电　话：	滨江市北京西路路 519 号		21434*324/31155	
	开户行及账号：	工商银行滨江分行北京路支行 0770180181800184000		087/117/8>7>>>5	13240909

货物或应税劳务、服务名称	规格型号	单位	数量	单价	金　额	税率	税　额
专利权（产品制造方法）					1 800 000.00	6%	108 000.00
合　　　　计					¥1 800 000.00		¥108 000.00

价税合计（大写）	⊗壹佰玖拾万零捌仟元整	（小写）¥1 908 000.00

销货方	名　　称：	滨江机械制造股份有限公司	备注	（滨江设备制造有限公司 3208987560089884 发票专用章）
	纳税人识别号：	320100230009700		
	地　址、电　话：	滨江市滨江路 219 号		
	开户行及账号：	工商银行滨江分行滨江支行 0770180184000018018		

收款人：王丽丽　　复核：张任　　开票人：淳于志　　销货方：（章）

第一联　记账联　销货方记账凭证

第四章 经济业务

表4-94-2
滨江机械制造股份有限公司无形资产销售损益计算单
2015年12月19日

无形资产项目		专利权	清理原因		不需用
无形资产清理损失发生额			无形资产清理利得发生额		
清理支出项目		金额	清理收入项目		金额
原始价值		1 940 000.00	出售价款		1 800 000.00
减:累计摊销		224 250.00	滨江机械制造		
减值准备		0	股份有限公司		
净值		1 715 750.00	财务专用章		
处置费用			处置资产收入小计		1 800 000.00
处置资产价值小计		1 715 750.00	处置资产净收入小计		84 250.00

净收益
固定资产　　金额捌万肆仟贰佰伍拾元整
　净损失

主管：　　　　　制表：吴军　　　　记账：　　　　复核：郝萍

表4-95-1

工商银行
现金支票存根
支票号码　No 900876

附加信息

出票日期　2015年12月20日
收款人：滨江机械制造股份有限公司
金　额：¥5 000.00
用　途：备用
备　注：
单位主管　李南　　会计　阳丽
复　核　　　　　记账

表4-96-1

工商银行
转账支票存根
支票号码　No 6669088

附加信息

出票日期　2015年12月20日
收款人：滨江化工集团股份有限公司
金　额：¥6 300.00
用　途：支付违约金
备　注：
单位主管　李南　　会计　阳丽
复　核　　　　　记账

表4-96-2
滨江化工集团股份有限公司收款收据
收款日期　2015年12月20日　　　　　　　　No 00769087

交款单位	滨江机械制造股份有限公司		支付方式	转账支票							
人民币（大写）	陆仟叁佰元整				十	万	千	百	十	元	角	分
						¥	6	3	0	0	0	0
收款事由	购买合同没有执行，支付违约金	滨江化工集团股份有限公司财务专用章	经办	部门	销售部						
				人员	水翼						
上级款项向照数收讫无误。收款单位（章）		主管	汪晴	稽核	江梅	出纳	伍原	收款	姜尚		

第四章 经济业务

表4-97-1　　　　　ICBC 中国工商银行　　00227899　　　　ICBC 中国工商银行

业务委托书 回执
苏 A32030914

业务委托书	苏 A32030914	委托日期 2015 年 12 月 20 日		
汇款方式	√现金汇款　□转账汇款　□汇票申请书　□本票申请书　□其他			
汇款人	全称	滨江机械制造股份有限公司	收款人	全称	徐州镜湖环保材料有限公司
	账号/住址	077018018400018018		账号/地址	000110968804940830
	开户行名称	滨江分行滨江支行		开户行名称	农业银行镜湖支行
汇款方式	√普通　□加急　　加急汇款签字	开户银行	省 滨江 市		
币种及金额(大写)	人民币陆拾柒万伍仟元整	¥ 6 7 5 0 0 0 0 0			
用途	偿还贷款	支付密码			

委托人确认上列委托信息填写正确，且已完全理解和接受背面"客户须知"的内容，上列款项及相关费用确认委托人账户内支付。

(中国工商银行滨江分行滨江支行 业务核算章 2015.12.20)

委托人签章：滨江机械制造股份有限公司 财务专用章

委托人全称	滨江机械制造股份有限公司
委托人账号	077018018400018018
收款人全称	徐州镜湖环保材料有限公司
收款人账号	000110968804940830
金额	675 000.00
委托日期	2015 年 12 月 20 日

此联为银行受理通知卡。如委托人申请汇票或本票业务，应凭此联领取汇票或本票。

银行填写	□联动收费　□非联动收费　□不收费	备注	
受理(扫描)：赵宁		审核：安吉利	

表4-98-1　　　　　　　江苏增值税专用发票
3205698278
此联不作报销抵扣税凭证使用
No 19890123
开票日期：2015 年 12 月 21 日

购货方	名　　称：	滨江光明化工有限公司	密码区	213*8799>>345/9 234>3411/4123/6 21434*324/31155 087/117/8>7>>>5	加密版本 02 3567466690 67850909
	纳税人识别号：	120039809807547			
	地　址、电话：	滨江市凤凰路 2279 号			
	开户行及账号：	农业银行凤凰路支行 008899008801299033			

货物或应税劳务、服务名称	规格型号	单位	数量	单价	金　额	税率	税　额
W03		件	500	1 560	780 000.00	17%	132 600.00
合　　计					¥780 000.00		¥132 600.00
价税合计(大写)	⊗玖拾壹万贰仟陆佰元整				(小写)912 600.00		

销货方	名　　称：	滨江机械制造股份有限公司	备注	(滨江机械制造股份有限公司 320100230009700 发票专用章)
	纳税人识别号：	320100230009700		
	地　址、电话：	滨江市滨江路 219 号		
	开户行及账号：	工商银行滨江分行滨江支行 077018018400018018		

收款人：王丽丽　　复核：张任　　开票人：淳于志　　销货方：(章)

第一联 记账联 销货方记账凭证

表4-98-2　　　　　　　中国工商银行　**进账单**(回单)　　　3　　　No 880711
　　　　　　　　　　　　　　2015 年 12 月 21 日　　　　　　　　　　　　第 4556 号

付款人	全 称	滨江光明化工有限公司	收款人	全 称	滨江机械制造股份有限公司
	账 号	0088990088001299033		账 号	077018018400018018
	开户银行	农业银行凤凰路支行		开户银行	工商银行滨江分行滨江支行

人民币(大写)	肆拾叁万贰仟陆佰元整	千 百 十 万 千 百 十 元 角 分
		￥　4 3 2 6 0 0 0 0

票据种类	汇入	收款人开户银行盖章
票据张数	1 张	（盖章：中国工商银行滨江分行滨江支行 业务核算章 2015.12.20）

单位主管　　　会计　　　复核　　　记账

表4-98-3　　　　　　**滨江机械制造股份有限公司商品出库单**

　　购货方：滨江光明化工有限公司　　　2015 年 12 月 21 日　　　　销字第 123 号

商品名称及规格	单 位	数 量	生产成本	总成本	仓库
W03	件	500	1 021.25	510 625.00	成品库
				（盖章：滨江机械制造股份有限公司财务专用章）	
合　计					

主管：李南　　　会计：阳丽　　　记账：张云　　　制单：王丽丽

表4-98-4　　　　**滨江机械制造股份有限公司财务费用和已收本金计算表**
　　　　　　　　　　　　　　2015 年 12 月 21 日　　　　　　　　　　　单位：元

时 间	未收本金	实际利率	财务费用	收现总额	已收本金
2015 年 12 月 21 日	780 000.00				
2016 年 12 月 21 日	780 000.00	7.55%	58 890.00	300 000.00	241 110.00
2017 年 12 月 21 日	538 890.00	7.55%	40 686.00	300 000.00	259 314.00
2018 年 12 月 21 日	279 576.00	7.55%	20 424.00	300 000.00	279 576.00
总　额			120 000.00	900 000.00	780 000.00

（盖章：滨江机械制造股份有限公司财务专用章）

表4-98-5

产 品 销 售 合 同

本合同于 2015 年 12 月 21 日，由滨江机械制造股份有限公司（以下简称甲方）和滨江光明化工有限公司（以下简称乙方），经过友好协商签订，双方共同遵守执行。

第一条　乙方所提供的产品及费用清单

产品名称	型号规格	计量单位	数量	单价（元）	合计（元）	增值税
W03		件	500	1 560	780 000.00	132 600.00

总金额（大写）玖拾壹万贰仟陆佰元整

（略）

第五条　付款方式

1．本合同生效后，乙方在 21 日向甲方支付增值税；
2．产品货款于 12 月 21 日，乙方对甲方支付 300 000 元（共分 3 期）。

（略）

甲方：滨江机械制造股份有限公司（盖章）　　　　　乙方：滨江光明化工有限公司（盖章）

法定代表人：李原灏　　　　　　　　　　　　　　　法定代表人：邢明明

2015 年 12 月 21 日　　　　　　　　　　　　　　　2015 年 12 月 21 日

表4-99-1　　**滨江机械制造股份有限公司差旅费报销单**

2015 年 12 月 20 日

姓名	高伟	单位	技术科		出差日期	12月15日至12月20日		出差人数		1 人	
公出事由		技术交流会议			出差天数	6					
起止日期	起止地点	飞机费	火车费	汽车费	轮船费	公杂费	住宿费		伙食补助		市内车费	其他	合计
							天数	金额	天数	金额			
11.15	滨江-西安		820										820.00
12.20	西安-滨江		660			211	4	1 000	6	120	80		2 071.00
合计													2 891.00
备注	1．市内车费栏指本市及外市的市内交通费。2．附出差审批表。3．注明经费来源。4．随行人员姓名：					报销旅费（大写）：⊗万贰仟捌佰玖拾壹元零角零分 预借旅费（大写）：⊗万贰仟零佰零拾零元零角零分 补付旅费（大写）：⊗万⊗仟捌佰玖拾壹元零角零分 退回旅费（大写）：　万　仟　佰　拾　元　角　分							
批准人：李宇	2015年12月20日					报销人：高伟	2015 年 12 月 20 日						

表4-99-2　　**滨江机械制造股份有限公司付款凭据**

2015 年 12 月 21 日

今支付职工	高伟				
人民币(大写) 捌佰玖拾壹元整				￥891.00	
事由：补付差旅费			现金：√	现金付讫	
			支票：		
收款人	高伟	财务主管	李南	付款人	阳丽

此联为报销凭证

第四章 经济业务

表4-100-1

江苏增值税专用发票

3205698278
此联不作报账、扣税凭证使用

No 44908076
开票日期：2015 年 12 月 20 日

购货方	名　称：滨江钢铁股份有限公司					密码区	213*8799>>345/9 234>3411/4123/6 21434*324/31155 087/117/8>7>>>5	加密版本 02 4356266690 23440909
	纳税人识别号：110146598970923							
	地　址、电　话：滨江市百万庄园 2134 号							
	开户行及账号：农业银行莘庄支行 0770180220089091111							

货物或应税劳务、服务名称	规格型号	单位	数量	单价	金　额	税率	税　额
W04		件	500	1 600	800 000.00	17%	136 000.00
合　　计					￥800 000.00		￥136 000.00

价税合计（大写）：⊗玖拾叁万陆仟元整　　　　　　　　　　　　（小写）936 000.00

销货方	名　称：滨江机械制造股份有限公司	备注
	纳税人识别号：320100230009700	
	地　址、电　话：滨江市滨江路 219 号	
	开户行及账号：工商银行滨江分行滨江支行 077018018400018018	

收款人：王丽丽　　复核：张任　　开票人：淳于志　　销货方：（章）

表4-100-2　　**中国工商银行滨江分行(滨江支行)借记/贷记通知(贷记)**

流水号：435459900　　　　　　　　　　　　　　　交易日期：2015 年 12 月 20 日

收款单位全称：滨江机械制造股份有限公司	
收款单位账号：077018018400018018	凭证编号：
付款单位全称：滨江钢铁股份有限公司	银行名称：农业银行莘庄支行
付款单位账号：0770180220089091111	起息日期：2015 年 12 月 20 日
交易名称：系统内划款	交易金额：RMB842400.00
摘要：收取代销产品款	

注：如果日期、流水号、摘要、金额相同，系重复打印。

经办柜员：11017353
2015—12—20　09:10:40

表4-100-3

附件

记账凭证说明

2015 年 12 月 20 日，根据滨江机械制造股份有限公司与滨江钢铁股份有限公司于年初签订的代销合同的规定，受托代销单位开来代销清单表明，W04 产品 500 件，已经以 1 600.00 元/件销售出去，价款和增值税都已经收到，根据合同规定结算代销手续费。（此处代销清单省略，提示：应该根据代销清单结转销售成本）

代销清单文件 DXQD—02—20

财务总监：李南

2015 年 12 月 20 日

表4-101-1

江苏增值税专用发票

3209998298

此联不作报销抵扣税凭证使用

No 19890324

开票日期：2015年12月21日

购货方	名 称	江汉江隆化工有限公司					密码区	213*8799>>345/9	加密版本 02
	纳税人识别号：	120029097802390						234>3411/4123/6	3406578690
	地 址、电 话：	江汉市晓山路179号						21434*324/31155	
	开户行及账号：	农业银行凤凰南路分理处 010770186600880034						087/117/8>7>>>5	43560909

货物或应税劳务、服务名称	规格型号	单位	数量	单价	金额	税率	税额
W03		件	1 500	1 560	2 340 000.00	17%	397 800.00
合　　计					￥2 340 000.00		￥397 800.00
价税合计（大写）	⊗贰佰柒拾叁万柒仟捌佰元整					（小写）2 737 800.00	

销货方	名 称	滨江机械制造股份有限公司	备注	
	纳税人识别号：	320100230009700		
	地 址、电 话：	滨江市滨江路219号		
	开户行及账号：	工商银行滨江分行滨江支行 077018018400018018		

收款人：王丽丽　　　复核：张任　　　开票人：淳于志　　　销货方：（章）

表4-101-2

托收凭证（受理回单）

委托日期　2015年12月21日　　　　　第1625号

	业务类型	委托收款（□邮划　□电划）　　托收承付（□邮划　✓电划）														
付款人	全称	江汉江隆化工有限公司				收款人	全称	滨江机械制造股份有限公司								
	账号	010770186600880034					账号	077018018400018018								
	地址	湖北省	江汉	市县	开户行	农业银行凤凰南路分理处	地址	江苏省	滨江	市县	开户行	工商银行滨江分行滨江支行				
金额	人民币（大写）	贰佰柒拾伍万伍仟伍佰陆拾元整						千百十万千百十元角分 ￥2 7 5 5 5 6 0 0 0								
款项内容		货款			托收凭据名称		运费、发票									
					张数		1									
商品发运情况		已发运			合同名称号码		销货合同：M×0112									
备注		复核　　　记账			款项收妥日期 年 月 日		收款人开户银行盖章 结算专用章 2015年12月21日									

表4-101-3

工商银行
转账支票存根
支票号码　No 791779
附加信息
出票日期　2015 年 12 月 21 日
收款人：滨江快运物流有限公司
金　　额：¥17 760.00
用　　途：支付销售产品运费
备　　注：
单位主管　李南　　会计　阳丽
复　　核　　　　　记账

表4-101-4

货物运输业增值税专用发票

3201778297　　　　　　　　　　　　　　　　　　　　　　No 79934645

开票日期 2015 年 12 月 21 日

承运人及纳税人识别号	滨江快运物流有限公司 233456563454342		密码区	213*8799>>345/9　　加密版本 02 234>3411/4123/6　　3890766690 21434*324/31155 087/117/8>7>>>5　　89080909
实际受票方及纳税人识别号	滨江机械制造股份有限公司 320100230009700			
收货人及纳税人识别号	江汉江隆化工有限公司 120029097802390		发货人及纳税人识别号	滨江机械制造股份有限公司 320100230009700
起运地、经由、到达地		江汉市晓山路 179 号		
费用项目及金额	费用项目　　金额 运输费用　　16 000.00	费用项目　　金额	运输货物信息	W03 产品
合计金额	16 000.00	税率　11%　税额　1 760.00	机器编号	819398065401
价税合计（大写）	⊗壹万柒仟柒佰陆拾元整			（小计）¥17 760.00
车种车号	货车苏 A9943	车船吨位　20	备注	滨江快运物流有限公司 233456563454342 发票专用章
主管税务机关及代码	滨江市滨江区国家税务局——玄武分局 2113344			

收款人：徐小凤　　复核人：白雪　　开票人：吉安　　承运人：（章）

表4-101-5　　　　　　　　货物运输业增值税专用发票
3201778297

No 79934645
开票日期 2015 年 12 月 21 日

承运人及纳税人识别号	滨江快运物流有限公司 233456563454342		密码区	213*8799>>345/9　加密版本 02 234>3411/4123/6　3890766690 21434*324/31155 087/117/8>7>>>5　89080909
实际受票方及纳税人识别号	滨江机械制造股份有限公司 320100230009700			
收货人及纳税人识别号	江汉江隆化工有限公司 120029097802390	发货人及纳税人识别号		滨江机械制造股份有限公司 320100230009700
起运地、经由、到达地	江汉市晓山路179号			
费用项目及金额	费用项目 运输费用	金额 16 000.00	费用项目	金额	运输货物信息	W03 产品
合计金额	16 000.00	税率	11%	税额	1 760.00	机器编号	819398065401
价税合计（大写）	⊗壹万柒仟柒佰陆拾元整				(小计)¥17 760.00
车种车号	货车苏 A9943		车船吨位	20	备注	
主管税务机关及代码	滨江市滨江区国家税务局——玄武分局 2113344					

收款人：徐小凤　　复核人：白雪　　开票人：吉安　　承运人：(章)

表4-102-1　　　　　　　　江苏增值税专用发票
3209998298

此联不作报账 抵扣凭证使用

No 198911245
开票日期：2015 年 12 月 21 日

购货方	名　　称	丽江双龙化工有限公司	密码区	213*8799>>345/9　加密版本 02
	纳税人识别号：	100290889089384		234>3411/4123/6　3401166345
	地址、电话：	丽江市一曼街214号		21434*324/31155
	开户行及账号：	工商银行一曼街支行 8018400990087694444		087/117/8>7>>>5　19115467

货物或应税劳务、服务名称	规格型号	单位	数量	单价	金　额	税率	税额
W03		件	600	1 500	900 000.00	17%	153 000.00
合　　计					¥900 000.00		¥153 000.00

价税合计（大写）	⊗壹佰零伍万叁仟元整		(小写)¥1 053 000.00

销货方	名　　称	滨江机械制造股份有限公司	备注	
	纳税人识别号：	320100230009700		
	地址、电话：	滨江市滨江路219号		
	开户行及账号：	工商银行滨江分行滨江支行 077018018400018018		

收款人：王丽丽　　复核：张任　　开票人：淳于志　　销货方：(章)

第四章 经济业务

表4-102-2

货物运输业增值税专用发票

3201778297

No 79934645

开票日期 2015 年 12 月 21 日

承运人及纳税人识别号	滨江快运物流有限公司 233456563454342			密码区	213*8799>>345/9　　加密版本 02 234>3411/4123/6　　3401169000 21434*324/31155 087/117/8>7>>>5　　19118799	
实际受票方及纳税人识别号	滨江机械制造股份有限公司 320100230009700					
收货人及纳税人识别号	丽江双龙化工有限公司 100290889089384		发货人及纳税人识别号		滨江机械制造股份有限公司 320100230009700	
起运地、经由、到达地	丽江市一曼街214号					
费用项目及金额	费用项目	金额	费用项目	金额	运输货物信息	W03 产品
	运输费用	3 200.00				
合计金额	3 200.00	税率	11%	税额	352.00	机器编号 818069394015
价税合计(大写)	⊗叁仟伍佰伍拾贰元整					(小计)¥3 552.00
车种车号	货车苏 A5394		车船吨位	20	备注	滨江快运物流有限公司 233456563454342 发票专用章
主管税务机关及代码	滨江市滨江区国家税务局——玄武分局 2113344					

收款人：徐小凤　　复核人：白雪　　开票人：吉安　　承运人：(章)

表4-102-3

货物运输业增值税专用发票

3201778297

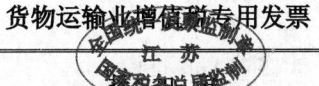

No 79934645

开票日期 2015 年 12 月 21 日

承运人及纳税人识别号	滨江快运物流有限公司 233456563454342			密码区	213*8799>>345/9　　加密版本 02 234>3411/4123/6　　3401169000 21434*324/31155 087/117/8>7>>>5　　19118799	
实际受票方及纳税人识别号	滨江机械制造股份有限公司 320100230009700					
收货人及纳税人识别号	丽江双龙化工有限公司 100290889089384		发货人及纳税人识别号		滨江机械制造股份有限公司 320100230009700	
起运地、经由、到达地	丽江市一曼街214号					
费用项目及金额	费用项目	金额	费用项目	金额	运输货物信息	W03 产品
	运输费用	3 200.00				
合计金额	3 200.00	税率	11%	税额	352.00	机器编号 818069394015
价税合计(大写)	⊗叁仟伍佰伍拾贰元整					(小计)¥3 552.00
车种车号	货车苏 A5394		车船吨位	20	备注	滨江快运物流有限公司 233456563454342 发票专用章
主管税务机关及代码	滨江市滨江区国家税务局——玄武分局 2113344					

收款人：徐小凤　　复核人：白雪　　开票人：吉安　　承运人：(章)

表4-102-4

```
         工商银行
        转账支票存根
        支票号码  No 791677
附加信息

出票日期  2015 年 12 月 21 日
收款人： 滨江快运物流有限公司
金   额： ¥3 552.00
用   途： 支付销售产品运费
备   注：
单位主管  李南    会计  阳丽
复   核           记账
```

表4-103-1

```
         工商银行
        转账支票存根
        支票号码  No 791677
附加信息

出票日期  2015 年 12 月 21 日
收款人： 滨江快运物流有限公司
金   额： ¥6 438.00
用   途： 代垫销售产品运费
备   注：
单位主管  李南    会计  阳丽
复   核           记账
```

表4-103-2

3200908289

江苏增值税专用发票

此联不作报账、抵扣凭证使用

No 198914512

开票日期：2015 年 12 月 21 日

购货方	名称：扬州安叶轻纺有限公司 纳税人识别号：230010219641006 地址、电话：扬州市龙名路 520 号 开户行及账号：工商银行栖霞支行 010224789033449021			密码区	213*8799>>345/9 加密版本 02 234>3411/4123/6 3402266690 21434*324/31155 087/117/8>7>>>5 19220909		
货物或应税劳务、服务名称	规格型号	单位	数量	单价	金额	税率	税额
W04		件	600	1 700	1 020 000.00	17%	173 400.00
合　　计					¥1 020 000.00		¥173 400.00
价税合计（大写）	⊗壹佰壹拾玖万叁仟肆佰元整				（小写）¥1 193 400.00		
销货方	名称：滨江机械制造股份有限公司 纳税人识别号：320100230009700 地址、电话：滨江市滨江路 219 号 开户行及账号：工商银行滨江分行滨江支行 077018018400018018			备注	滨江机械制造股份有限公司 320100230009700 发票专用章		

收款人：王丽丽   复核：张任   开票人：淳于志   销货方：（章）

第四章 经济业务

表4-103-3 商业承兑汇票

汇票号码 812609
第 3721 号

出票日期(大写)：贰零壹伍年壹拾贰月贰拾壹日

付款人	全称	扬州安叶轻纺有限公司	收款人	全称	滨江机械制造股份有限公司
	账户	10224789033449021		账户	0770180184000180180
	开户银行	工商银行栖霞支行 行号		开户银行	工商银行滨江分行滨江支行 行号

出票金额：人民币(大写)壹佰壹拾玖万玖仟捌佰叁拾捌元整 ￥1 199 838 00

汇票到期日(大写)：贰零壹陆年零贰月贰拾壹日

交易合同编码：AQ105804

本汇票已经承兑，到期无条件付票款。
本汇票同意予以承兑于到期日付款。

承兑人签章：汇票专用章 2015.12.21
出票人签章：王菊顺之印

承兑日期   年   月   日

表4-104-1 江苏增值税专用发票

3202928298
No 195189142
开票日期：2015 年 12 月 21 日

购货方	名称：苏州钟山房地产开发有限公司	密码区	213*8799>>345/9 加密版本 02
	纳税人识别号：101020349070468		234>3411/4123/6 3432166690
	地址、电话：苏州市勤晓路 124 号		21434*324/31155
	开户行及账号：交通银行恒山支行 4490880184064693 57		087/117/8>7>>>5 12340909

货物或应税劳务、服务名称	规格型号	单位	数量	单价	金额	税率	税额
W04		件	400	1 700	680 000.00	17%	115 600.00
合计					￥680 000.00		￥115 600.00

价税合计(大写)：⊗柒拾玖万伍仟陆佰元整   (小写)795 600.00

销货方	名称：滨江机械制造股份有限公司	备注	320100230009700 发票专用章
	纳税人识别号：320100230009700		
	地址、电话：滨江市滨江路 219 号		
	开户行及账号：工商银行滨江分行滨江支行 077018018400018018		

收款人：王丽丽   复核：张任   开票人：淳于志   销货方：(章)

表4-104-2 中国工商银行 进账单(回单) 3

No 8897890
2015 年 12 月 21 日
第 727 号

付款人	全称	苏州钟山房地产开发有限公司	收款人	全称	滨江机械制造股份有限公司
	账号	4490880184064 69357		账号	077018018400018018
	开户银行	交通银行恒山支行		开户银行	工商银行滨江分行滨江支行

人民币(大写)：柒拾玖万伍仟陆佰元整   ￥795 600 00

票据种类：汇入
票据张数：1 张

收款人开户银行盖章业务核算章 2015.12.21

单位主管   会计   复核   记账

表4-104-3　　　　ICBC 中国工商银行　　　　00299890
业务委托书　苏A3299904　　委托日期 2015年12月21日

汇款方式	✓现金汇款 □转账汇款 □汇票申请书 □本票申请书 □其他		
汇款人	全称：苏州钟山房地产开发有限公司 账号/住址：4490880184006469357 开户行名称：交通银行恒山支行	收款人	全称：滨江机械制造股份有限公司 账号/地址：077018018400018018 开户行名称：滨江分行滨江支行 开户银行：上海省市
汇款方式	✓普通 □加急　加急汇款签字		
币种及金额（大写）	人民币柒拾玖万伍仟陆佰元整		¥ 7 9 5 6 0 0 0 0
用途	预付购货款	支付密码	

委托人确认上列委托信息填写正确，且已完全理解和接受背面"客户须知"的内容，同意银行从款项及相关费用确认委托人账户内支付

（业务核算章 2015.12.21）

苏州钟山房地产开发有限公司 财务专用章

委托人签章

银行填写：□联动收费 □非联动收费 □不收费　备注
受理（扫描）：钟山　　　审核：苏越

表4-105-1　中国工商银行滨江分行（滨江支行）借记/贷记通知（借记）
流水号：435459077　　交易日期：2015年12月21日

收款单位全称：上海天浩材料股份有限公司	
收款单位账号：210580480300312790	凭证编号：
付款单位全称：滨江机械制造股份有限公司	银行名称：工商银行滨江分行滨江支行
付款单位账号：077018018400018018	起息日期：2015年12月21日
交易名称：系统内划款	交易金额：RMB514000.00
摘要：偿还前欠货款	

注：如果日期、流水号、摘要、金额相同，系重复打印。
经办柜员：11017352
2015—12—21　9:11:30

表4-105-2　中国工商银行滨江分行（滨江支行）借记/贷记通知（借记）
流水号：435459078　　交易日期：2015年12月21日

收款单位全称：滨江东方材料有限公司	
收款单位账号：078057904637090078	凭证编号：
付款单位全称：滨江机械制造股份有限公司	银行名称：工商银行滨江分行滨江支行
付款单位账号：077018018400018018	起息日期：2015年12月21日
交易名称：系统内划款	交易金额：RMB510000.00
摘要：偿还前欠货款	

注：如果日期、流水号、摘要、金额相同，系重复打印。
经办柜员：11017352
2015—12—21　9:12:20

表4-105-3　　中国工商银行滨江分行(滨江支行)借记/贷记通知(借记)

流水号：435459079　　　　　　　　　　　　　交易日期：2015年12月21日

收款单位全称：北京晓庄设备有限公司	
收款单位账号：010258098001012346	凭证编号：
付款单位全称：滨江机械制造股份有限公司	银行名称：工商银行滨江分行滨江支行
付款单位账号：077018018400018018	起息日期：2015年12月12日
交易名称：系统内划款	交易金额：RMB1000000.00
摘要：偿还前欠货款	

注：如果日期、流水号、摘要、金额相同，系重复打印。　　　　经办柜员：11017352

2015—12—21　9:13:30

表4-106-1

中国工商银行
贷款利息通知单

第三联　No 34769890

贷款账户户名：	滨江机械制造股份有限公司		账号：077018018400018018
利息计算时间：	2015年09月21日起 2015年12月21日至		左列贷款利息已从你单位账号 077018018400018018 账户付出。
计算积数共计（略）		年利率：（略）	
利息金额(大写)壹拾肆万肆仟陆佰伍拾壹元伍角整			
附：贷款合同 LJHX091002		¥144651.50	
会计：柳方　事后监督：董良　复核：薛航　制单：张伟			开户银行盖章　2015年12月22日

表4-106-2　　中国工商银行滨江分行(滨江支行)借记/贷记通知(借记)

流水号：435459079　　　　　　　　　　　　　交易日期：2015年12月22日

收款单位全称：工商银行滨江分行	
收款单位账号：000011498340968800	凭证编号：
付款单位全称：滨江机械制造股份有限公司	银行名称：工商银行滨江分行滨江支行
付款单位账号：077018018400018018	计息期间：2015年09月21日—12月21日
交易名称：系统内划款	交易金额：RMB 144651.50
摘要：偿还货款利息	

注：如果日期、流水号、摘要、金额相同，系重复打印。　　　　经办柜员：11017352

2015—12—22　11:13:30

表4-106-3 中国建设银行 贷款利息通知单

第三联 No 34769834

贷款账户户名：	滨江机械制造股份有限公司		账号：070636245920065032
利息计算时间：	2015年09月21日起 2015年12月21日至		左列贷款利息已从你单位账号070636245920065032 账户付出。
计算积数共计（略）		年利率：（略）	
利息金额（大写）壹万零伍拾元整			
附：贷款合同 LJHX091002		￥10050.00	

开户银行盖章 2015年12月22日

会计：刘瑾　事后监督：汪琴　复核：郑明芳　制单：李丽莉

表4-106-4 中国建设银行滨江分行（滨江支行）借记/贷记通知（借记）

流水号：43542344　　交易日期：2015年12月22日

收款单位全称：建设银行滨江分行	
收款单位账号：023398340921333200	凭证编号：
付款单位全称：滨江机械制造股份有限公司	银行名称：建设银行滨江分行滨江支行
付款单位账号：070636245920065032	计息期间：2015年09月21日—12月21日
交易名称：系统内划款	交易金额：RMB 10050.00
摘要：偿还贷款利息	

注：如果日期、流水号、摘要、金额相同，系重复打印。

经办柜员：1101456
2015—12—22　10:3:30

表4-107-1 中国工商银行滨江分行滨江支行贷款偿还凭证

打印日期：2015年12月22日

客户号：00889900　　机构代码：231
借款单位：滨江机械制造股份有限公司

贷款账号	归还金额	贷款账户现有余额	备注
077018018400018018	1 000 000.00	570 000.00	合同号：110146

金额合计（大写）人民币壹佰万元整
　　　　　（小写）￥1 000 000.00

付款账号：077018018400018018
合同编号：110146
交易业务号：231ASDMNB20098009

开票　周晓阳　　　　　记账　　　　　复核

第四章 经济业务

表4-108-1　　　　中国工商银行滨江分行滨江支行客户专用回单

币别：人民币　　　　2015 年 12 月 22 日

户名：滨江机械制造股份有限公司			账号：0770180184000018018		
计息项目	起息日	结息日	本金数	利率（%）	利息金额
存款利息	2015.09.21	2015.12.21	（略）	（略）	4 590.00
合计金额	（大写）人民币肆仟伍佰玖拾元整				￥4 590.00

上列存款利息，已照收你单位 0770180184000018018 账户　打印柜员：23040908SDAA
　　　　　　　　　　　　　　　　　　　　　　　　　　　　打印机构：滨江支行
　　　　　　　　　　　　　　　　　　　　　　　　　　　　打印卡号：209840984536700987

打印时间：2015-12-21　　　　交易柜员：23004050678　　　　交易机构：2301021987

表4-108-2　　　　中国银行滨江分行滨江支行客户专用回单

币别：人民币　　　　2015 年 12 月 22 日

户名：滨江机械制造股份有限公司			账号：0770101880184011118		
计息项目	起息日	结息日	本金数	利率（%）	利息金额
存款利息	2015.09.21	2015.12.21	（略）	（略）	340.00
合计金额	（大写）人民币叁佰肆拾元整				￥340.00

上列存款利息，已照收你单位 077018718401180080 账户　打印柜员：2304SDA0908A
　　　　　　　　　　　　　　　　　　　　　　　　　　　　打印机构：滨江支行
　　　　　　　　　　　　　　　　　　　　　　　　　　　　打印卡号：2095367009884098 47

打印时间：2015-12-21　　　　交易柜员：23506004078　　　　交易机构：2321901087

表4-109-1　　　　ICBC　中国工商银行　　　　00299890

业务委托书　苏 A3299904　　委托日期 2015 年 12 月 22 日

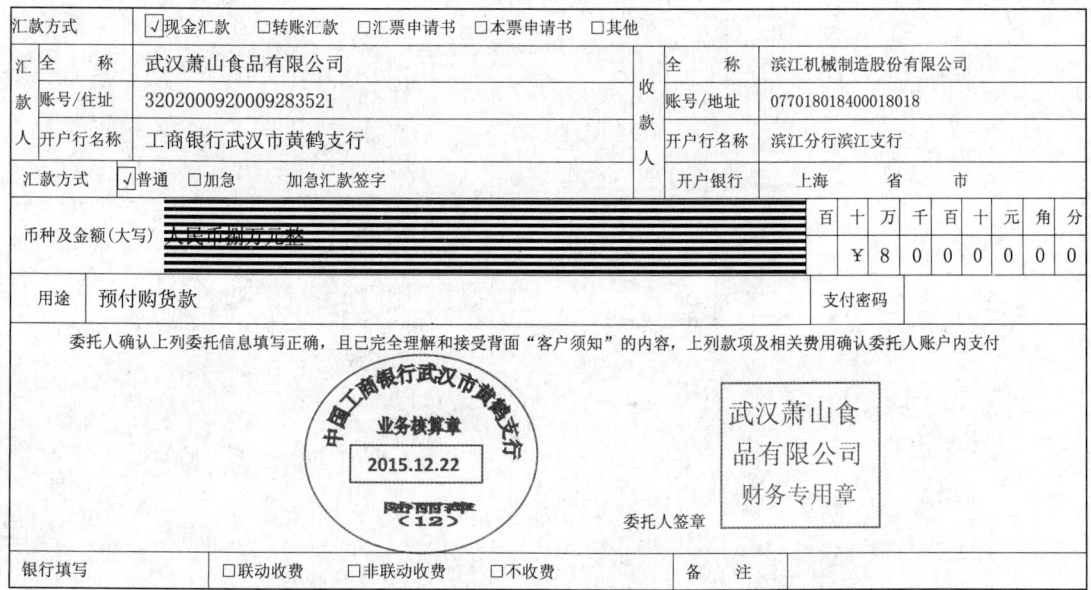

表4-109-2

附件	
	记账凭证说明

  2015年12月22日，根据滨江机械制造股份有限公司与武汉萧山食品有限公司签订的销售合同的规定，武汉萧山食品有限公司应将合同款的20%，作为预付款项，待销售方将产品交付后，预付款将作为货款一并结算。

销售合同文件 XSHT—145—1674

财务总监：李南

滨江机械制造股份有限公司 财务专用章　2015年12月22日

表4-110-1

滨江机械制造股份有限公司收款收据

收款日期　　2015 年 12 月 22 日　　　　　　　　　　No 00769087

交款单位	滨江航远物流有限公司			收款方式	现金			
人民币（大写）	壹佰壹拾柒元整						十万千百十元角分 ￥ 1 1 7 0 0	
收款事由	运输材料损耗赔偿			经办	部门	销售部		
					人员	水翼 现金收讫		
上述款项如数收讫无误。收款单位（章）		主管 汪晴	稽核 江梅	出纳 伍原	收款 姜尚			

第二联 记账凭证

表4-111-1

工商银行
转账支票存根

支票号码　No590760

附加信息

出票日期　2015 年 12 月 22 日

收款人：	滨江家家福超市有限公司
金　额：	￥53 800.00
用　途：	福利费用
备　注：	
单位主管　李南	会计　阳丽
复　核	记账

表4-111-2　　　　　　　**滨江市地方税务局通用机打发票**

发票代码　2150058415699

开票日期　2015 年 12 月 22 日　　　　商业　　　发票号码　26151478

付款方名称：滨江机械制造股份有限公司	机打发票代码：2150058415699
付款方识别号：320100230009700	机打发票号码：26151478

开票项目	单价	数量	折扣	金 额(人民币)	附注
橄榄油	200/桶	269		53 800.00	

金额合计(大写)：人民币伍万叁仟捌佰元整　　　　　　(小写)￥　53 800.00

备注：

开户银行：工商银行镇江路支行

开户账号：0707809885006494307

开票人：张丽　　收款方名称：滨江家家福超市有限公司　　收款方识别号：378250040421030

注：购买商品明细单省略

表4-111-3　　　　　　　**企业外购产品福利发放清单**

2015 年 12 月 22 日

部　门		名称	人数	计量单位	数量	单价	金额	备注
一车间	生产工人 W01	橄榄油	46	桶	46	200.00	9 200.00	按单位领取
	生产工人 W02	橄榄油	40	桶	40	200.00	8 000.00	按单位领取
	管理人员	橄榄油	4	桶	4	200.00	800.00	按单位领取
二车间	生产工人 W03	橄榄油	51	桶	51	200.00	10 200.00	按单位领取
	生产工人 W04	橄榄油	50	桶	50	200.00	10 000.00	按单位领取
	管理人员	橄榄油	6	桶	6	200.00	1 200.00	按单位领取
辅助车间	生产工人	橄榄油	20	桶	20	200.00	4 000.00	按单位领取
	管理人员	橄榄油	2	桶	2	200.00	400.00	按单位领取
工程	生产线	橄榄油	30	桶	30	200.00	6 000.00	按单位领取
	仓库	橄榄油	3	桶	3	200.00	600.00	按单位领取
企业管理人员		橄榄油	12	桶	12	200.00	2 400.00	按单位领取
研发人员		橄榄油	5	桶	5	200.00	1 000.00	按单位领取
合　计			269		269		53 800.00	

制表人：王亚楠　　　　复核人：肖明明　　　　审批人：钟晓华

表4-112-1

滨江市地方税务局通用机打发票

（监制章：江苏 地方税务局监制）

发票联

发票代码　2005158419569

发票号码　25147618

开票日期 2015 年 12 月 22 日　　　　行业分类　商业

付款方名称：滨江机械制造股份有限公司　　　　机打发票代码：2005158419569

付款方识别号：320100230009700　　　　机打发票号码：25147618

开票项目	单价	数量	折扣	金 额(人民币)	附注
原稿纸	10/本	200		2 000.00	
蓝黑墨水	5/瓶	30		150.00	
打孔机	22/部	10		220.00	

现金付讫

（印章：滨江第一百货有限公司 342071038250040 发票专用章）

金额合计(大写)：人民币贰仟叁佰伍拾元整　　　　(小写)￥：2 350.00

备注：　　　　开户银行：工商银行福建路支行

开户账号：070784300988506497

开票人：李德生　　收款方名称：滨江第一百货有限公司　　收款方识别号：342071038250040

第一联　发票联（付款方付款凭证）

表4-112-2

滨江机械制造股份有限公司差旅费报销单

2015 年 12 月 22 日

出差人姓名	周静茹	所在单位	销售科
公出事由	销售会议	公出天数	6

出发地				到达地				火车(船)费	机票费	宿费	补助费		其 它	合 计
月	日	时	地点	月	日	时	地点				天数	金额		
12	20	1	滨江	12	20	22	北京	240		1 750	6	120	7 000	9 110.00
12	26	8	北京	12	26	23	滨江	240						240.00
合	计							480		1 750		120	7 000	9 350.00
金 额				人民币(大写)玖仟叁佰伍拾元整							借款:		退补:	

现金付讫

（印章：滨江机械制造股份有限公司财务专用章）

审批(签字)：李原灏　　借款单位负责人(签字)：张戈　　报销人(签字)：周静

注：该表中有些原始凭证省略。

表4-112-3　　　　　　　滨江市地方税务局通用机打发票

发票代码　2158400956519
发票号码　25176148

开票日期　2015年12月22日　　　　行业分类　餐饮业

付款方名称：滨江机械制造股份有限公司	机打发票代码：2158400956519
付款方识别号：320100230009700	机打发票号码：25176148

开票项目	单价	数量	折扣	金额（人民币）	附注
餐费				1 350.00	

现金付讫

金额合计（大写）：人民币壹仟叁佰伍拾元整　　　（小写）¥　1 350.00
备注：　　　　　　　　　　　　　　　　　　　开户银行：工商银行湖南路支行
　　　　　　　　　　　　　　　　　　　　　　开户账号：070784385064970098
开票人：孔生　　收款方名称：滨江雍和宫餐饮有限公司　　收款方识别号：103823420754000

第一联　发票联（付款方付款凭证）

表4-113-1

附件

记账凭证说明

　　2015年12月22日本公司接到武汉萧山食品有限公司通知，本企业2015年12月1日销售的W03产品验收中发现质量存在瑕疵，经双方协商，给予武汉萧山食品有限公司销售折让10%，同时支付折让的货款。

　　　　　　　　　　　　　财务总监：李南

滨江机械制造
股份有限公司
财务专用章

2015年12月22日

表4-113-2

工商银行
转账支票存根

支票号码　No590760

附加信息

出票日期　2015年12月23日

收款人：	武汉萧山食品有限公司
金　额：	¥59 670.00
用　途：	W03产品折扣款
备　注：	

单位主管　李南　　会计　阳丽
复　核　　　　　　记账

表4-113-3　　　　　　　**滨江机械制造股份有限公司销售折让计算单**

2015 年 2 月 23 日

客户名称	销售收入	折让比例	折让金额	销项税额
武汉萧山食品有限公司	510 000	10%	51 000.00	不含增值税
滨江机械制造股份有限公司财务专用章				
合计	510 000	10%	51 000.00	

单位主管：李原灏　　　　会计：李南　　　　销售部门主管：戴明德

表4-113-4　　　　　　　**江苏增值税专用发票**

3206918210

此联不作报销、抵扣凭证使用

No 52685068

开票日期：2015 年 12 月 23 日

购货方	名　　称：武汉萧山食品有限公司 纳税人识别号：320237890456821 地址、电话：武汉市黄鹤路 119 号 开户行及账号：工商银行武汉市黄鹤支行 3202000920009283521	密码区	213*8799>>345/9　加密版本 02 234>3411/4123/6　3408794690 21434*324/31155 087/117/8>7>>>5　65780909

货物或应税劳务、服务名称	规格型号	单位	数量	单价	金　额	税率	税　额
W03		件	300	170	51 000.00	17%	8 670.00
合　　　计					￥51 000.00		￥8 670.00

价税合计（大写）　⊗伍万玖仟陆佰柒拾元整　　　　　　　　　　（小写）￥59 670.00

销货方	名　　称：滨江机械制造股份有限公司 纳税人识别号：320100230009700 地址、电话：滨江市滨江路 219 号 开户行及账号：工商银行滨江分行滨江支行 0770180184000018018	备注	滨江机械制造股份有限公司 320100230009700 发票专用章

收款人：王丽丽　　　复核：张任　　　开票人：淳于志　　　销货方：（章）

第一联　记账联　销货方记账凭证

表4-114-1　　　　　　　　　江苏增值税专用发票

3249123229

No 46979999

开票日期：2015 年 12 月 23 日

购货方	名　　称：滨江机械制造股份有限公司 纳税人识别号：320100230009700 地　址、电　话：滨江市滨江路219号 开户行及账号：工商银行滨江分行滨江支行 077018018400018018	密码区	213*8799>>345/9　加密版本 02 234>3411/4123/6　3424143690 21434*324/31155 087/117/8>7>>>5　13264009

货物或应税劳务、服务名称	规格型号	单位	数量	单价	金额	税率	税额
产品会展费			1	20 000.00	20 000.00	6%	1 200.00
合　　计					￥20 000.00		￥1 200.00
价税合计（大写）	⊗贰万壹仟贰佰元整					（小写）21 200.00	

销货方	名　　称：滨江国际会展中心有限公司 纳税人识别号：320690809085032 地　址、电　话：滨江市中山南路40号 开户行及账号：农业银行中山南路支行 000580480300368967	备注	（发票专用章）

收款人：农心如　　　复核：张德红　　　开票人：度昂冯　　　销货方：（章）

表4-114-2　　　　　　　　　江苏增值税专用发票

3249123229

No 46979999

开票日期：2015 年 12 月 23 日

购货方	名　　称：滨江机械制造股份有限公司 纳税人识别号：320100230009700 地　址、电　话：滨江市滨江路219号 开户行及账号：工商银行滨江分行滨江支行 077018018400018018	密码区	213*8799>>345/9　加密版本 02 234>3411/4123/6　3424143690 21434*324/31155 087/117/8>7>>>5　13264009

货物或应税劳务、服务名称	规格型号	单位	数量	单价	金额	税率	税额
产品会展费			1	20 000.00	20 000.00	6%	1 200.00
合　　计					￥20 000.00		￥1 200.00
价税合计（大写）	⊗贰万壹仟贰佰元整					（小写）21 200.00	

销货方	名　　称：滨江国际会展中心有限公司 纳税人识别号：320690809085032 地　址、电　话：滨江市中山南路40号 开户行及账号：农业银行中山南路支行 000580480300368967	备注	（发票专用章）

收款人：农心如　　　复核：张德红　　　开票人：度昂冯　　　销货方：（章）

表4-114-3

工商银行
转账支票存根
支票号码　No590760

附加信息

出票日期	2015 年 12 月 23 日
收款人	滨江国际会展中心有限公司
金　额	¥21 200.00
用　途	产品展销会展销款
备　注	
单位主管　李南	会计　阳丽
复核	记账

表4-115-1

工商银行
转账支票存根
支票号码　No 2025623

附加信息

出票日期	2015 年 12 月 23 日
收款人	滨江机械制造股份有限公司
金　额	¥1 000 000.00
用　途	行间划款，用于归还贷款
备　注	
单位主管　李南	会计　阳丽
复核	记账

表4-115-2

工商银行　进账单(回单)　1

2015 年 12 月 23 日　　　　第 5781 号

付款人	全　称	滨江机械制造股份有限公司	收款人	全　称	滨江机械制造股份有限公司
	账　号	0770180184000018018		账　号	070636245920065032
	开户银行	工商银行滨江分行滨江支行		开户银行	建设银行滨江支行

人民币(大写)	壹佰万元整	千百十万千百十元角分 ¥1000000000
票据种类	支票 2025623	
票据张数	1 张	
单位主管　　　会计　　　复核　　　记账		

（收款人开户银行盖章　业务核算章　2015.12.23）

此联是银行交给收款人的回单

表4-115-3

工商银行　进账单(收账通知)　3

2015 年 12 月 23 日　　　　第 3790 号

付款人	全　称	滨江机械制造股份有限公司	收款人	全　称	滨江机械制造股份有限公司
	账　号	0770180184000018018		账　号	070636245920065032
	开户银行	工商银行滨江分行滨江支行		开户银行	建设银行滨江支行

人民币(大写)	壹佰万元整	千百十万千百十元角分 ¥1000000000
票据种类	支票 2025623	
票据张数	1 张	
单位主管　　　会计　　　复核　　　记账		

（收款人开户银行盖章　业务核算章　2015.12.23）

此联是收款人开户银行交给收款人的收账通知

表4-115-4　　　　　　　**滨江市同城票据交换(贷)方补充凭证**　　　　　　87908654

发报行名称：　　　　　　2015年12月23日　　　　提交号

发报行	行号		汇（提）出行行号		收报行	行号		汇（提）入行行号	
付款人	账号	0770180184000180018			收款人	账号	0706362459200065032		
	名称	滨江机械制造股份有限公司				名称	滨江机械制造股份有限公司		
金额	壹佰万元整						￥1 000 000.00		
事由：划款					业务种类：收款				
备注	签发日期　20151223 支付密码　340968709 地方密押 原始凭证号码								

此联作借方记账凭证或收款通知

汇(提)入序号　2299　　打印日期　20151223　　打印流水号　2789760　　电脑打印　手写无效

（印章：中国建设银行股份有限公司滨江支行　2015.12.23　转讫（019））

表4-116-1

工商银行
转账支票存根

支票号码　No 2335623

附加信息

出票日期　2015年12月23日

收款人：	平安保险公司
金　额：	￥5 100.00
用　途：	保险费
备　注：	

单位主管　李南　　会计　阳丽
复　核　　　　　记账

表4-116-2

工商银行
转账支票存根

支票号码　No 2335624

附加信息

出票日期　2015年12月23日

收款人：	滨江港城汽车销售服务有限公司
金　额：	￥234 000.00
用　途：	车款及税款
备　注：	

单位主管　李南　　会计　阳丽
复　核　　　　　记账

表4-116-3

工商银行
转账支票存根

支票号码　No 2335625

附加信息

出票日期　2015年12月23日

收款人：	滨江市国税局
金　额：	￥20 000.00
用　途：	购置税款
备　注：	

单位主管　李南　　会计　阳丽
复　核　　　　　记账

第四章　经济业务

表4-116-4

中华人民共和国
税收通用缴款书
No 89008790

隶属关系　　　　　　　　　　　　　　　　　　　
注册类型：　　　　填发日期：2015 年 12 月 23 日　　　征收机关：滨江国家税务局车购办

缴款单位	代　码	438976542632	预算科目	编码	20370896
	全　称	滨江机械制造股份有限公司		名称	车辆购置税
	开户银行	工商银行滨江分行滨江支行		级次	中央
	账　号	077018018400018018		收款国库	滨江市滨江区支库

税款所属时期 2015 年 12 月 23 日　　　税款限缴日期 2015 年 12 月 23 日

品　目名　称	课　税数　量	计税金额或销售收入	税率或单位税额	已缴或扣除额	实缴金额
购置税		200 000.00	10%		￥20 000.00
金额合计	人民币贰万元整				￥20 000.00

缴款单位(人)(盖章) 滨江机械制造股份有限公司财务专用章	税务机关(盖章) 填票(人员章)	上列款项已收妥划转收款单位账户 业务核算章 国库(银行)盖章 2015.12.23	备注

逾期不缴按税法规定加收滞纳金

表4-116-5

机动车销售统一发票
发票联

开票日期　2015-12-23　　　　　　　　　　发票代码 193260822903
　　　　　　　　　　　　　　　　　　　　　发票号码 00297148

机打代码	193260822903		税控码	(略)
机打号码	00297148			
机器编号				
购车单位	滨江机械制造股份有限公司	身份证/组织机构代码	320100230009700	
车辆类型	运输卡车	厂牌型号	东风124	产地	长春
合格证号	Dw1365148952301	进口证明书号		商检单号	
发动机号码	96352840	车辆识别代码/车架号码	LHGCP6589413	
价税合计	贰拾叁万肆仟元整			小写 234 000.00
销货单位名称	滨江港城汽车销售服务有限公司	电话	83635986
纳税人识别号	24541043057605	账号	1919646064
地址	滨江市江滨路219号	开户银行	工商银行滨江分行江滨支行
增值税率或征税率	17%	增值税额	￥34 000.00	主管税务机关及代码	滨江市江滨区国家税务局
不含税价	小写 200 000.00	吨位	30	限乘人数	3

表4-116-6　　　　　江苏省滨江市地方税务局通用机打发票

发票代码　2108094519655
发票号码　25765849

开票日期 2015 年 12 月 23 日　　　行业分类　保险业(非交强险)

付款方名称： 滨江机械制造股份有限公司	机打发票代码：2108094519655
付款方识别号：320100230009700	
承保险种　机动车辆保险	机打发票号码：25765849
保险单号　DSWW309201000702302	批单号　DSWW309201000702302
保险费金额(大写)：人民币肆仟元整	(小写)￥4 000.00
所缴日期起　2015 年 12 月 23 日　至	2016 年 12 月 23 日
代收车船税(小) 0.00	滞纳金(小写) 0.00
金额合计(大写)：人民币肆仟元整	(小写)￥4 000.00
币种　人民币　　汇率　　　　牌价日	金额(人民币) 4 000.00
备注：	开户银行：(　　)
	开户账号：(　　)
开票人　郝利明　收款方名称：中国平安财产保险股份有限公司滨江公司　收款方识别号：320100970002300	

在线开具，请主动查验，请登录江苏省地税网站查验本发票相关信息！

表4-116-7　　　　　江苏省滨江市地方税务局通用机打发票

发票代码　9451965210805
发票号码　65842579

开票日期 2015 年 12 月 23 日　　　行业分类　保险业(非交强险)

付款方名称： 滨江机械制造股份有限公司	机打发票代码：9451965210805
付款方识别号：320100230009700	
承保险种　机动车交通事故责任强制保险	机打发票号码：65842579
保险单号　DSWW307023029201000	批单号　DSWW307023029201000
保险费金额(大写)：人民币捌佰伍拾元整	(小写)￥860.00
所缴日期起　2015 年 12 月 23 日至	2016 年 12 月 23 日
代收车船税(小) 240.00	滞纳金(小写) 0.00
金额合计(大写)：人民币壹仟壹佰元整	(小写)￥1 100.00
币种　人民币　　汇率　　　　牌价日	金额(人民币) 1 100.00
备注：	开户银行：(　　)
	开户账号：(　　)
开票人　郝利明　收款方名称：中国平安财产保险股份有限公司滨江公司　收款方识别号：320100970002300	

在线开具，请主动查验，请登录江苏省地税网站查验本发票相关信息！

表4-116-8

滨江市政府非税收入一般缴款书

苏财准印(2012)008-098号　　　　　　　　　No 89008790

执收单位代码：009809
执收单位名称：公安交巡警支队　　　　　　　　收款日期 2015 年 12 月 23 日

缴款人	全　称	滨江机械制造股份有限公司	收款人	全　称	滨江市政府非税收入专户	流水号	0909
	账　号	077018018400018018		账　号	329809675432189075		
	开户银行	工商银行滨江分行滨江支行		开户银行	工商银行滨江分行鼓楼支行		
代理银行网点代码			开票方式		缴款方式	现金	

项目执行码	收费项目名称	单位	标准	数量	金额（小写）
0890	机动车辆号牌工本费	汽车号牌		1	80.00
0891	机动车驾驶证、行驶证工本费	机动车行驶证		1	15.00
0892	机动车登记证书工本费	机动车证书		1	5.00

现金付讫

合计金额（大写）壹佰元整　　滨江市公安局交通巡逻警察支队 财务专用章　　￥100.00

备注

执收单位（盖章）　　　　　　　　　　　　　　经办人：李丽丽

表4-116-9

中华人民共和国
税收通用缴款书

填发日期：2015 年 12 月 23 日　　　　　　　　(12) 苏地印 90890690

购买单位	滨江机械制造股份有限公司	购买人		
购买印花税票				
面种种类	数量	金额	面种种类	数量	金额
壹角票			伍元票		
贰角票			拾元票	4	40.00
五角票			伍拾元票		
壹元票			壹佰元票		
贰元票			总　计		

金额合计　亿⊗仟⊗佰⊗拾⊗万⊗仟⊗佰 壹 拾 零 元 零 角 零 分

销售单位　　　　　　售票人

（盖章）　　　　　　（盖章）张弛　　备注

表4-116-10　滨江机械制造股份有限公司固定资产交接(验收)单

验收日期　2015年12月23日　　　　　No 890006

固定资产编号	名称	规格	型号	计量单位	数量	建造单位	购入日期	投入使用日期
C12	运输卡车	FA12-34	XAⅡ	辆	1	东风	2015.12.23	2015.12.23

总价(净值万元)	工程费	设备费	安装费	运杂费	包装费	其他	合计	预计年限	净产值率
		220 000.00					220 000.00	10	5%

用途	运输	原值	220 000.00	已提折旧	0	折旧率	10%

备注	合格、交车队	验收人签章 滨江机械制造股份有限公司 财务专用章	使用人签章 张媛	段秀

第三联　会计记账联

表4-117-1　滨江机械制造股份有限公司产品出库单

收货单位：职工发放　　　2015年12月23日　　　　　单位：元

编号	名称及规格	单位	数量	成本	金额	备注
	W03	件	269	1 021.25	274 716.25	
	合　　　计				274 716.25	

已审核

主管：王必成　　审核：陈小红　　制单：刘力明

记账联

表4-117-2　企业自产产品福利发放清单(W03)

2015年12月23日

部门		名称	人数	单位	数量	税率(17%)	计税基础	金额	备注
一车间	生产W01	W03	46	件	46	17%	1 700	91 494.00	按单位领取
	工人 W02	W03	40	件	40	17%	1 700	79 560.00	按单位领取
	管理人员	W03	4	件	4	17%	1 700	7 956.00	按单位领取
二车间	生产 W03	W03	51	件	51	17%	1 700	101 439.00	按单位领取
	工人 W04	W03	50	件	50	17%	1 700	99 450.00	按单位领取
	管理人员	W03	6	件	6	17%	1 700	11 934.00	按单位领取
辅助车间	生产工人	W03	20	件	20	17%	1 700	39 780.00	按单位领取
	管理人员	W03	2	件	2	17%	1 700	3 978.00	按单位领取
工程	生产线	W03	30	件	30	17%	1 700	59 670.00	按单位领取
	仓库	W03	3	件	3	17%	1 700	5 967.00	按单位领取
企业管理人员		W03	12	件	12	17%	1 700	23 868.00	按单位领取
研发人员		W03	5	件	5	17%	1 700	9 945.00	按单位领取
合计			269		269			535 041.00	

滨江机械制造股份有限公司 财务专用章

制表人：王亚楠　　复核人：肖明明　　审批人：钟晓华

表4-117-3

附件	
	记账凭证说明
	根据税法规定，企业将自产的产品发放给本企业职工，应按视同销售产品完成会计处理。由企业以前销售的公允价值为每件1 700元。故企业应按此公允价值计算应交的增值税税额（销项税税额）。
	财务总监：李南

（滨江机械制造股份有限公司 财务专用章 2015年12月23日）

表4-118-1　　　　　　　　　　　　　滨江　**海关**　进口关税　**专用缴款书**

　　　　收入系统：海关系统　　　填发日期　2015年12月24日　　号码：207098920-A11

收款单位	收入机关	中央金库			缴款单位	名称	滨江机械制造股份有限公司
	科目	进口关税	预算级次	中央		账号	077010188018401118
	收款国库	中国银行滨江分行				开户银行	工商银行滨江分行滨江支行

税号	货物名称	数量	单位	完税价格（¥）	税率（%）	税款金额（¥）
25609865	生产设备	1	台	62 400.00	15.0000	9 315.00
金额人民币（大写）玖仟叁佰壹拾伍元整					合计	9 315.00

申请单位编号	0097685321	报关单编号	43211702529	
合同（批件）号	GT200923	运输工具（号）		
缴款期限	2015.12.31	提／装货单号	XY89056	

备　一般征税　照章征税　20151224进

注　USD 10 000.00

成交：FOB

（中华人民共和国滨江海关 单证专用章〈015〉 2015.12.24）
（中国银行滨江分行滨江支行 业务检算章 2015.12.24）
制单人：999　〈03〉
复核人：

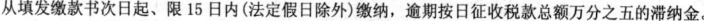

从填发缴款书次日起、限15日内（法定假日除外）缴纳，逾期按日征收税款总额万分之五的滞纳金。

第四章 经济业务　　　　　　　　　　　　　　　　　317

表4-118-2　　　　　　　滨江 海关 进口增值税 **专用缴款书**

收入系统：海关系统　　　填发日期 2015 年 12 月 24 日　　号码：207098920-B22

收款单位	收入机关	中央金库				缴款单位	名称	滨江机械制造股份有限公司
	科目	进口增值税		预算级次	中央		账号	0770101880184011118
	收款国库	中国银行滨江分行					开户银行	工商银行滨江分行滨江支行

税号	货物名称	数量	单位	完税价格（¥）	税率（%）	税款金额（¥）
25609865	生产设备	1	台	62 400.00	17.0000	10 608.00

金额人民币（大写）壹万零陆佰零捌元整　　　　　　　　　　合计　　10 608.00

申请单位编号	0097685321	报关单编号	43211702529	填制单位		收款国库（银行）	
合同（批件）号	GT200923	运输工具（号）					
缴款期限	2015.12.31	提/装货单号	XY89056				

备　一般征税　照章征税　20151224 进
注　USD 10 000.00
　　成交：FOB

从填发缴款书次日起，限 15 日内（法定假日除外）缴纳，逾期按日征收税款总额万分之五的滞纳金。

表4-118-3　　　　　　　**中华人民共和国海关 进口 货物报关单**

预录入编号：320980900　　　　　　　　　　　　海关编号：43211702529

进口口岸： 滨江海关 0202	备案号：	进口日期： 2015-12-12	申报日期： 2015-12-15
经营单位： 滨江机械制造股份有限公司	运输方式： 航空运输	运输工具名称：	提运单号： XY89056
收货单位： 滨江机械制造股份有限公司	贸易方式： （0110）一般贸易	征免性质： （101）一般征税	征税比例： 0%
许可证号：	起运国（地区）： 美国	装货港： 美国	境内目的地： 滨江
批准文号：	成交方式： FOB	运费：	保费： 杂费：
合同协议号： GT201523	件数： 1	包装种类： 集装箱	毛重（千克）： 500　净重（千克）： 367
集装箱号： CBHU8569924*1(2)	随附单据： 入境货物通关单		

标记唛码及备注：供应商 IBM 公司

项号	商品编号	商品名称、规格型号	数量及单位	原产国（地区）	单价	总价	币制	征免
1	990089765	设备 SCY009	1 台	美国	10 000	10 000.00	美元	照章纳税

税费征收情况

录入员	录入单位	兹声明以上申报无讹并承担法律责任	海关审单批注及放行日期（章）
报关员 9 9 8 8 5 6 4 3　报关员　郑海英 单位地址 邮编 0022569734		申报单位（签章） 2015.12.15 滨江机械制造股份有限公司 报关专用章（011） 填制日期	审单　　审价 2015.12.15 征税　　统计 查验　　验放行章（010） 签发关员：关颖

表4-119-1   中国工商银行   业务收费凭证

币别：人民币   2015 年 12 月 24 日   流水号：049809

付款人：滨江机械制造股份有限公司			账号：077018018400018018		
项目名称	工本费	手续费	电子汇划费	邮电费	金额
网银		3		0.68	3.68
现金支票	120	120			240.00
转账支票	120	120			240.00
合计					483.68
金额(大写)肆佰捌拾叁元陆角捌分					
付款方式	银行转账				

（中国工商银行滨江分行滨江支行 业务核算章 2015.12.24）

第二联 客户回单

表4-120-1

附件

记账凭证说明

本公司提前出售 2014 年 1 月 1 日购入大华集团公司面值 500 000.00 元的债券，期限 5 年，票面利率 6%、每年 12 月 1 日付息、到期一次还本的债券。企业取得转让收入 520 000.00 元。

财务总监：李南

（滨江机械制造股份有限公司 财务专用章）   2015 年 12 月 24 日

表4-120-2   交　割　单

营业部名：中国民族证券股份有限公司
股东姓名：滨江机械制造股份有限公司
资金账户：1101465911
当前币种：人民币

（滨江机械制造股份有限公司 财务专用章）

成交日期	交易类型	证券名称	成交价格	成交数量	成交金额	结算价	实收佣金	印花税	应收金额
20151223	卖出	大华集团		1 000	521 000	521	479	521	520 000.00

表4-121-1

工商银行
转账支票存根
支票号码　No 790889
附加信息

出票日期　2015 年 12 月 25 日
收款人：债券持有人
金　额：¥1 400 000.00
用　途：债券利息
备　注：
单位主管　李南　　会计　阳丽
复　核　　　　　记账

表4-122-1

工商银行
转账支票存根
支票号码　No 790229
附加信息

出票日期　2015 年 12 月 25 日
收款人：债券持有人
金　额：¥900 000.00
用　途：支付融资租赁费
备　注：
单位主管　李南　　会计　阳丽
复　核　　　　　记账

表4-121-2　**滨江机械制造股份有限公司利息支付计算表**

2014 年 12 月 25 日　　　　　　　单位：元

计息日期	应计利息	实际利率	利息支出	利息调整	摊余成本
2014 年 12 月 25 日					20 843 360.00
2014 年 12 月 25 日	1 400 000.00	6%	1 250 602.00	149 398.00	20 693 962.00
2015 年 12 月 25 日	1 400 000.00	6%	1 241 638.00	158 362.00	20 535 600.00
2016 年 12 月 25 日	1 400 000.00	6%	1 232 136.00	167 864.00	20 367 736.00
2017 年 12 月 25 日	1 400 000.00	6%	1 222 064.00	177 936.00	20 189 800.00
2018 年 12 月 25 日	1 400 000.00	6%	1 210 200.00	189 800.00	20 000 000.00
总　额	7 000 000.00		6 156 640.00	843 360.00	

主管：李南　　会计：张任　　复核：　　制单：阳丽

注：本计算表为复印件

表4-122-2　**滨江机械制造股份有限公司实际利率法分摊未确认融资费用表**

2014 年 12 月 25 日　　　　　　　单位：元

计息日期	租金	确认的融资费用	应付本金减少	应付本金余额
2014 年 12 月 25 日				2 319 390.00
2014 年 12 月 25 日	900 000.00	185 551.20	714 448.80	1 604 941.20
2015 年 12 月 25 日	900 000.00	128 395.30	771 604.70	833 336.50
2016 年 12 月 25 日	900 000.00	66 663.50*	833 336.50	
总　额	2 700 000.00	380 610.00	2 319 390.00	

主管：李南　　会计：张任　　复核：　　制单：阳丽

注：①本计算表为复印件；②66 663.50*=380 610.00-185 551.20-128 395.30

第四章 经济业务

表4-123-1

工商银行
转账支票存根
支票号码　No590760

附加信息

出票日期	2015 年 12 月 25 日
收款人	滨江建筑集团有限公司滨江公司
金　额	¥12 000.00
用　途	固定资产修理费
备　注	

单位主管　李南　　会计　阳丽
复　核　　　　　　记账

表4-124-1

工商银行
转账支票存根
支票号码　No 256574670

附加信息

出票日期	2015 年 12 月 26 日
收款人	滨江机械制造股份有限公司
金　额	¥800 000.00
用　途	第三方存管
备　注	

单位主管　李南　　会计　阳丽
复　核　　　　　　记账

表4-123-2

建筑业统一发票(电子)

开票日期　2015 年 12 月 25 日

发票代码　94519000805
发票号码　65840009

机打代码	546912308	密码区	213*8799>>3455/9　加密版本 02
机打号码	546912308		234>3455/41235/6　3401499213
机器号码	网上开具，请主动查验		21434*324/3256455
			087/567/8>7>>>5　19760812
付款方名称	滨江机械制造股份有限公司	身份证号码/组织机构代码/纳税人识别号	320100230009700
收款方名称	滨江建筑集团有限公司滨江公司	身份证号码/组织机构代码/纳税人识别号	320105670700238
工程项目名称	工程项目编号	结算项目	金额（元）	完税凭证号码（代扣代缴税款）
办公楼	23010119781123	房屋修缮	12 000.00	
合计金额（元）（大写）人民币壹万贰仟元整			¥12 000.00	
备注：		主管税务机关及代码		

开票人：焦明阳　　　　　　　　　　　开票单位签章

表4-124-2

中国招商银行
证 券 保 证 金 存 取 委 托 书

2015 年 12 月 26 日　　　　　　　№11243886

账户	1101465999	银行存款账号	0770180184000018018
转账金额	¥800 000.00	转账方式	支票

兹委托中国招商银行办理上述证券保证金存取业务，经核对银行打印内容正确无误。

流水号 190760874396　　　　　　　　　操作员 53367

第二联　付款单位记账凭证

表4-125-1

交国有土地使用权出让金登记表
（交款通知单）
2015 年 12 月 26 日至 2045 年 12 月 26 日

缴款单位	滨江机械制造股份有限公司		土地出让金财政专户		
地　　址	滨江市滨江区滨江路 219 号	开户行	中国工商银行	账号	906834285
项　　目	公司建房使用场地		签约时间	2015.12.26	
土地出让合同号	36890657		出让期限	2045.12.26	
土地座落点	滨江市滨江区滨江路 219 号		容积率		
面积（平方米）	3 000		用地性质		
单价（元/平方米）	1 000		付款方式	一次性付款	
土地出让金总价款	小写：3 000 000.00 元				
	大写：叁佰万元整				

土地部门填写				财政部门填写	
付款日期	单位项目	美元（元）	人民币（元）	收款日期	经办人签章
	定金				
	保证金				
	第一期付款		3 000 000.00	2015.12.26	
	第二期付款				
	第三期付款				
	滞纳金				
	总计				
土地部门（签章）		经办人：		财政收讫章	负责人：邢章

填发日期：2015 年 12 月 26 日

表4-125-2

江苏省国有土地使用权有偿使用收入专用收款收据

2015 年 12 月 26 日　　　　苏财税字 NO 00889966789

单位：滨江机械制造股份有限公司			地址：滨江市滨江区滨江路 219 号									
账号：077018018400018018												
收款项目	计征基数	征收标准	金　额									备注
			万	千	百	十	万	千	百	十	元	角	分	
土地出让金						¥	3	0	0	0	0	0	0	0	0	
合　计						¥	3	0	0	0	0	0	0	0	0	
合计金额人民币（大写）叁佰万元整												

征收机关（代征单位）　　　　　　　　　　　　　　开票人：房江

表4-125-3

```
         工商银行
       转账支票存根
       支票号码  No 2025987
附加信息

出票日期   2015 年 12 月 26 日
收款人：江苏省财政厅
金  额：¥3 000 000.00
用  途：土地出让金
备  注：
单位主管  李南      会计  阳丽
复  核           记账
```

表4-126-1

附件

记账凭证说明

本公司决定 2015 年 12 月 27 日购入新华保险股份公司面值 600 000.00 元的债券，期限 5 年，票面利率 6%、每年 12 月 27 日付息、到期一次还本的债券。企业将其划分为持有至到期投资。

滨江机械制造
股份有限公司
财务专用章

财务总监：李南

2015 年 12 月 27 日

表4-126-2　　　　　　　　　交　割　单

营业部名：中国民族证券股份有限公司
股东姓名：滨江机械制造股份有限公司
资金账户：1101465911
当前币种：人民币

滨江机械制造
股份有限公司
财务专用章

成交日期	交易类型	证券名称	成交价格	成交数量	成交金额	结算价	实收佣金	印花税	应收金额
20151227	买入	新华保险		1 000	491 000	491	400		491 400.00

第四章 经济业务

表4-127-1 工商银行（汇）本票申请书

币别：人民币　　　　2015年12月27日　　　　流水号：324309840985

业务类型	□银行本票	√银行汇票	付款方式	√转账	□现金
申请人	滨江机械制造股份有限公司		收款人	武汉汉阳材料有限公司	
账号	0770180184000180 18		账号	8057904090077 63708	
用途	预付材料款		代理付款行		
金额	（大写）叁拾万元整			￥300 000.00	

客户签章：滨江机械制造股份有限公司财务专用章；李原灏之印

（银行盖章：中国工商银行滨江分行滨江支行 业务核算章 2015.12.27）

会计主管　　授权　　复核　　录入 钟寅杰

第三联 客户回单

表4-127-2 中国工商银行 银行汇票

汇票号：2 000890号

付款期限	壹个月
出票日期（大写）	贰零壹伍年壹拾贰月贰拾柒日
代理付款行：	
行号：	
收款人：	武汉汉阳材料有限公司
账号或地点	8057904090077 63708
出票金额 人民币（大写）	叁拾万元整　￥300 000.00
实际结算金额 人民币（大写）	
账号或地址：	0770180184000180 18

多余金额	科目（借）
	对方科目（贷）
	付讫日期　年　月　日
	复核　　记账

申请人：滨江机械制造股份有限公司
出票行：工行滨江分行滨江支行　行号
备注：
见票付款
出票行签章：汇票专用章；吴晓玲之印

此联代理付款行付款后作联行挂账借方凭证附件

表4-128-1

破产宣告裁定书

债务人：三路有限公司　　营业地点：滨江市黄山路79号

法定代表人：萧珊，董事长

对上述债务人的2015年（破）字第190号破产申请，法院做出以下裁定：债务人为破产人。

理由：自债权人滨江机械制造股份有限公司提起破产申请以来，经本院查明债务人全部资产为21 480 000.00元。本院受理本案后，经债务人上级主管部门滨江市国有资产管理局申请整顿，债务人与债权人会议已于2014年10月20日达成和解协议。但在整顿期间，债务人财务状况继续恶化，债权人会议重新申请终结整顿宣告债务人破产。本院确认债权人会议申请理由充分，适用《中华人民共和国企业破产法》第21条和23条的规定，做出上述裁定。

滨江市鼓楼区人民法院（章）

审判长 李涛　　人民陪审员 邵明远、关良

二〇一五年十二月二十八日

王贤

表4-128-2

附件	
	记账凭证说明
	2015年12月28日本公司接到，滨江市鼓楼区人民法院关于三路公司破产裁定书，《破产宣告裁定书》中已裁定滨江三路设备制造有限公司破产，本公司的债权 120 000.00 元将无法收回。经董事会研究，决定其计入坏账损失。
	财务总监：李南

滨江机械制造股份有限公司 财务专用章 2015年12月28日

表4-129-1

工商银行
转账支票存根
支票号码　No 2025988

附加信息

出票日期　2015年12月29日
收款人：职工
金　额：¥21 900.00
用　途：薪金
备　注：
单位主管　李南　　会计　阳丽
复　核　　　　　　记账

表4-129-2　**滨江机械制造股份有限公司12月份企业福利部门薪酬结算(支付)汇总表**

2015年12月29日

部门	姓名	基本工资	应付工资	实发工资	签字
机关食堂	徐立群	1 800	1 800	1 800.00	略
	胡倩志	1 800	1 800	1 800.00	略
	张志	1 800	1 800	1 800.00	略
	尹航	1 800	1 800	1 800.00	略
	高铁	1 800	1 800	1 800.00	略
	桓宇	1 800	1 800	1 800.00	略
医疗室	乔丽	2 000	2 000	2 000.00	略
	石克奈	2 000	2 000	2 000.00	略
	刘长高	2 000	2 000	2 000.00	略
其他福利部门	温长浩	1 700	1 700	1 700.00	略
	邱吉尔	1 700	1 700	1 700.00	略
	魏思浩	1 700	1 700	1 700.00	略
合计			21 900	21 900.00	

主管：李南　　　会计：张任　　　复核：　　　制单：阳丽

表4-129-3 **滨江机械制造股份有限公司 12 月份企业福利费分摊表**

2015 年 12 月 29 日

部　门			人数	分配基础	分配标准	金　额	备　注
一车间	生产工人	W01	46	46	81.41	3 744.86	
		W02	40	40		3 256.40	
	管理人员		4	4		325.64	
二车间	生产工人	W03	51	51		4 151.91	
		W04	50	50		4 070.50	
	管理人员		6	6		488.46	
辅助车间	生产工人		20	20		1 628.20	
	管理人员		2	2		162.82	
工程	生产线		30	30		2 442.30	
	仓库		3	3		244.23	
企业管理人员			12	12		976.92	
研发人员			5	5		407.76*	
合　计			269	269		21 900.00	

主管：李南　　　　　会计：张任　　　　复核：　　　　　制单：阳丽

注：408.97* 存在尾差

表4-130-1

附件	**记账凭证说明**

　　1.本公司持有红星集团公司 53%的股份，能够对红星集团公司施加控制。本年红星集团因持有的可供出售金融资产公允价值的变动计入资本公积的金额为 1 000 万元，除该事项外，红星集团公司当年实现的净收益为 6 500 万元。红星集团股东会议通过分红方案规定滨江机械制造股份有限公司应分得现金股利 700 000.00 元。

　　2.本公司持有三江公司 30%的股份，能够对三江公司施加重大影响。本年三江公司因持有的可供出售金融资产公允价值的变动计入资本公积的金额为 200 万元，除该事项外，三江公司当年实现的净收益为 500 万元。滨江机械制造股份有限公司与三江公司适用的会计政策、会计期间相同，投资时三江公司有关资产、负债的公允价值与其账面价值相同。

财务总监：李南

2015 年 12 月 29 日

表4-131-1　　　　　　　　　　江苏增值税专用发票

3257383242　　　　　　　　　　　　　　　　　　　　　　　　No 02365890

此联不作报销　抵扣税凭证使用　　　　　　开票日期：2015 年 12 月 29 日

购货方	名　　称：阳江大众汽车股份有限公司 纳税人识别号：189071269889457 地　址、电　话：阳江市邗江区滨州大道 124 号 开户行及账号：农业银行阳江分行沿江支行 077018563092268094	密码区	213*8799>>345/9　加密版本 02 234>3411/4333/6　3423468880 21434*324/56655 087/117/8>7>>>5　19438779

货物或应税劳务、服务名称	规格型号	单位	数量	单价	金额	税率	税额
W04		件	500	1 700	850 000.00	17%	144 500.00
合　　计					￥850 000.00		￥144 500.00
价税合计（大写）	⊗玖拾玖万肆仟伍佰元整					（小写）994 500.00	

销货方	名　　称：滨江机械制造股份有限公司 纳税人识别号：320100230009700 地　址、电　话：滨江市滨江路 219 号 开户行及账号：工商银行滨江分行滨江支行 077018018400018018	备注	

收款人：王丽丽　　　复核：张任　　　开票人：淳于志　　　销货方：（章）

表4-131-2　　**中国工商银行滨江分行(滨江支行)借记/贷记通知(借记)**

流水号：435459075　　　　　　　　　　　　交易日期：2015 年 12 月 29 日

收款单位全称：滨江鹤鹿物流有限公司	
收款单位账号：077018563092268094	凭证编号：
付款单位全称：滨江机械制造股份有限公司	银行名称：农业银行阳江分行沿江支行
付款单位账号：077018018400018018	起息日期：2015 年 12 月 29 日
交易名称：系统内划款	交易金额：RMB2220.00
摘要：销售 W04 产品运费	

注：如果日期、流水号、摘要、金额相同，系重复打印。　　经办柜员：11017352

2015—12—29　　09：18：40

表4-131-3

货物运输业增值税专用发票

3882187280

发票代码：442367156
开票日期 2015 年 12 月 29 日

承运人及纳税人识别号	滨江鹤鹿物流有限公司 235676334561432				密码区	213*8799>>345/9 加密版本 02 234>3411/4123/6 3321166690 21434*324/31155 087/117/8>7>>5 32110909	
实际受票方及纳税人识别号	阳江大众汽车股份有限公司 189071269889457						
收货人及纳税人识别号	阳江大众汽车股份有限公司 189071269889457			发货人及纳税人识别号	滨江机械制造股份有限公司 320100230009700		
起运地、经由、到达地	阳江市邗江区滨州大道124号						
费用项目及金额	费用项目	金额	费用项目	金额	运输货物信息	W04 产品	
	运输费用	2 000.00					
合计金额	2 000.00	税率	11%	税额	220.00	机器编号	603405789091
价税合计（大写）	⊗贰仟贰佰贰拾元整					(小计)￥2 220.00	
车种车号	货车苏 Q2367			车船吨位	20	备注	
主管税务机关及代码	滨江市滨江区国家税务局——滨江分局 3207891						

收款人：阚哲　　复核人：荀晓　　开票人：褚明义　　承运人：（章）

第三联 发票联 受票方记账凭证

表4-131-4

货物运输业增值税专用发票

3882187280

发票代码：442367156
开票日期 2015 年 12 月 29 日

承运人及纳税人识别号	滨江鹤鹿物流有限公司 235676334561432				密码区	213*8799>>345/9 加密版本 02 234>3411/4123/6 3321166690 21434*324/31155 087/117/8>7>>5 32110909	
实际受票方及纳税人识别号	阳江大众汽车股份有限公司 189071269889457						
收货人及纳税人识别号	阳江大众汽车股份有限公司 189071269889457			发货人及纳税人识别号	滨江机械制造股份有限公司 320100230009700		
起运地、经由、到达地	阳江市邗江区滨州大道124号						
费用项目及金额	费用项目	金额	费用项目	金额	运输货物信息	W04 产品	
	运输费用	2 000.00					
合计金额	2 000.00	税率	11%	税额	220.00	机器编号	603405789091
价税合计（大写）	⊗贰仟贰佰贰拾元整					(小计)￥2 220.00	
车种车号	货车苏 Q2367			车船吨位	20	备注	
主管税务机关及代码	滨江市滨江区国家税务局—滨江分局 3207891						

收款人：阚哲　　复核人：荀晓　　开票人：褚明义　　承运人：（章）

第二联 抵扣联 受票方扣税凭证

表4-131-5

```
        工商银行
       转账支票存根
    支票号码  No 44482231
  附加信息

  出票日期  2015 年 12 月 29 日
  收款人：滨江鹤鹿物流有限公司
  金　额：¥2 220.00
  用　途：W04 产品运费
  备　注：
  单位主管  李南      会计  阳丽
  复　核             记账
```

表4-131-6

中国工商银行　　**进账单**(收账通知)　　　3
2015 年 12 月 29 日　　　　　　　　　第 18854 号

付款人	全称	阳江大众汽车股份有限公司	收款人	全称	滨江机械制造股份有限公司
	账号	077018563092268094		账号	077018018400018018
	开户银行	农业银行阳江分行沿江支行		开户银行	工商银行滨江分行滨江支行

人民币（大写）	玖拾玖万肆仟伍佰元整	千百十万千百十元角分 ¥ 9 9 4 5 0 0 0 0
票据种类	银行汇票	
票据张数	1 张	

单位主管　　会计　　复核　　记账

（盖章：中国工商银行滨江分行滨江支行 业务核算章 2015.12.29）

此联是银行交给收款人的回单

表4-132-1　　　　**固定资产盈亏报告表**
2015 年 12 月 31 日

类别	名称规格	单位	使用部门	账面数量	实有数量	盘盈		盘亏			
						数量	重置成本	数量	原值	已提折旧	已减值	月折旧额
生产	设备	台	一车间	1	0			1	2 400.00	500.00		100.00
管理	计算工具	部	财务	0	1	1	1 500.00					
	合　计						1 500.00		2 400.00	500.00		100.00

使用部门负责人：苟利　　　　会计：王铭　　　　主管：李南

表4-132-2   **固定资产盈亏处理报告表**

2015 年 12 月 31 日

固定资产名称	单位	盘盈			盘亏				
		数量	记账价值	盘盈原因	数量	原值	已提折旧	已提减值	盘亏原因
设备	台				1	2 400.00	500.00		丢失
计算工具	部	1	1 500.00	原因不明					

财务部门处理意见: 1.盘盈按会计准则规发要求处理 2.盘亏计入营业外支出 李南 2015 年 12 月 26 日	使用部门意见: 同意财务部门意见。 侯晓瑞 2015 年 12 月 26 日	企业管理部门意见: 同意财务部门意见。 李原灏 2015 年 12 月 30 日

表4-133-1   **滨江机械制造股份有限公司 12 月份薪酬计提汇总表**

2015 年 12 月 15 日

单 位		人数	应发工资	公积金(12%)	失业险(2%)	养老险(20%)	医疗险(8%)	工伤险(1%)	生育险(1%)	工会经费(2%)	教育经费(1.5%)	合 计
一车间	W01	46	110 400	13 248	2 208	22 080	8 832	1 104	1 104	2 208	1 656	162 840.00
	W02	40	96 000	11 520	1 920	19 200	7 680	960	960	1 920	1 440	141 600.00
	管理人员	4	12 000	1 440	240	2 400	960	120	120	240	180	17 700.00
二车间	W03	51	122 400	14 688	2 448	24 480	9 792	1 224	1 224	2 448	1 836	180 540.00
	W04	50	120 000	14 400	2 400	24 000	9 600	1 200	1 200	2 400	1 800	177 000.00
	管理人员	6	18 000	2 160	360	3 600	1 440	180	180	360	270	26 550.00
辅助车间	生产工人	20	48 000	5 760	960	9 600	3 840	480	480	960	720	70 800.00
	管理人员	2	6 000	720	120	1 200	480	60	60	120	90	8 850.00
在建工程	生产线	30	72 000	8 640	1 440	14 400	5 760	720	720	1 440	1 080	106 200.00
	仓库	3	9 000	1 080	180	1 800	720	90	90	180	135	13 275.00
企业管理人员		12	54 000	6 480	1 080	10 800	4 320	540	540	1 080	810	79 650.00
研发人员		5	22 500	2 700	450	4 500	1 800	225	225	450	337.5	33 187.50
合 计		269	690 300	82 836	13 806	138 060	55 224	6 903	6 903	13 806	10 354.5	1 018 192.50

劳资部门主管:全安   会计主管:李南   复核:孙烨   记账: 制表:周炜

表4-133-2 **滨江机械制造股份有限公司 12 月份薪酬结算(支付)汇总表**
2015 年 12 月 15 日

单位		人数	应发工资	公积金（12%）	失业险（1%）	养老险（8%）	医疗险（2%）	个税（5%）	实发工资
一车间	W01	46	110 400	13 248	1 104	8 832	2 208	5 520	79 488.00
	W02	40	96 000	11 520	960	7 680	1 920	4 800	69 120.00
	管理人员	4	12 000	1 440	120	960	240	600	8 640.00
二车间	W03	51	122 400	14 688	1 224	9 792	2 448	6 120	88 128.00
	W04	50	120 000	14 400	1 200	9 600	2 400	6 000	86 400.00
	管理人员	6	18 000	2 160	180	1 440	360	900	12 960.00
辅助车间	生产工人	20	48 000	5 760	480	3 840	960	2 400	34 560.00
	管理人员	2	6 000	720	60	480	120	300	4 320.00
在建工程	生产线	30	72 000	8 640	720	5 760	1 440	3 600	51 840.00
	仓库	3	9 000	1 080	90	720	180	450	6 480.00
企业管理人员		12	54 000	6 480	540	4 320	1 080	2 700	38 880.00
研发人员		5	22 500	2 700	225	1 800	450	1125	16 200.00
合计		269	690 300	82 836	6 903	55 224	13 806	34 515	497 016.00

会计主管：李南　　复核：孙烨　　记账：　　制表：周炜

表4-134-1 **印花税纳税申报表**

纳税人识别号：320100230009700　　填表日期　2015 年 12 月 31 日　　　　单位：元

纳税人名称：滨江机械制造股份有限公司			税款所属时期　2015 年 12 月 1 日至 2015 年 12 月 31 日							
应税凭证名称	件数	计税金额	税率	税额	已纳税额	应补(退)税额	购花贴花情况			
							上期结存	本期购进	本期贴花	本期结存
1	2	3	4	5	6	7=5-6	8	9	10	11
购销合同	20	6 000 000	0.2‰	1 200.00						
财产租赁合同	2	20 000	1‰	20.00						
技术合同	4	2 000 000	0.3‰	600.00						
账簿/其他账簿	34		5元/件	170.00						
合计				1 990.00						

如纳税人填报，由纳税人填写以下各栏		如委托代理人填报，由代理人填写以下各栏		备注
会计主管(签章)	纳税人(公章)	代理人名称	代理人(公章)	
		代理人地址		
		经办人名称	电话	
		以下由税务机关填写		
收到申报表日期		接收人		

表4-134-2

滨江市电子缴税回单

中国工商银行　　　　　　　　凭证号：No.101029093

借　　　　　　　　　　　　　　扣账日期：2015.12.31

　　　　　　　　　　　　　　　清算日期：2015.12.31

付款人名称：滨江机械制造股份有限公司
付款人账号：0770180184000018018
付款人开户银行：中国银行滨江支行
收款人名称：滨江市地方税务局河西分局
收款人账号：2290348605　　　　　　款项内容：代扣代缴地税款
收款人开户银行：中国工商银行滨江国库
大写金额：壹仟玖佰玖拾元整
小写金额：￥1 990.00
电子税票号：754908674　　　　　　纳税人编号：8845098034
纳税人名称：滨江机械制造股份有限公司

税种：印花税　　所属期：2015.12　　纳税金额：￥1 990.00　　备注：地税
附言：

主管：艾云　　复核：中方　　记账：

表4-135-1

江苏增值税专用发票

3204945299　　　　此联不作报销、引税凭证使用　　　　No 66558028

开票日期：2015 年 12 月 31 日

购货方	名　　称：无锡上元食品有限公司 纳税人识别号：320204568237891 地址、电话：无锡市江阴路 29 号 开户行及账号：工商银行无锡市江阴支行 3202200092835000921	密码区	213*8799>>345/9　加密版本 02 234>3789/4123/6　3407586810 21434*324/56755 087/567/8>7>>>5　19704789

货物或应税劳务、服务名称	规格型号	单位	数量	单价	金　额	税率	税　额
W03		件	100	1 700	170 000.00	17%	28 900.00
合　　计					￥170 000.00		￥28 900.00

价税合计（大写）　　⊗壹拾玖万捌仟玖佰元整　　　　　　　　（小写）￥198 900.00

销货方	名　　称：滨江机械制造股份有限公司 纳税人识别号：320100230009700 地址、电话：滨江市滨江路 219 号 开户行及账号：工商银行滨江分行滨江支行 0770180184000018018	备注	

收款人：王丽丽　　复核：张任　　开票人：淳于志　　销货方：（章）

第一联　记账联　销货方记账凭证

第四章 经济业务

表4-135-2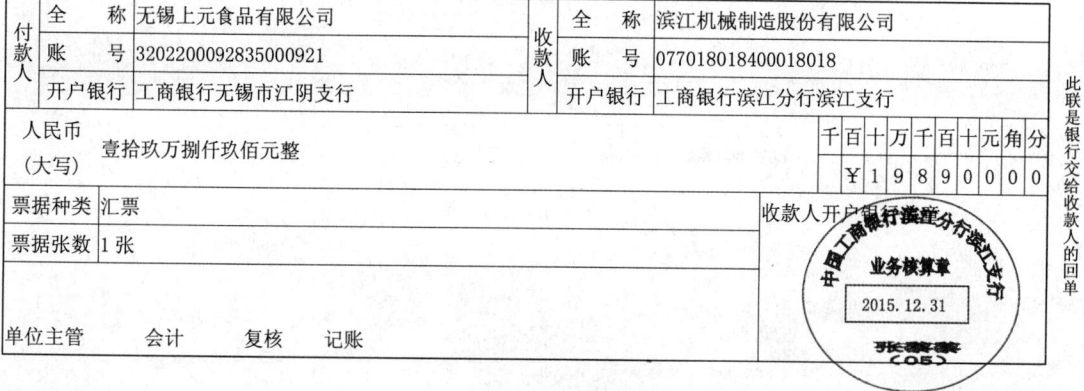

表4-135-3

表4-135-4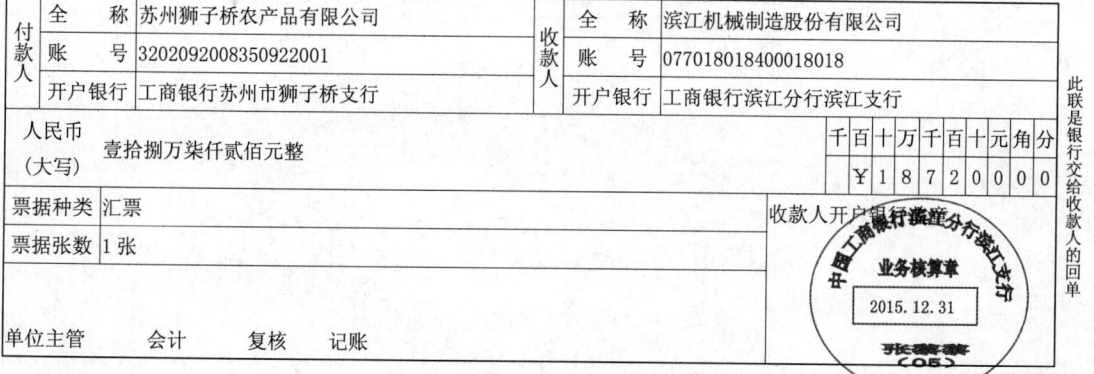

表4-136-1

江苏增值税专用发票

3144896290   No 12256777

开票日期：2015年12月31日

购货方	名 称：滨江机械制造股份有限公司					密码区	213*8799>>345/9 加密版本 02
	纳税人识别号：320100230009700						234>3477/4543/6 3477756890
	地 址、电话：滨江市滨江路219号						21434*327772455
	开户行及账号：工商银行滨江分行滨江支行 077018018400018018						087/567/8>77775 19707779

货物或应税劳务、服务名称	规格型号	单位	数 量	单价	金 额	税率	税 额
甲材料		千克	20 000	10	200 000.00	17%	34 000.00
乙材料		千克	20 000	12	240 000.00	17%	40 800.00
合　　计					￥440 000.00		￥74 800.00
价税合计(大写)	⊗伍拾壹万肆仟捌佰元整				(小写)￥514 800.00		

销货方	名 称：滨江三友化工有限公司	备注
	纳税人识别号：110436796500218	
	地 址、电话：滨江市龙山山庄1214号	
	开户行及账号：农业银行龙山支行 210279058300304801	

收款人：尤丽　　复核：华凤凤　　开票人：龚明　　销货方：(章)

表4-136-2

江苏增值税专用发票

3144896290   No 12256777

开票日期：2015年12月31日

购货方	名 称：滨江机械制造股份有限公司					密码区	213*8799>>345/9 加密版本 02
	纳税人识别号：320100230009700						234>3477/4543/6 3477756890
	地 址、电话：滨江市滨江路219号						21434*327772455
	开户行及账号：工商银行滨江分行滨江支行 077018018400018018						087/567/8>77775 19707779

货物或应税劳务、服务名称	规格型号	单位	数 量	单价	金 额	税率	税 额
甲材料		千克	20 000	10	200 000.00	17%	34 000.00
乙材料		千克	20 000	12	240 000.00	17%	40 800.00
合　　计					￥440 000.00		￥74 800.00
价税合计(大写)	⊗伍拾壹万肆仟捌佰元整				(小写)￥514 800.00		

销货方	名 称：滨江三友化工有限公司	备注
	纳税人识别号：110436796500218	
	地 址、电话：滨江市龙山山庄1214号	
	开户行及账号：农业银行龙山支行 210279058300304801	

收款人：尤丽　　复核：华凤凤　　开票人：龚明　　销货方：(章)

表4-136-3 **滨江机械制造股份有限公司材料入库单**

验收日期　　2015 年 12 月 31 日　　　　　　　　　　　　　　　No 34018

供货单位	滨江三友化工有限公司				存放地点	材料库	
材料名称及规格	计量单位	数量		实际成本			单价
		发票	实收	发票价值	运杂费	合计	
甲材料	千克	20 000	20 000	10		200 000.00	10.00
乙材料	千克	20 000	20 000	12		240 000.00	12.00
备注							

（滨江机械制造股份有限公司财务专用章）

第三联 记账联

核算：王丽丽　　主管：徐悦　　保管：典韦　　验收：淳于越

表4-137-1

附件

记账凭证说明

2015 年 12 月 31 日，根据证券交易所收盘的有关数据，工商银行的股票每股市价为 5.50 元；中国平安股票市价为 56.00 元。

（滨江机械制造股份有限公司财务专用章）

财务总监：李南

2015 年 12 月 31 日

表4-138-1　　**滨江机械制造股份有限公司坏账准备计提表**

2015 年 12 月 31 日

账户名称	期末余额	计提比例	坏账准备账户期末余额	坏账准备账户余额（借或贷）	本期应计提坏账准备金额	备注
应收账款	1 929 000.00	2%	38 580.00	95 000.00（借）	133 580.00	
合　计	1 929 000.00	2%	38 580.00	95 000.00（借）	133 580.00	

（滨江机械制造股份有限公司财务专用章）

主管：李南　　会计：张任　　复核：　　制单：阳丽

表4-139-1

附件	
	记账凭证说明
	2015年12月31日，公司自行研制成功的节能装置申请专利成功。该项专利在研制过程中，研究阶段共计发生费用380 000.00元，其余为开发阶段支出，企业申请专利发生申请、鉴定等费用18 000.00元。
	〔滨江机械制造股份有限公司财务专用章〕　　财务总监：李南
	2015年12月31日

表4-139-2

滨江市行政事业单位收款收据

收款日期　2015年12月31日　　　　　　No 23098078

交款单位	滨江机械制造股份有限公司	支付方式	转账支票		
人民币（大写）	壹万捌仟元整			十万千百十元角分 ¥ 1 8 0 0 0 0 0	
收款事由	专利权申请、鉴定费	经办		部门	科技处
				人员	许昌
上述款项已照数收讫无误 收款单位（章）	主管 黄伟	稽核 冷寒	出纳 阚利	收款 藏霸	

（盖章：江苏省滨江市专利局 2015.12.31；财务专用章）
第二联 记账联

表4-139-3

```
          工商银行
         转账支票存根
      支票号码　No 5409871
      -----------------------
      附加信息


      -----------------------
      出票日期 2015年12月31日
      收款人：滨江市专利局
      金　额：¥18 000.00
      用　途：申请、鉴定费
      备　注：
      单位主管 李南    会计 阳丽
      复　核         记账
```

表4-139-4

附件	记账凭证说明

2015年12月31日，本公司发现市场上已存在类似于企业所拥有的专利技术投入使用，致使本公司的本月新增专利权的创新能力明显降低。根据市场的情况决定对此技术计提减值准备，其账面价值为221 387.50元，经测算可回收价值为100 000.00元。经董事会研究，应该计提减值准备。

滨江机械制造股份有限公司财务专用章

财务总监：李南

2015年12月31日

表4-139-5 **滨江机械制造股份有限公司无形资产减值准备计提表**

2015年12月31日

账户名称	账面价值	可收回价值	计提金额	备注
无形资产专利权（产品配方）	221 387.50	100 000.00	121 387.50	以前未计提减值
合计			121 387.50	

主管：李南　　会计：张任　　复核：　　制单：阳丽

表4-140-1

附件	记账凭证说明

2015年12月31日，本公司投资性房地产进行价值测试，发现由于城市发展规划的变更，使其出租价值降低，其账面价值为8 762 500.00元，可回收价值为8 500 000.00元。经董事会研究，根据市场的情况决定对此计提减值准备。

滨江机械制造股份有限公司财务专用章

财务总监：李南

2015年12月31日

表4-140-2　**滨江机械制造股份有限公司投资性房地产减值准备计提表**

2015年12月31日

账户名称	账面价值	可收回价值	计提金额	备注
投资性房地产-滨江科技服务有限公司	8 762 500.00	8 500 000.00	262 500.00	以前未计提减值
合　计			262 500.00	

主管：李南　　会计：张任　　复核：　　制单：阳丽

（滨江机械制造股份有限公司财务专用章）

表4-141-1

附件　　　　　　　　**记账凭证说明**

2015年12月31日，本公司发现市场上已存在企业所拥有的丙种原材料，进行减值测试，发现其减值8 000.00元。经董事会研究，根据市场的情况决定对丙种原材料计提减值准备。

财务总监：李南

2015年12月31日

（滨江机械制造股份有限公司财务专用章）

表4-142-1

附件　　　　　　　　**记账凭证说明**

2015年12月31日，企业建造的仓库账面14 002 405.19元，其可回收金额为13 500 000.00元，发生了减值。计提减值损失502 405.19元。

财务总监：李南

2015年12月31日

（滨江机械制造股份有限公司财务专用章）

表4-143-1　**滨江机械制造股份有限公司辅助生产成本计算单**

2015年12月份

成本项目	借方金额			总成本	备注
	材料费	人工费	制造费用		
直接材料	2 500.00			2 500.00	
直接人工		48 038.80		50 538.80	
制造费用			68 800.68	119 339.48	
				119 339.48	

主管：李南　　会计：张任　　复核：　　制单：阳丽

（滨江机械制造股份有限公司财务专用章）

表4-143-2　　　　**滨江机械制造股份有限公司辅助生产成本分配表**

2015年 12月份

分配对象	提供劳务（维修工时）	分配率	分配金额	备 注
一车间	40 000.00	1.1910	47 640.00	
二车间	60 000.00		71 460.00	滨江机械制造
管理部门	200.00		239.48	股份有限公司
				财务专用章
合 计	100 200.00		119 339.48	

主管：李南　　　　会计：张任　　　　复核：　　　　制单：阳丽

注：按维修工时分配。

表4-144-1　　　　**滨江机械制造股份有限公司材料暂估价入账清单**

入账日期　　2015年12月31日　　　　　　　　　　　　　　No 37890

供货单位	上海东芝材料股份有限公司			存放地点		材料库	
材料名称及规格	计量单位	数量		暂 估 成 本			备注
		发票	实收	合同价值	合同单价	暂估入账价值	
甲材料	千克	1 000	1 000	10 000	10	10 000.00	
丙材料	千克	2 000	2 000	30 000	15	30 000.00	下月初红字冲销
				原材料暂估价入账			
备 注							

核算：王丽丽　　　主管：李南　　　保管：典韦　　　验收：淳于越

表4-145-1　　　　**滨江机械制造股份有限公司制造费用分配表**

2015年 12月份

分配对象	分配标准(生产工人资)	分配率	分配金额	分配车间	制造费用总额
W01	110 400.00	1.4846	163 899.84	一车间	306 422.00
W02	96 000.00	1.4846	142 522.16		
W03	122 400.00	1.2033	147 283.92	二车间	291 687.48
W04	120 000.00	1.2033	144 403.56		
合 计					

主管：李南（滨江机械制造股份有限公司财务专用章）　　会计：张任　　　复核：　　　制单：阳丽

表4-146-1 **滨江机械制造股份有限公司一车间产品成本计算单**

2015年12月份

成本项目	W01（6 000件）		W02（5 500件）		备注
	总成本	单位成本	总成本	单位成本	
直接材料	2 850 000.00		2 400 000.00		
直接人工	374 809.09		261 156.60		
制造费用	163 899.84		142 522.16		
合 计	3 388 708.84	564.78	2 803 678.76	509.76	

主管：李南　　　会计：张任　　　复核：　　　制单：阳丽

表4-146-2 **滨江机械制造股份有限公司二车间产品成本计算单**

2015年12月份

成本项目	W03（2000件）		W04（2000件）		备注
	总成本	单位成本	总成本	单位成本	
直接材料	1 450 000.00		1 340 000.00		
直接人工	282 539.94		296 097.00		
制造费用	147 283.92		144 403.56		
合 计	1 879 823.86	939.91	1 780 500.56	890.25	

主管：李南　　　会计：张任　　　复核：　　　制单：阳丽

表4-146-3 **滨江机械制造股份有限公司产品入库单**　　字第1324号

2015年12月31日　　单位：元

生产车间		二车间		仓库		成品库	备注			
编号	名称	计量单位	规格	入库			单据张数	实收		
				数量	单位成本	总成本		数量		总成本
	W03	件		2 000	939.91	1 879 823.86	1	2 000		1 879 823.86
	W04	件		2 000	890.25	1 780 500.56	1	2 000		1 780 500.56
	合 计									

核算：王丽丽　　主管：徐悦　　保管：邓莉　　验收：赟杜丽

注：本车间本月生产W03、W04产品全部完工，验收合格，已入库。

第四章 经济业务

表4-146-4 **滨江机械制造股份有限公司产品入库单** 字第1135号
2015 年 12 月 31 日 单位:元

编号	名称	计量单位	规格	入库			单据张数	实收	
				数量	单位成本	总成本		数量	总成本
	W01	件		6 000	564.78	3 388 708.84	1	6 000	3 388 708.84
	W02	件		5 500	509.76	2 803 678.76	1	5 500	2 803 678.76
	合计								

（滨江机械制造股份有限公司财务专用章）

核算：王丽丽　　主管：徐悦　　保管：邓莉　　验收：赞杜丽

注：本车间本月生产W01、W02产品全部完工，验收合格，已入库。

表4-147-1 **滨江机械制造股份有限公司12月份销售产品成本计算单**

2015 年 12 月份

编号	产品名称	计量单位	规格	数量	单位成本	总成本	备注
1	W03	件		3 467	1 021.25	3 540 673.75	
2	W04	件		2 950	1 200.00	3 540 000.00	
	合计					7080673.75	

（滨江机械制造股份有限公司财务专用章）

主管：李南　　会计：张任　　复核：　　制单：阳丽

表4-148-1 **滨江机械制造股份有限公司城乡维护建设税及教育费附加计算表**

2015 年 12 月份

项目	计税收入	城乡维护建设税		教育费附加	
	计税金额	税率	金额	税率	金额
增值税	（略）	7%		3%	
消费税	（略）	7%		3%	
营业税	（略）	7%		3%	
合计					

（滨江机械制造股份有限公司财务专用章）

主管：李南　　会计：张任　　复核：　　制单：阳丽

表4-149-1 **滨江机械制造股份有限公司损益类账户发生额汇总表**

2015 年 12 月份

账户名称	本月发生额	本年累计金额	账户名称	本月发生额	本年累计金额
主营业务收入			主营业务成本		
其他业务收入			销售费用		
营业外收入			营业外支出		
投资收益			营业税金及附加		
公允价值变动损益			其他业务成本		
			管理费用		
			财务费用		
			所得税费用		
			资产减值损失		

主管：李南　　会计：张任　　复核：　　制单：阳丽

表4-150-1 **滨江机械制造股份有限公司应交所得税计算表**

2015 年 12 月份

本月应纳税所得额(本月利润总额)	税率	月应交税额	年应交税金额
	25%		
合　计			

主管：李南　　会计：张任　　复核：　　制单：阳丽

表4-150-2

附件

记账凭证说明

将"所得税费用"账户的余额结转到"本年利润"账户中。

财务总监：李南

2015 年 12 月 31 日

表4-150-3

附件	记账凭证说明		
将"本年利润"账户的余额结转到"利润分配——未分配利润"明细账户之中。			
		滨江机械制造股份有限公司财务专用章	
		财务总监：李南	
			2015年12月31日

表4-151-1

滨江机械制造股份有限公司利润分配计算表
2015年12月31日

项　　　目		比例	金　　额	备　注
利润总额				
减所得税		25%		
净利润				
分配利润	计提法定盈余公积	10%		
	计提任意盈余公积	5%		
	分配利润	40%		
	未分配利润			
小　　　计				

主管：李南　　　会计：张任　　　复核：　　　制单：阳丽

表4-152-1

附件	记账凭证说明		
将"利润分配"账户除"未分配利润"明细账户以外的其他明细账户的余额结转到"利润分配——未分配利润"明细账户之中。			
	财务总监：李南	滨江机械制造股份有限公司财务专用章	
			2015年12月31日

表4-153-1　　　　　　**滨江机械制造股份有限公司资产负债表**　　　　　会企01表

编制单位：滨江机械制造股份有限公司　　2015年12月31日　　　　　　　　单位：元

资产	期末余额	年初余额	负债和所有者权益	期末余额	年初余额
流动资产：			流动负债：		
货币资金			短期借款		
交易性金融资产			交易性金融负债		
应收票据			应付票据		
应收账款			应付账款		
预付款项			预收款项		
应收利息			应付职工薪酬		
应收股利			应交税费		
其他应收款			应付利息		
存货			应付股利		
一年内到期的非流动资产			其他应付款		
其他流动资产			一年内到期的非流动负债		
流动资产合计			其他流动负债		
非流动资产：			流动负债合计		
可供出售金融资产			非流动负债：		
持有至到期投资			长期借款		
长期应收款			应付债券		
长期股权投资			长期应付款		
投资性房地产			专项应付款		
固定资产			预计负债		
在建工程			递延所得税负债		
工程物资			其他非流动负债		
固定资产清理			非流动负债合计		
生产性生物资产			负债合计		
油气资产			所有者权益：		
无形资产			实收资本		
开发支出			资本公积		
商誉			减：库存股		
长期待摊费用			盈余公积		
递延所得税资产			未分配利润		
其他非流动资产			所有者权益合计		
非流动资产合计					
资产总计			负债和所有者权益总计		

表4-154-1　　　　　　　　滨江机械制造股份有限公司利润表　　　　　　　会企02表

编制单位：滨江机械制造股份有限公司　　　2015年12月31日　　　　　　单位：元

项　目	本月金额	累计金额
一、营业收入		
减：营业成本		
营业税金及附加		
销售费用		
管理费用		
财务费用		
资产减值损失		
加：公允价值变动损益(损失以"－"填列)		
投资收益(损失以"－"填列)		
其中：对联营企业和合营企业的投资收益		
二、营业利润(损失以"－"填列)		
加：营业外收入		
减：营业外支出		
其中：非流动资产处置损失		
三、利润总额(亏损总额以"－"填列)		
减：所得税费用		
四、净利润(净亏损以"－"填列)		
五、每股收入		
（一）基本每股收益		
（二）稀释每股收益		

表4-155-1　　　　　　　**滨江机械制造股份有限公司现金流量表**　　　　　会计 03 表

编制单位：滨江机械制造股份有限公司　　2015 年 12 月 31 日　　　　　　　单位：元

项　　目	本期金额	上期金额
一、经营活动产生的现金流量		
销售商品、提供劳务收到的现金		
收到的税费返还		
收到的其他与经营活动有关的现金		
经营活动现金流入小计		
购买商品、接受劳务支付的现金		
支付给职工以及为职工支付的现金		
支付各项税费		
支付和其他与经营活动有关的现金		
经营活动现金流出小计		
经营活动产生的现金流量净额		
二、投资活动产生的现金流量		
收回投资所收到的现金		
取得投资收益所收到的现金		
处置固定资产、无形资产和其他长期资产所收回的现金净额		
处置子公司及其他长期资产收回的现金净额		
收到的其他与投资活动有关的现金		
投资活动现金流入小计		
构建固定资产、无形资产和其他长期资产支付的现金		
投资所支付的现金		
取得子公司及其他长期资产收回的现金净额		
支付的其他与投资活动有关的现金		
投资活动现金流出小计		
投资活动产生的现金流量净额		
三、筹资活动产生的现金流量		
吸收投资收到的现金		
取得借款收到的现金		
收到的其他与筹资活动有关的现金		
筹资活动现金流入小计		
偿还债务所支付的现金		
分配股利、利润或偿付利息所支付的现金		
支付的其他与筹资活动有关的现金		
筹资活动现金流出小计		
筹资活动产生的现金流量净额		
四、汇率变动对现金及现金等价物的影响额		
五、现金及现金等价物净增加额		
加：期初现金及现金等价物余额		
六、期末现金及现金等价物余额		

续表

补充资料	本期金额	上期金额
1.将净利润调节为经营活动现金流量:		
净利润		
加：资产减值准备		
固定资产折旧、油气资产折耗、生产性生物资产折旧		
无形资产摊销		
长期待摊费用摊销		
处置固定资产、无形资产和其他长期资产的损失(收益以"－"号填列)		
固定资产报废损失(收益以"－"号填列)		
公允价值变动损失(收益以"－"号填列)		
财务费用(收益以"－"号填列)		
投资损失(收益以"－"号填列)		
递延所得税资产减少(增加以"－"号填列)		
递延所得税负债增加(减少以"－"号填列)		
存货的减少(增加以"－"号填列)		
经营性应收项目的减少(增加以"－"号填列)		
经营性应付项目的增加(减少以"－"号填列)		
其他		
经营活动产生的现金流量净额		
2.不涉及现金收支的重大投资和筹资活动：		
债务转为资本		
一年内到期的可转换公司债券		
融资租入固定资产		
3.现金及现金等价物净变动情况：		
现金的期末余额		
减：现金的期初余额		
加：现金等价物的期末余额		
减：现金等价物的期初余额		
现金及现金等价物净增加额		

表4-156-1

滨江机械制造股份有限公司所有者权益变动表

2015年度

编制单位：滨江机械制造股份有限公司　　　　　　　　　　　　　　　　　　　　　　　　　　　　　会企04表
单位：万元

项目	本年金额						上年余额（略）					
	股本	资本公积	减：库存股	盈余公积	未分配利润	所有者权益合计	股本	资本公积	减：库存股	盈余公积	未分配利润	所有者权益合计
一、上年末余额												
加：会计政策变更												
前期差错调整												
二、本年年初余额												
三、本年增减变动金额（减少以"-"号填列）												
（一）净利润												
（二）直接计入所有者权益的利得和损失												
1. 可供出售金融资产公允价值变动净额												
2. 权益法下被投资单位其他所有者权益变动的影响												
3. 与计入所有者权益项目相关的所得税影响												
4. 其他												
上述（一）和（二）小计												
（三）所有者投入和减少资本												
1. 所有者投入资本												
2. 股份支付计入所有者权益的金额												
3. 其他												
（四）利润分配												
1. 提取盈余公积												
2. 对所有者的分配												
3. 其他												
（五）所有者权益的内部结转												
1. 资本公积转增股本												
2. 盈余公积转增股本												
3. 盈余公积弥补亏损												
4. 其他												
四、本年年末余额												

参考文献

李长青.2009.企业会计实践教材[M].北京:清华大学出版社.
李长青.2013.初级会计学[M].北京:高等教育出版社.
李占国.2010.基础会计学综合模拟实训[M].北京:高等教育出版社.

附录:人民币银行结算账户管理办法

第一章 总 则

第一条 为规范人民币银行结算账户(以下简称银行结算账户)的开立和使用,加强银行结算账户管理,维护经济金融秩序稳定,根据《中华人民共和国中国人民银行法》和《中华人民共和国商业银行法》等法律法规,制定本办法。

第二条 存款人在中国境内的银行开立的银行结算账户适用本办法。

本办法所称存款人,是指在中国境内开立银行结算账户的机关、团体、部队、企业、事业单位、其他组织(以下统称单位)、个体工商户和自然人。

本办法所称银行,是指在中国境内经中国人民银行批准经营支付结算业务的政策性银行、商业银行(含外资独资银行、中外合资银行、外国银行分行)、城市信用合作社、农村信用合作社。

本办法所称银行结算账户,是指银行为存款人开立的办理资金收付结算的人民币活期存款账户。

第三条 银行结算账户按存款人分为单位银行结算账户和个人银行结算账户。

(一)存款人以单位名称开立的银行结算账户为单位银行结算账户。单位银行结算账户按用途分为基本存款账户、一般存款账户、专用存款账户、临时存款账户。

个体工商户凭营业执照以字号或经营者姓名开立的银行结算账户纳入单位银行结算账户管理。

(二)存款人凭个人身份证件以自然人名称开立的银行结算账户为个人银行结算账户。

邮政储蓄机构办理银行卡业务开立的账户纳入个人银行结算账户管理。

第四条 单位银行结算账户的存款人只能在银行开立一个基本存款账户。

第五条 存款人应在注册地或住所地开立银行结算账户。符合本办法规定可以在异地(跨省、市、县)开立银行结算账户的除外。

第六条 存款人开立基本存款账户、临时存款账户和预算单位开立专用存款账户实行核准制度,经中国人民银行核准后由开户银行核发开户登记证。但存款人因注册验资需要开立的临时存款账户除外。

第七条 存款人可以自主选择银行开立银行结算账户。除国家法律、行政法规和国务院规定外,任何单位和个人不得强令存款人到指定银行开立银行结算账户。

第八条 银行结算账户的开立和使用应当遵守法律、行政法规,不得利用银行结算账户进行偷逃税款、逃废债务、套取现金及其他违法犯罪活动。

第九条 银行应依法为存款人的银行结算账户信息保密。对单位银行结算账户的存款和有关资料,除国家法律、行政法规另有规定外,银行有权拒绝任何单位或个人查询。对个人银行结算账户的存款和有关资料,除国家法律另有规定外,银行有权拒绝任何单位或个人查询。

第十条 中国人民银行是银行结算账户的监督管理部门。

第二章 银行结算账户的开立

第十一条 基本存款账户是存款人因办理日常转账结算和现金收付需要开立的银行结算账户。

下列存款人,可以申请开立基本存款账户:

(一)企业法人。
(二)非法人企业。
(三)机关、事业单位。
(四)团级(含)以上军队、武警部队及分散执勤的支(分)队。
(五)社会团体。
(六)民办非企业组织。
(七)异地常设机构。
(八)外国驻华机构。
(九)个体工商户。
(十)居民委员会、村民委员会、社区委员会。
(十一)单位设立的独立核算的附属机构。
(十二)其他组织。

第十二条 一般存款账户是存款人因借款或其他结算需要,在基本存款账户开户银行以外的银行营业机构开立的银行结算账户。

第十三条 专用存款账户是存款人按照法律、行政法规和规章,对其特定用途资金进行专项管理和使用而开立的银行结算账户。对下列资金的管理与使用,存款人可以申请开立专用存款账户:

(一)基本建设资金。
(二)更新改造资金。
(三)财政预算外资金。
(四)粮、棉、油收购资金。
(五)证券交易结算资金。
(六)期货交易保证金。
(七)信托基金。
(八)金融机构存放同业资金。
(九)政策性房地产开发资金。
(十)单位银行卡备用金。
(十一)住房基金。
(十二)社会保障基金。
(十三)收入汇缴资金和业务支出资金。

(十四)党、团、工会设在单位的组织机构经费。

(十五)其他需要专项管理和使用的资金。

收入汇缴资金和业务支出资金,是指基本存款账户存款人附属的非独立核算单位或派出机构发生的收入和支出的资金。

因收入汇缴资金和业务支出资金开立的专用存款账户,应使用隶属单位的名称。

第十四条 临时存款账户是存款人因临时需要并在规定期限内使用而开立的银行结算账户。有下列情况的,存款人可以申请开立临时存款账户:

(一)设立临时机构。

(二)异地临时经营活动。

(三)注册验资。

第十五条 个人银行结算账户是自然人因投资、消费、结算等而开立的可办理支付结算业务的存款账户。有下列情况的,可以申请开立个人银行结算账户:

(一)使用支票、信用卡等信用支付工具的。

(二)办理汇兑、定期借记、定期贷记、借记卡等结算业务的。

自然人可根据需要申请开立个人银行结算账户,也可以在已开立的储蓄账户中选择并向开户银行申请确认为个人银行结算账户。

第十六条 存款人有下列情形之一的,可以在异地开立有关银行结算账户:

(一)营业执照注册地与经营地不在同一行政区域(跨省、市、县)需要开立基本存款账户的。

(二)办理异地借款和其他结算需要开立一般存款账户的。

(三)存款人因附属的非独立核算单位或派出机构发生的收入汇缴或业务支出需要开立专用存款账户的。

(四)异地临时经营活动需要开立临时存款账户的。

(五)自然人根据需要在异地开立个人银行结算账户的。

第十七条 存款人申请开立基本存款账户,应向银行出具下列证明文件:

(一)企业法人,应出具企业法人营业执照正本。

(二)非法人企业,应出具企业营业执照正本。

(三)机关和实行预算管理的事业单位,应出具政府人事部门或编制委员会的批文或登记证书和财政部门同意其开户的证明;非预算管理的事业单位,应出具政府人事部门或编制委员会的批文或登记证书。

(四)军队、武警团级(含)以上单位以及分散执勤的支(分)队,应出具军队军级以上单位财务部门、武警总队财务部门的开户证明。

(五)社会团体,应出具社会团体登记证书,宗教组织还应出具宗教事务管理部门的批文或证明。

(六)民办非企业组织,应出具民办非企业登记证书。

(七)外地常设机构,应出具其驻在地政府主管部门的批文。

(八)外国驻华机构,应出具国家有关主管部门的批文或证明;外资企业驻华代表处、办事处应出具国家登记机关颁发的登记证。

(九)个体工商户,应出具个体工商户营业执照正本。

(十)居民委员会、村民委员会、社区委员会,应出具其主管部门的批文或证明。

(十一)独立核算的附属机构,应出具其主管部门的基本存款账户开户登记证和批文。

(十二)其他组织,应出具政府主管部门的批文或证明。

本条中的存款人为从事生产、经营活动纳税人的,还应出具税务部门颁发的税务登记证。

第十八条 存款人申请开立一般存款账户,应向银行出具其开立基本存款账户规定的证明文件、基本存款账户开户登记证和下列证明文件:

(一)存款人因向银行借款需要,应出具借款合同。

(二)存款人因其他结算需要,应出具有关证明。

第十九条 存款人申请开立专用存款账户,应向银行出具其开立基本存款账户规定的证明文件、基本存款账户开户登记证和下列证明文件:

(一)基本建设资金、更新改造资金、政策性房地产开发资金、住房基金、社会保障基金,应出具主管部门批文。

(二)财政预算外资金,应出具财政部门的证明。

(三)粮、棉、油收购资金,应出具主管部门批文。

(四)单位银行卡备用金,应按照中国人民银行批准的银行卡章程的规定出具有关证明和资料。

(五)证券交易结算资金,应出具证券公司或证券管理部门的证明。

(六)期货交易保证金,应出具期货公司或期货管理部门的证明。

(七)金融机构存放同业资金,应出具其证明。

(八)收入汇缴资金和业务支出资金,应出具基本存款账户存款人有关的证明。

(九)党、团、工会设在单位的组织机构经费,应出具该单位或有关部门的批文或证明。

(十)其他按规定需要专项管理和使用的资金,应出具有关法规、规章或政府部门的有关文件。

第二十条 合格境外机构投资者在境内从事证券投资开立的人民币特殊账户和人民币结算资金账户纳入专用存款账户管理。其开立人民币特殊账户时应出具国家外汇管理部门的批复文件,开立人民币结算资金账户时应出具证券管理部门的证券投资业务许可证。

第二十一条 存款人申请开立临时存款账户,应向银行出具下列证明文件:

(一)临时机构,应出具其驻在地主管部门同意设立临时机构的批文。

(二)异地建筑施工及安装单位,应出具其营业执照正本或其隶属单位的营业执照正本,以及施工及安装地建设主管部门核发的许可证或建筑施工及安装合同。

(三)异地从事临时经营活动的单位,应出具其营业执照正本以及临时经营地工商行政管理部门的批文。

(四)注册验资资金,应出具工商行政管理部门核发的企业名称预先核准通知书或有关部门的批文。

本条第二、三项还应出具其基本存款账户开户登记证。

第二十二条 存款人申请开立个人银行结算账户,应向银行出具下列证明文件:

(一)中国居民,应出具居民身份证或临时身份证。

(二)中国人民解放军军人,应出具军人身份证件。

(三)中国人民武装警察,应出具武警身份证件。

(四)香港、澳门居民,应出具港澳居民往来内地通行证;台湾居民,应出具台湾居民来往大陆通行证或者其他有效旅行证件。

（五）外国公民，应出具护照。

（六）法律、法规和国家有关文件规定的其他有效证件。

银行为个人开立银行结算账户时，根据需要还可要求申请人出具户口簿、驾驶执照、护照等有效证件。

第二十三条　存款人需要在异地开立单位银行结算账户，除出具本办法第十七条、十八条、十九条、二十一条规定的有关证明文件外，应出具下列相应的证明文件：

（一）经营地与注册地不在同一行政区域的存款人，在异地开立基本存款账户的，应出具注册地中国人民银行分支行的未开立基本存款账户的证明。

（二）异地借款的存款人，在异地开立一般存款账户的，应出具在异地取得贷款的借款合同。

（三）因经营需要在异地办理收入汇缴和业务支出的存款人，在异地开立专用存款账户的，应出具隶属单位的证明。

属本条第二、三项情况的，还应出具其基本存款账户开户登记证。

存款人需要在异地开立个人银行结算账户，应出具本办法第二十二条规定的证明文件。

第二十四条　单位开立银行结算账户的名称应与其提供的申请开户的证明文件的名称全称相一致。有字号的个体工商户开立银行结算账户的名称应与其营业执照的字号相一致；无字号的个体工商户开立银行结算账户的名称，由"个体户"字样和营业执照记载的经营者姓名组成。自然人开立银行结算账户的名称应与其提供的有效身份证件中的名称全称相一致。

第二十五条　银行为存款人开立一般存款账户、专用存款账户和临时存款账户的，应自开户之日起3个工作日内书面通知基本存款账户开户银行。

第二十六条　存款人申请开立单位银行结算账户时，可由法定代表人或单位负责人直接办理，也可授权他人办理。

由法定代表人或单位负责人直接办理的，除出具相应的证明文件外，还应出具法定代表人或单位负责人的身份证件；授权他人办理的，除出具相应的证明文件外，还应出具其法定代表人或单位负责人的授权书及其身份证件，以及被授权人的身份证件。

第二十七条　存款人申请开立银行结算账户时，应填制开户申请书。开户申请书按照中国人民银行的规定记载有关事项。

第二十八条　银行应对存款人的开户申请书填写的事项和证明文件的真实性、完整性、合规性进行认真审查。

开户申请书填写的事项齐全，符合开立基本存款账户、临时存款账户和预算单位专用存款账户条件的，银行应将存款人的开户申请书、相关的证明文件和银行审核意见等开户资料报送中国人民银行当地分支行，经其核准后办理开户手续；符合开立一般存款账户、其他专用存款账户和个人银行结算账户条件的，银行应办理开户手续，并于开户之日起5个工作日内向中国人民银行当地分支行备案。

第二十九条　中国人民银行应于2个工作日内对银行报送的基本存款账户、临时存款账户和预算单位专用存款账户的开户资料的合规性予以审核，符合开户条件的，予以核准；不符合开户条件的，应在开户申请书上签署意见，连同有关证明文件一并退回报送银行。

第三十条　银行为存款人开立银行结算账户，应与存款人签订银行结算账户管理协议，明确双方的权利与义务。除中国人民银行另有规定的以外,应建立存款人预留签章卡片,并将签章式样和有关证明文件的原件或复印件留存归档。

第三十一条 开户登记证是记载单位银行结算账户信息的有效证明,存款人应按本办法的规定使用,并妥善保管。

第三十二条 银行在为存款人开立一般存款账户、专用存款账户和临时存款账户时,应在其基本存款账户开户登记证上登记账户名称、账号、账户性质、开户银行、开户日期,并签章。但临时机构和注册验资需要开立的临时存款账户除外。

第三章 银行结算账户的使用

第三十三条 基本存款账户是存款人的主办账户。存款人日常经营活动的资金收付及其工资、奖金和现金的支出,应通过该账户办理。

第三十四条 一般存款账户用于办理存款人借款转存、借款归还和其他结算的资金收付。该账户可以办理现金缴存,但不得办理现金支取。

第三十五条 专用存款账户用于办理各项专用资金的收付。

单位银行卡账户的资金必须由其基本存款账户转账存入。该账户不得办理现金收付业务。

财政预算外资金、证券交易结算资金、期货交易保证金和信托基金专用存款账户不得支取现金。

基本建设资金、更新改造资金、政策性房地产开发资金、金融机构存放同业资金账户需要支取现金的,应在开户时报中国人民银行当地分支行批准。中国人民银行当地分支行应根据国家现金管理的规定审查批准。

粮、棉、油收购资金、社会保障基金、住房基金和党、团、工会经费等专用存款账户支取现金应按照国家现金管理的规定办理。

收入汇缴账户除向其基本存款账户或预算外资金财政专用存款户划缴款项外,只收不付,不得支取现金。业务支出账户除从其基本存款账户拨入款项外,只付不收,其现金支取必须按照国家现金管理的规定办理。

银行应按照本条的各项规定和国家对粮、棉、油收购资金使用管理规定加强监督,对不符合规定的资金收付和现金支取,不得办理。但对其他专用资金的使用不负监督责任。

第三十六条 临时存款账户用于办理临时机构以及存款人临时经营活动发生的资金收付。

临时存款账户应根据有关开户证明文件确定的期限或存款人的需要确定其有效期限。存款人在账户的使用中需要延长期限的,应在有效期限内向开户银行提出申请,并由开户银行报中国人民银行当地分支行核准后办理展期。临时存款账户的有效期最长不得超过2年。

临时存款账户支取现金,应按照国家现金管理的规定办理。

第三十七条 注册验资的临时存款账户在验资期间只收不付,注册验资资金的汇缴人应与出资人的名称一致。

第三十八条 存款人开立单位银行结算账户,自正式开立之日起3个工作日后,方可办理付款业务。但注册验资的临时存款账户转为基本存款账户和因借款转存开立的一般存款账户除外。

第三十九条 个人银行结算账户用于办理个人转账收付和现金存取。下列款项可以转入个人银行结算账户：

（一）工资、奖金收入。

（二）稿费、演出费等劳务收入。

（三）债券、期货、信托等投资的本金和收益。

（四）个人债权或产权转让收益。

（五）个人贷款转存。

（六）证券交易结算资金和期货交易保证金。

（七）继承、赠予款项。

（八）保险理赔、保费退还等款项。

（九）纳税退还。

（十）农、副、矿产品销售收入。

（十一）其他合法款项。

第四十条 单位从其银行结算账户支付给个人银行结算账户的款项，每笔超过5万元的，应向其开户银行提供下列付款依据：

（一）代发工资协议和收款人清单。

（二）奖励证明。

（三）新闻出版、演出主办等单位与收款人签订的劳务合同或支付给个人款项的证明。

（四）证券公司、期货公司、信托投资公司、奖券发行或承销部门支付或退还给自然人款项的证明。

（五）债权或产权转让协议。

（六）借款合同。

（七）保险公司的证明。

（八）税收征管部门的证明。

（九）农、副、矿产品购销合同。

（十）其他合法款项的证明。

从单位银行结算账户支付给个人银行结算账户的款项应纳税的，税收代扣单位付款时应向其开户银行提供完税证明。

第四十一条 有下列情形之一的，个人应出具本办法第四十条规定的有关收款依据。

（一）个人持出票人为单位的支票向开户银行委托收款，将款项转入其个人银行结算账户的。

（二）个人持申请人为单位的银行汇票和银行本票向开户银行提示付款，将款项转入其个人银行结算账户的。

第四十二条 单位银行结算账户支付给个人银行结算账户款项的，银行应按第四十条、第四十一条规定认真审查付款依据或收款依据的原件，并留存复印件，按会计档案保管。未提供相关依据或相关依据不符合规定的，银行应拒绝办理。

第四十三条 储蓄账户仅限于办理现金存取业务，不得办理转账结算。

第四十四条 银行应按规定与存款人核对账务。银行结算账户的存款人收到对账单或对账信息后,应及时核对账务并在规定期限内向银行发出对账回单或确认信息。

第四十五条 存款人应按照本办法的规定使用银行结算账户办理结算业务。

存款人不得出租、出借银行结算账户,不得利用银行结算账户套取银行信用。

第四章 银行结算账户的变更与撤销

第四十六条 存款人更改名称,但不改变开户银行及账号的,应于5个工作日内向开户银行提出银行结算账户的变更申请,并出具有关部门的证明文件。

第四十七条 单位的法定代表人或主要负责人、住址以及其他开户资料发生变更时,应于5个工作日内书面通知开户银行并提供有关证明。

第四十八条 银行接到存款人的变更通知后,应及时办理变更手续,并于2个工作日内向中国人民银行报告。

第四十九条 有下列情形之一的,存款人应向开户银行提出撤销银行结算账户的申请:

(一)被撤并、解散、宣告破产或关闭的。

(二)注销、被吊销营业执照的。

(三)因迁址需要变更开户银行的。

(四)其他原因需要撤销银行结算账户的。

存款人有本条第一、二项情形的,应于5个工作日内向开户银行提出撤销银行结算账户的申请。

本条所称撤销是指存款人因开户资格或其他原因终止银行结算账户使用的行为。

第五十条 存款人因本办法第四十九条第一、二项原因撤销基本存款账户的,存款人基本存款账户的开户银行应自撤销银行结算账户之日起2个工作日内将撤销该基本存款账户的情况书面通知该存款人其他银行结算账户的开户银行;存款人其他银行结算账户的开户银行,应自收到通知之日起2个工作日内通知存款人撤销有关银行结算账户;存款人应自收到通知之日起3个工作日内办理其他银行结算账户的撤销。

第五十一条 银行得知存款人有本办法第四十九条第一、二项情况,存款人超过规定期限未主动办理撤销银行结算账户手续的,银行有权停止其银行结算账户的对外支付。

第五十二条 未获得工商行政管理部门核准登记的单位,在验资期满后,应向银行申请撤销注册验资临时存款账户,其账户资金应退还给原汇款人账户。注册验资资金以现金方式存入,出资人需提取现金的,应出具缴存现金时的现金缴款单原件及其有效身份证件。

第五十三条 存款人尚未清偿其开户银行债务的,不得申请撤销该账户。

第五十四条 存款人撤销银行结算账户,必须与开户银行核对银行结算账户存款余额,交回各种重要空白票据及结算凭证和开户登记证,银行核对无误后方可办理销户手续。存款人未按规定交回各种重要空白票据及结算凭证的,应出具有关证明,造成损失的,由其自行承担。

第五十五条 银行撤销单位银行结算账户时应在其基本存款账户开户登记证上注明销户日期并签章,同时于撤销银行结算账户之日起2个工作日内,向中国人民银行报告。

第五十六条 银行对一年未发生收付活动且未欠开户银行债务的单位银行结算账户,应通知单位自发出通知之日起30日内办理销户手续,逾期视同自愿销户,未划转款项列入久悬未取专户管理。

第五章　银行结算账户的管理

第五十七条　中国人民银行负责监督、检查银行结算账户的开立和使用,对存款人、银行违反银行结算账户管理规定的行为予以处罚。

第五十八条　中国人民银行对银行结算账户的开立和使用实施监控和管理。

第五十九条　中国人民银行负责基本存款账户、临时存款账户和预算单位专用存款账户开户登记证的管理。

任何单位及个人不得伪造、变造及私自印制开户登记证。

第六十条　银行负责所属营业机构银行结算账户开立和使用的管理,监督和检查其执行本办法的情况,纠正违规开立和使用银行结算账户的行为。

第六十一条　银行应明确专人负责银行结算账户的开立、使用和撤销的审查和管理,负责对存款人开户申请资料的审查,并按照本办法的规定及时报送存款人开销户信息资料,建立健全开销户登记制度,建立银行结算账户管理档案,按会计档案进行管理。

银行结算账户管理档案的保管期限为银行结算账户撤销后10年。

第六十二条　银行应对已开立的单位银行结算账户实行年检制度,检查开立的银行结算账户的合规性,核实开户资料的真实性;对不符合本办法规定开立的单位银行结算账户,应予以撤销。对经核实的各类银行结算账户的资料变动情况,应及时报告中国人民银行当地分支行。

银行应对存款人使用银行结算账户的情况进行监督,对存款人的可疑支付应按照中国人民银行规定的程序及时报告。

第六十三条　存款人应加强对预留银行签章的管理。单位遗失预留公章或财务专用章的,应向开户银行出具书面申请、开户登记证、营业执照等相关证明文件;更换预留公章或财务专用章时,应向开户银行出具书面申请、原预留签章的式样等相关证明文件。个人遗失或更换预留个人印章或更换签字人时,应向开户银行出具经签名确认的书面申请,以及原预留印章或签字人的个人身份证件。银行应留存相应的复印件,并凭以办理预留银行签章的变更。

第六章　罚　　则

第六十四条　存款人开立、撤销银行结算账户,不得有下列行为:

(一)违反本办法规定开立银行结算账户。

(二)伪造、变造证明文件欺骗银行开立银行结算账户。

(三)违反本办法规定不及时撤销银行结算账户。

非经营性的存款人,有上述所列行为之一的,给予警告并处以1000元的罚款;经营性的存款人有上述所列行为之一的,给予警告并处以1万元以上3万元以下的罚款;构成犯罪的,移交司法机关依法追究刑事责任。

第六十五条　存款人使用银行结算账户,不得有下列行为:

(一)违反本办法规定将单位款项转入个人银行结算账户。

(二)违反本办法规定支取现金。

(三)利用开立银行结算账户逃废银行债务。

（四）出租、出借银行结算账户。

（五）从基本存款账户之外的银行结算账户转账存入、将销货收入存入或现金存入单位信用卡账户。

（六）法定代表人或主要负责人、存款人地址以及其他开户资料的变更事项未在规定期限内通知银行。

非经营性的存款人有上述所列一至五项行为的,给予警告并处以1000元罚款;经营性的存款人有上述所列一至五项行为的,给予警告并处以5000元以上3万元以下的罚款;存款人有上述所列第六项行为的,给予警告并处以1000元的罚款。

第六十六条 银行在银行结算账户的开立中,不得有下列行为:

（一）违反本办法规定为存款人多头开立银行结算账户。

（二）明知或应知是单位资金,而允许以自然人名称开立账户存储。

银行有上述所列行为之一的,给予警告,并处以5万元以上30万元以下的罚款;对该银行直接负责的高级管理人员、其他直接负责的主管人员、直接责任人员按规定给予纪律处分;情节严重的,中国人民银行有权停止对其开立基本存款账户的核准,责令该银行停业整顿或者吊销经营金融业务许可证;构成犯罪的,移交司法机关依法追究刑事责任。

第六十七条 银行在银行结算账户的使用中,不得有下列行为:

（一）提供虚假开户申请资料欺骗中国人民银行许可开立基本存款账户、临时存款账户、预算单位专用存款账户。

（二）开立或撤销单位银行结算账户,未按本办法规定在其基本存款账户开户登记证上予以登记、签章或通知相关开户银行。

（三）违反本办法第四十二条规定办理个人银行结算账户转账结算。

（四）为储蓄账户办理转账结算。

（五）违反规定为存款人支付现金或办理现金存入。

（六）超过期限或未向中国人民银行报送账户开立、变更、撤销等资料。

银行有上述所列行为之一的,给予警告,并处以5000元以上3万元以下的罚款;对该银行直接负责的高级管理人员、其他直接负责的主管人员、直接责任人员按规定给予纪律处分;情节严重的,中国人民银行有权停止对其开立基本存款账户的核准,构成犯罪的,移交司法机关依法追究刑事责任。

第六十八条 违反本办法规定,伪造、变造、私自印制开户登记证的存款人,属非经营性的处以1000元罚款;属经营性的处以1万元以上3万元以下的罚款;构成犯罪的,移交司法机关依法追究刑事责任。

第七章 附 则

第六十九条 开户登记证由中国人民银行总行统一式样,中国人民银行各分行、营业管理部、省会(首府)城市中心支行负责监制。

第七十条 本办法由中国人民银行负责解释、修改。

第七十一条 本办法自2003年9月1日起施行。1994年10月9日中国人民银行发布的《银行账户管理办法》同时废止。